检察理论与实践

（2018年第3卷）

编委会主任　崔智友

广西壮族自治区人民检察院
广西检察官协会　编

中国检察出版社

图书在版编目（CIP）数据

检察理论与实践. 2018 年. 第 3 卷/广西壮族自治区人民检察院，广西检察官协会编. —北京：中国检察出版社，2018.11
ISBN 978-7-5102-2201-6

I. ①检⋯ Ⅱ. ①广⋯ ②广⋯ Ⅲ. ①检察机关-工作-研究-中国 Ⅳ. ①D926.3

中国版本图书馆 CIP 数据核字（2018）第 239321 号

检察理论与实践
（2018 年第 3 卷）

广西壮族自治区人民检察院 编
广西检察官协会

出版发行：	中国检察出版社
社　　址：	北京市石景山区香山南路 109 号（100144）
网　　址：	中国检察出版社（www. zgjccbs. com）
编辑电话：	（010）86423704
发行电话：	（010）86423726　86423727　86423728
经　　销：	新华书店
印　　刷：	北京宝昌彩色印刷有限公司
开　　本：	710 mm×960 mm　16 开
印　　张：	16.25
字　　数：	281 千字
版　　次：	2018 年 11 月第一版　2018 年 11 月第一次印刷
书　　号：	ISBN 978-7-5102-2201-6
定　　价：	40.00 元

检察版图书，版权所有，侵权必究
如遇图书印装质量问题本社负责调换

《检察理论与实践》

学术顾问（按姓氏笔画排列）

孙长永　西南政法大学副校长、教授、博士生导师
齐海滨　耶鲁大学法学院教授、北京大学、华中科技大学法学院特聘教授、博士生导师
向忠诚　桂林电子科技大学法学院教授
李红海　北京大学法学院教授、博士生导师
何立荣　广西民族大学法学院院长、教授
张　军　广西警察学院副院长、教授、博士生导师
陈发桂　中共广西区委党校法学部副主任、教授
孟勤国　武汉大学法学院教授、博士生导师
周世中　广西师范大学漓江学院党委书记、教授、博士生导师
欧锦雄　广西警察学院教授
曹　平　广西社会科学界联合会研究员、法学博士、博士生导师
谢尚果　广西民族大学校长、教授、博士生导师
覃珠坚　广西警察学院教授，广西警察学会理论研究部主任
雷裕春　广西财经学院法学院书记、教授

编辑委员会

主　　　　任	崔智友
副　主　　任	卫福喜　孟耀军　罗绍华
	黄继平
委　　　　员	沙君俊　陈洁英　袁世容
	陈春云　杨天寿　周信权
	张　坚　潘婧奎　黄建波
	李桂华　林鼎立　黄　昱
	王大春　农中校　林　俊
	梁贻勇　张景源　梁　毅
	杨远波　舒金生　王　荐
	阳寿嵩

主　　　　编	苏金基
执　行　主　编	张光成
编辑部主任(兼)	张光成
编　　　　辑	刘国强
编 辑 部 电 话	0771-5506148
编 辑 部 邮 箱	jcllysj@163.com

目 录

特　稿
关于崔智友同志率广西检察代表团赴越南访问情况的报告
.... 广西检察代表团　1
从比较法视角看我国附条件不起诉制度的完善 .... 黄继平　纪　虎　7

观察与思考
铁路检察院职能管辖的新路径
　　——基于铁路领域公益诉讼案件管辖的思考 .... 周琴台　18
关于新形势下加强检察青年干警思想教育建设的思考 .... 龚　艳　26
大数据背景下检察机关精准高效服务非公经济模式探索 .... 黎青武　31
对行政强制措施实施法律监督的制度思考 .... 李秋莹　37

改革探究
试用"平衡计分卡"和"100工作量"探究员额检察官业绩
　　评价办法 .... 梁广平　黄　伟　48
行政公益诉讼构建模式研究 .... 潘世楼　58
检察官员额制改革效果最大化实现之途径初探 .... 蒋润华　88
逮捕条件中品格证据证明社会危险性的路径探索
　　——以审查逮捕中品格证据可采性为视角 .... 蒋世明　92

问题研讨
撤回起诉制度的实践及其完善
　　——以Y市2010年以来撤回起诉案件为分析基础 .... 祁　欢　100
检察一体化与司法责任制关系之初探 .... 张晓娜　115
检委会专业化制度完善探究 .... 卢赛环　124

群众路线与法治思维关系的弥合及其提升 ………………………… 刘元见 135

调查分析

2014—2016年广西检察机关强制医疗执行检察情况分析 ………… 梁志勇 146
关于未成年被害人遭性侵害犯罪的实证研究
  ——以H市J区检察院办理性侵未成年人案件为样本
  ………………………………… 马晓晨 韦国义 龙晓慧 157
检察机关指导性案例实践效力调查分析
  ——以N市检察机关为样本 ………………… 黎 明 吴 东 171
检察机关引入律师接访的调查报告
  ——以A市实践为样本 ……………………………………… 李桂田 182
W市检察机关关于开展国家司法救助情况的调查报告 …………… 曾 城 201

案例研究

行贿犯罪"为谋取不正当利益"构件的刑法适用
  ——以某集团公司董事局主席甲某行贿案为例
  ………………………………… 李桂华 李华文 曾晓东 212
由混沌迈向有序:非诉行政强制执行规范化之路研究
  ——以行政执法领域"强制拆除"为例 ………………… 韦仁伟 221
诈骗罪抑或盗窃罪:偷换二维码谋财行为属性之辨析
  ——以犯罪嫌疑人李某某盗窃案为分析样本 ………… 蒋 旗 237

经验集萃

广西检察机关坚持"五个强化"有效破解公益诉讼改革"五大难题" … 244
南宁市检察院采取有效举措推进案件承办确定机制改革 …………… 247
北海市检察机关落实司法责任制改革取得"五个更加"的成效 ……… 250

[特　稿]

关于崔智友同志率广西检察代表团
赴越南访问情况的报告

◎广西检察代表团*

为认真贯彻落实习近平总书记对广西提出的构建面向东盟的国际大通道、打造西南中南地区开放发展新的战略支点、形成"一带一路"有机衔接重要门户的"三大定位"要求，积极服务"一带一路"建设，大力推进与越南等东盟国家务实司法合作，广西壮族自治区人民检察院党组书记、检察长崔智友于2018年9月5日至6日率广西检察代表团一行6人到越南广宁省出席中越边境地区检察机关会晤，就加强边境地区检察机关司法交流合作进行会商，交流分享工作经验。

一、访问基本情况

崔智友检察长会晤时表示，东盟是中国重要战略伙伴之一，2013年习近平主席提出共同建设"一带一路"的倡议，2017年9月提出建设中国—新加坡互联互通南向通道，把"一带"和"一路"连接起来，并在地区层面带动其他国家共同参与建设这条国际陆海贸易新通道。2017年11月习近平总书记访问越南，2018年1月阮富仲总书记访问中国，两国领导人共同规划了两国经贸、人文、安全合作，推动"一带一路"与"两廊一圈"战略对接。中越两国在"一带一路"倡议、"南向通道"与"两廊一圈"建设等国家战略方面利益攸关，是本地区重要合作伙伴。广西是中国面向东盟开放合作的前沿窗口，近年来在推动中国—东盟国家各层次各方面交流合作中发挥了重要作用。广西检察机关自去年9月两国检察机关举办边境地区检察机关会晤第一次会议

---

* 广西检察代表团团长：崔智友，广西壮族自治区人民检察院党组书记、检察长；广西检察代表团团员：农中校，广西壮族自治区防城港市人民检察院党组书记、检察长；黄世根，广西壮族自治区崇左市人民检察院党组副书记、副检察长；于荣胜，广西壮族自治区人民检察院办公室主任；朱军，广西壮族自治区人民检察院办公室干部；郑靖，广西壮族自治区人民检察院公诉办公室干部。

以来，认真贯彻落实两国最高人民检察院主要领导会晤共识和备忘录精神，积极开展丰富多彩、成效显著的司法交流合作，共同维护边境地区社会和谐稳定，为构建中国—东盟命运共同体、促进中越传统友谊和经济社会发展做出了积极贡献。为进一步加强司法交流合作，崔智友检察长建议：一是2017年两国最高人民检察院重新签订了合作谅解备忘录和关于加强边境地区检察机关司法交流合作谅解备忘录，建议按照两个备忘录精神，修改完善2004年《中华人民共和国广西壮族自治区人民检察院和越南社会主义共和国谅山、高平、广宁、安沛省人民检察院检察长会议纪要》，报各自最高人民检察院审批后，明年适当时候在广西重新签署；二是秉承共商、共建、共享原则，积极开展检察信息交流合作，希望越南检察机关大力支持中国—东盟成员国总检察长会议官方网站建设，在及时更新资讯、完善法律法规库等方面予以支持配合；三是进一步加强研修合作，努力提升执法司法能力，希望越南检察机关在中国—东盟成员国检察官交流培训基地建设和师资库建设方面给予支持配合；四是进一步丰富边境地区检察机关交流合作形式和内容，参照中越青年大联欢、广西与越南边境四省工作会晤和联谊活动模式，在春节或元宵节前后轮流开展工作会晤和文化体育联谊等活动，报各自最高人民检察院批准后，请广宁、谅山、高平和河江四省检察院组成代表队于今年10月到广西参加检察机关运动会和相关文化体育交流活动。

越南最高人民检察院副检察长陈功樊会晤时表示，中越两国主要领导人亲密互访，共同制定两国发展战略目标，巩固发展传统友谊，造福两国人民，为两国检察机关友好合作提供了广阔空间和平台，不管什么时候什么情况下，两国检察机关一直保持着良好关系。自中越两国边境地区检察机关会晤第一次会议以来，中越边境地区检察机关认真贯彻落实两国最高人民检察院《关于加强边境地区检察机关司法交流合作谅解备忘录》（以下简称《谅解备忘录》）精神，共同提高打击犯罪合力，特别是广西检察机关开展直接司法协助、研修培训、人文交流等工作，取得了实质性效果，在中越两国检察机关交流合作中位置非常重要、作用非常突出，为中越边境地区和谐稳定发展做出了积极贡献，有力推动两国检察机关深入交流合作。他完全赞成崔智友检察长所提建议，同意修改2004年边境地区检察机关合作备忘录，积极开展各层级互访、司法合作、研修培训、检察信息互通和文体交流活动，大力支持中国—东盟成员国总检察长会议官方网站、中国—东盟成员国检察官交流培训基地建设，同时为在越南广宁召开中越两国边境地区检察机关会晤第二次会议做好充分准备。

越南最高人民检察院国际合作局局长黎进以及广宁、谅山、高平、河江四省检察院检察长在会晤会上通报了当前边境地区刑事犯罪形势和司法交流合作情况，赞成崔智友检察长所提建议，并对下一步工作提出建设性意见。

二、感想与启示

此次访问行程非常紧凑，交流内容务实丰富，双方总结了司法交流合作工作，提出了进一步加强交流合作工作的建议性意见，达到增进了解、加深互信、扩大共识、深化合作预期目的。

（一）我国外交战略得到越南等周边国家的肯定赞许、大力支持，为地方外交工作提供广阔空间

党的十八大以来，党中央统筹国内、国际两个大局，丰富和平发展战略思想，强调建立以合作共赢为核心的新型国际关系，使我国对外工作具有鲜明的中国特色、中国风格、中国气派。东盟国家是我们的近邻和合作伙伴，是"一带一路"建设的重要地带，东盟国家检察机关在国家政治和经济生活中占有重要地位，在国家立法和外交活动中发挥着重要影响。通过加强司法交流合作，争取东盟国家检察机关对我国外交政策的肯定和支持，有利于促进与中国人民友好情谊，加强对中国友好合作，推动"一带一路"建设和我国周边外交工作。此次赴越南访问，越南最高人民检察院高度重视，陈功樊副检察长明确表示代表黎明智检察长出席会议，认为如果没有中越两国政治互信，没有两国主要领导人亲密互访形成共识，没有两国最高检察机关签署合作协议和备忘录，就不会有两国边境地区检察机关交流合作新局面。广西检察代表团此行再次深刻感受到我国外交工作的影响力、亲和力、凝聚力，感受到广西政府承办中国—东盟博览会、中国—东盟商务与投资峰会以及最高人民检察院主导的中国—东盟各成员国总检察长会议所产生的良好效应。一是越方高度赞誉我国改革开放、法治建设等历史性成就和两国交往大好形势；二是越方充分肯定在两国最高人民检察院领导下边境地区检察机关司法交流合作渐入佳境、成果丰硕；三是越方热情接待、坦诚交流，越南最高人民检察院国际合作局领导、广宁省检察院领导到东兴口岸接送。

（二）直接司法协助作为交流合作重要内容，应进一步加强

根据《谅解备忘录》，我院与越南高平、谅山、广宁省人民检察院就刑事司法协助有关事宜开展直接合作，2017年以来协助越南边境地区检察机关办

理刑事案件27件，均通过直接司法协助完成，有效提高了工作效率和质量。越南与会代表对直接司法协助工作一致给予高度评价，表示越南检察机关从中受益良多，认为2015年越南刑事诉讼法修改后，对办案期限规定更严更明确，广西检察机关积极履行双方协定，开展直接司法协助工作务实高效，丰富了司法协助内涵，创造了良好法律环境，提升了司法合作水平。越南四省检察长特别提出，随着越南刑事诉讼法修改，以往两国边境地区公安机关直接取证做法已不符合证据法定要求，面对走私毒品、贩卖人口、科技欺诈等犯罪日益复杂严峻的形势，建议中越两国检察机关进一步加大直接司法协助力度。一是扩大直接司法协助省份，不限于边境地区省份；二是双方可派员进入对方境内协助取证；三是建立联络热线，及时了解司法协助的具体要求，推动直接司法协助工作提速升级；四是在边境地区检察机关设立司法协助工作办公室，加快直接司法协助工作常态化、规范化建设。

（三）加大研修培训规模力度有利于深化了解形成共识

2017年1月中国—东盟成员国检察官交流培训基地建成以来，已为越南、老挝、柬埔寨、菲律宾、泰国、印尼等检察机关举办7期检察业务研修班，其中2017年3月即为越南高级检察官举办第一期研修班。越方部分到过广西研修的与会代表表示印象非常深刻，认为我方研修培训工作安排得科学合理，既宣讲解读习近平治国理政理念、中国法治建设成就、司法体制改革内容、检察制度和具体检察业务，又安排到法院、检察院、监狱等司法机关实地考察，还举行座谈交流，为了解中国改革开放政策、经济社会进步、司法理论实践提供了很好的机会和平台。陈功樊副检察长和四省检察长均表示从师资、信息等方面大力支持配合基地建设和网站建设，同时建议加大研修培训规模和力度，一方面是请中方多为越南检察官特别是基层检察官提供研修机会，另一方面是请中方选派检察官到越南进行短期研修，双方加强往来促进合作共赢。

（四）开展中越两国边境地区检察机关各层级互访和人文交流有利于巩固、扩大合作成效

广西检察机关在最高人民检察院指导下，按照《谅解备忘录》精神，于2017年12月组织安排百色市检察院与越南高平省检察代表团在百色市会晤。会晤双方进一步加深了解，建立更为畅通的联络机制，有效推动边境地区检察机关交流合作。在此次会议上，陈功樊副检察长和四省检察长认为这种地方性会晤灵活机动，直接了解到对方毗邻省市检察工作情况，希望能经常性开展，进一步建立起省市县不同层级会晤机制，以便全面充分加强了解，形成共识和

打击犯罪合力。越方完全赞成开展经常性边境地区检察机关文化体育活动，进一步增进交流、增进感情、增进友谊。

三、几点建议

（一）加大与越南直接司法协助力度，共同维护边境地区社会和谐稳定

加强与越南检察机关司法交流合作，对于提高打击犯罪合力，维护地区和平稳定，服务"一带一路"战略实施和我国开放发展大局具有重要意义。统筹各方对地区安全形势关切，进一步完善司法合作机制，为"一带一路"建设和中国—东盟经济合作发展提供法治保障。提出以下建议：一是扩大直接司法协助范围，适当增加广东、海南等省检察机关与越南检察机关开展直接司法协助，相关省份检察机关加强沟通协调，共同做好直接司法协助工作。二是在广西崇左市凭祥市、防城港市东兴市、百色市靖西市等边境检察机关设立直接司法协助办公室和联络热线（同时商越方对应设立），建立直接司法协助便捷通道，规范直接司法协助工作，增强打击犯罪合力。三是根据《谅解备忘录》，对于重大疑难复杂案件且确有必要入境取证的，应越方请求可批准其派员到场提供补充信息和建议。

（二）完善中越两国边境地区检察机关会晤机制，充分发挥边境地区服务周边外交战略优势

我国广东、广西、云南、海南四省与越南陆海相连，与越南等东盟国家政治、经贸往来越来越频繁，在国家周边外交、检察外交工作中具有明显地缘优势。自去年9月中越边境地区检察机关会晤第一次会议以来，广东、广西、云南、海南四省检察机关加强与越南检察机关司法交流合作，为促进中越两国和谐稳定发展做出应有贡献。为完善中越两国边境地区检察机关会晤机制，提出以下建议：一是在中越两国最高人民检察院领导下，根据《谅解备忘录》等双边协议新精神新内容，修改完善2004年《中华人民共和国广西壮族自治区人民检察院和越南社会主义共和国谅山、高平、广宁、安沛省人民检察院检察长会议纪要》，扩大司法交流合作广度和深度，由我国广东、广西、云南、海南四省和越南边境七省检察长在明年中越边境地区检察机关会晤第二次会议期间签署。二是《关于加强边境地区检察机关直接合作谅解备忘录》约定我国广西、云南与越南边境七省人民检察院每年举办一次定期会晤，建议增加云南、海南两省人民检察院参与。三是扩大边境地区检察机关定期会晤范围，中越两国边境地区市、县两级人民检察院亦可开展定期会晤。

（三）积极开展研修培训、人文交流活动，夯实民心相通根基

国之交在于民相亲，民相亲离不开文化沟通。"一带一路"建设不仅需要资本、技术、资源等物质投入，也需要感情投入。为传承和弘扬丝绸之路友好合作精神，深化中越两国检察机关司法交流合作，把民心相通工作做到实处，提出以下建议：一是按照高检院张军检察长的指示精神，尽快整合中国—东盟成员国检察官交流培训基地和法官交流培训基地力量，共同开展东盟国家法官、检察官研修培训，提高研修班档次、规模和影响力，更好宣传习近平新时代中国特色社会主义思想和中国特色社会主义制度特别是司法制度优越性。二是积极发挥法律文化桥梁作用，选派优秀检察教官、教学组到东盟国家专题讲解中国司法制度、中国法治进程及成效、司法体制改革等内容，广泛开展文化交流、学术往来、教育培训等活动，为深化双边、多边合作奠定坚实的民意基础。三是积极开展丰富多彩文体联谊活动，参照中越青年大联欢、广西与越南边境四省工作会晤和联谊活动模式，建立在春节或元宵节前后轮流开展工作会晤和文化体育联谊等活动。今年11月我院将举办全区检察机关运动会，建议邀请广宁、谅山、高平、河江四省检察院组成代表队到广西参加运动会和相关文化体育交流活动。

（四）恳请继续大力支持广西检察外事工作

广西检察机关认真贯彻落实中央、高检院、自治区党委各项决策部署，服务服从顺应大局，着力加强与东盟国家检察机关司法交流合作，着力维护边境地区社会和谐稳定，着力服务和保障"一带一路"建设，为国家周边外交、检察外交工作做出积极贡献。广西检察机关继续发挥地缘优势，加强与越南等东盟国家检察机关交流合作，我们恳请：一是从立项、资金等方面大力支持国家检察官学院南宁国际交流研修基地建设，为东盟国家检察官及其他涉外培训提供更为优质的生活、学习、工作环境；二是广西检察机关与东盟国家检察机关交流合作密切，不同层级定期会晤、研修培训、人文交流等出访任务活动较多，出访越南等东盟国家按目前政策不占指标，请在审批出访团组数量上对广西检察机关有所倾斜。三是加大对广西检察外事工作指导力度。

从比较法视角看我国附条件不起诉制度的完善

◎黄继平* 纪 虎**

> **内容摘要：** 2012年，修改后刑事诉讼法规定了附条件不起诉制度，赋予了检察机关新的起诉裁量权。但经过近六年的实践，附条件不起诉的适用率反而不及试点时期。导致这种状况的原因之一，就是法律规范的设置存在一些不科学、不合理的地方。德国、奥地利、匈牙利和克罗地亚等欧洲大陆法国家的立法经验值得我国学习和借鉴。
>
> **关键词：** 附条件不起诉；检察官；刑事诉讼；欧洲

2015年9月25日，最高人民检察院在《关于完善人民检察院司法责任制的若干意见》中提出，检察机关要"科学界定司法办案权限，完善司法办案责任体系，构建公正高效的检察权运行机制"。要完善办案检察官的司法责任，首先要完善相关的诉讼制度，只有这样才能科学界定检察官的办案权限，有效落实司法责任制的目标。在讨论附条件不起诉制度中该如何制定办案检察官的权力清单之前，有必要先认清附条件不起诉制度存在的问题。2012年，我国修改后刑事诉讼法在未成年人刑事案件审前程序引入了该制度。经过六年的司法实践，附条件不起诉制度的适用并不理想，暴露出一些问题，比如适用数量少、案件范围较窄、检察官适用积极性不高、配套措施不完善等。导致这种状况的原因是多方面的，但法律规范制定的不够科学、合理是其中的一个重要因素。在这种情况下，要构建"公平合理司法责任认定、追究机制"，恐怕是一件比较困难的事。鉴于此，本文将从比较法的视角讨论我国的附条件不起诉制度，首先介绍德国、奥地利、匈牙利三国的附条件不起诉制度，然后从比较中分析我国附条件不起诉制度存在的问题，并提出完善建议。

---

* 广西壮族自治区人民检察院党组成员、副检察长。
** 西南政法大学副教授、法学博士。

一、欧洲的附条件不起诉制度：德国、奥地利、匈牙利

附条件不起诉是指对某些轻微犯罪的犯罪嫌疑人，检察官在侦查终结后发现其符合法定条件无须提出指控，可以作出附条件不起诉的处分。该制度在欧洲大陆法国家普遍存在，德国将其称为"暂缓起诉"、奥地利将其称为"刑事诉讼分流"（或"附条件中止诉讼"）、匈牙利将其称为"延迟起诉"。

（一）德国暂缓起诉制度

德国现行刑事诉讼法于1877年制定。1974年，德国在刑事诉讼法典中增加了第153a条，规定了暂缓起诉制度。

在德国，可以适用暂缓起诉的案件只能是轻罪案件。轻罪是指单处罚金和可能判处1年以下监禁刑的犯罪（德国刑法第12条）。除了案件范围的限制，检察官在决定暂缓起诉时还要考虑以下条件：一是如果科处犯罪嫌疑人法定义务导致刑事追诉没有必要，即无须加以追诉；二是犯罪嫌疑人罪责的严重程度与科处法定义务相当；三是必须事先经过法官和犯罪嫌疑人的同意。

对适用暂缓起诉的犯罪嫌疑人，检察官可以科处的义务有：（1）履行一定给付，修复犯罪行为造成的损害；（2）向公益机构或国库交付一定款额；（3）履行其他公益给付；（4）承担一定数额的抚养、赡养义务；（5）真诚努力地与被害人刑事和解；（6）参加社会培训课程；（7）参加道路交通法规的学习。

检察官在科处义务时，应当确定犯罪嫌疑人履行义务的期限。犯罪嫌疑人履行损害赔偿给付义务、向公益机构或国库给付义务、刑事和解义务的期限是6个月；承担抚养、赡养义务的期限是1年。检察官可以在科处义务后撤销或变更义务，也可以延迟履行义务的期限，只能延长一次，延长的期限是3个月。如果犯罪嫌疑人在确定的期限内履行了义务，检察官应当作出不起诉的决定；如果犯罪嫌疑人未履行义务，已经给付的钱款不再退还。在履行义务的期限内，追诉时效中止。

在德国，未成年人犯罪案件也可以适用暂缓起诉制度，但与成年人有所不同。根据《德国少年司法法》第45条第3款规定，对于供认不讳的未成年犯罪人，检察官如果认为无须起诉，可向法官提出建议，给予训诫。另外，检察官也可以在提出建议的同时科处未成年犯罪人一定义务，包括特定的教育指令和抵偿不法行为的特定负担。特定的教育指令包括接受教育培训、完成一定的工作任务、参加交通法规课程学习、与被害人刑事和解；抵偿不法行为的特定

负担包括尽其所能补偿犯罪行为所造成的损害、亲自向被害人赔礼道歉、向公益机构支付一定的金钱。如果法官同意检察官的训诫建议，则检察官可以作出不起诉决定。如果检察官在提出建议时又决定对未成年犯罪人科处法定义务，只有在义务履行完毕后，才可作出不起诉决定。与适用于成年犯罪人的暂缓起诉不同的是，《德国少年司法法》没有对适用的案件范围作出严格限制，既可适用于轻罪也可适用于重罪案件。

据统计，2010年，德国检察官附条件不起诉的成年犯罪人是199144人，占所有经检察官处理的案件比率的4.3%；对未成年犯罪人作出附条件不起诉的6781人。①

（二）奥地利刑事诉讼分流制度

奥地利现行刑事诉讼法是在1975年制定的。1999年，奥地利将刑事诉讼分流制度正式引入《刑事诉讼法典》，其中第十一章"附条件终止诉讼（诉讼分流）"第198条至第209a条对刑事诉讼分流制度作出了详细规定。

奥地利刑事诉讼法第196条规定，可以适用刑事诉讼分流制度的案件不属于地方法院大、小陪审法庭管辖的刑事案件。根据该法第29条、第30条、第31条关于管辖的规定可以得出：奥地利刑事诉讼分流制度适用的案件范围仅限于单处罚金、可能判处5年以下监禁刑，以及特定的轻罪案件。除了案件范围的限制，适用刑事诉讼分流措施还必须满足以下条件：一是"犯罪嫌疑人涉嫌犯罪"的事实清楚；二是主观恶性小，犯罪嫌疑人的过错不属于严重过错；三是犯罪行为未导致人员死亡。换言之，即使是在一些犯罪人主观恶性较小，但有人员死亡的案件中也不适用刑事诉讼分流措施，比如过失致人死亡案件、交通肇事致人死亡案件等；四是犯罪嫌疑人必须自愿接受分流措施（奥地利刑事诉讼法第200条第1款、第201条第2款、第203条第2款）。

奥地利刑事诉讼分流措施所科处的义务有四大类：金钱支付、社区矫正、科处考验期和刑事和解。每一类义务的履行，法律都作出了非常详细具体的规定，具体如下：

（1）金钱支付义务。犯罪嫌疑人缴纳的金钱包括罚金和诉讼费。罚金以

---

① See Marcelo F. Aebi et al, European Sourcebook of Crime and Criminal Justice Statistics (fifth edition), at 117-9 (2014). at http://www.heuni.fi/material/attachments/heuni/reports/qrMWoCVTF/HEUNI_ report_ 80_ European_ Sourcebook.pdf.

日罚金为单位①，最高限额是 180 日日罚金；诉讼费是指如果犯罪嫌疑人最终被判处有罪，应该向法院缴纳的诉讼费。上述费用，犯罪嫌疑人应当在检察官告知将提起公诉之日起 14 日内缴付；如果缴付会给犯罪嫌疑人造成不合理的沉重负担，检察官可以将缴付期限延长 6 个月，也可以要求犯罪嫌疑人在 6 个月内缴付部分费用。如果犯罪嫌疑人按照要求履行了金钱支付义务，检察官必须终止诉讼（奥地利刑事诉讼法第 200 条）。

（2）社区矫正义务。社区矫正是指犯罪嫌疑人如果明确表示愿意向适当组织无偿提供 6 个月以内的公益劳动，并在上述期限内对所造成的损害进行修复，对行为结果进行补偿，检察官可以暂时作出附条件终止诉讼的决定。犯罪嫌疑人提供的公益劳动每天不得超过 8 小时，每周不得超过 40 小时，总计不得超过 240 小时。如果需要，可对犯罪嫌疑人进行职业培训。犯罪嫌疑人如期完成社区矫正所要求的义务，检察官应当作出终局性的附条件终止诉讼的决定（奥地利刑事诉讼法第 201 条、第 202 条）。

（3）科处考验期。科处考验期类似于刑罚中的附条件缓刑制度，是指检察官在侦查终结后，认为涉嫌犯罪的案件符合适用刑事诉讼分流措施的前提条件，科处犯罪嫌疑人一定的考验期，在考验期内犯罪嫌疑人必须自愿服从检察官的指示，遵守法定义务；考验期届满，检察官应作出终局性的附条件终止诉讼的决定。考验期为一年至二年，自检察官作出暂时性附条件终止诉讼决定时计算。在考验期内，检察官可以向犯罪嫌疑人发出的指示有：①只能居住在特定的地点、特定的家庭或特定的教养院；②不得去特定的居所、特定的地点；③不得与特定人交往；④不得饮用含酒精的饮料；⑤只能从事与其知识、能力相适应的职业；⑥变换居所或工作岗位，应当向有关当局告知；⑦如期向检察机关或其他机关报告（奥地利刑法第 51 条）。除了上述义务，法律还要求犯罪嫌疑人应当尽力修复已经产生的损害，对犯罪行为造成的结果予以补偿。另外，在考验期内，犯罪嫌疑人还应明确表示愿意接受一名监督辅助人的监督（奥地利刑事诉讼法第 203 条）。

（4）刑事和解义务。刑事和解是指侦查终结的案件如果符合附条件终止诉讼的前提条件，犯罪嫌疑人愿意承担责任，也愿意对自己的行为给被害人造成的损害以适当方式进行赔偿；如果被害人同意赔偿，检察官可以委托争端调解人进行调解；在此基础上，检察官可以对犯罪嫌疑人作出终止诉讼的决定。

① 一个单位的日罚金最低为 2 欧元，最高为 327 欧元（奥地利刑法第 19 条）。

被害人是否同意赔偿不是调解的必要条件。被害人出于刑事诉讼中无须考虑的事由（如被害人专注于报复、仇恨）不接受赔偿的，也可以进行调解。在这种情况下，被害人的正当利益应当予以充分考虑，并尽可能在最大范围内保证实现其利益。争端调解人一般是经过特殊培训受调解组织雇佣的社会工作者，他应当及时向检察官通报调解的过程和结果，并对之进行考核（奥地利刑事诉讼法第204条）。

检察官作出的附条件终止诉讼决定即不起诉决定具有终局性。但是，在下列情形下，检察官也可以撤销暂时性附条件终止诉讼的决定，提起公诉，继续诉讼：①犯罪嫌疑人要求继续进行刑事诉讼的。在这种情况下，检察官必须提起公诉；②犯罪嫌疑人没有完全、及时地支付损害赔偿的款项；③犯罪嫌疑人没有完全、准时地完成公益劳动；④犯罪嫌疑人没有充分履行所科处的义务，不断逃避监督辅助人的监督；⑤在考验期内，犯罪嫌疑人有新的犯罪被提起公诉（奥地利刑事诉讼法第205条）。

在检察官作出继续诉讼的决定之后，犯罪嫌疑人对尚未履行完的义务不再履行，监督辅助人的监督义务也随之结束。犯罪嫌疑人基于金钱支付义务已支付的金钱可以用来折抵刑期，否则应予以退还；其他分流措施中的给付不再退还，但也可用以折抵刑期（奥地利刑事诉讼法第205条第5款）。

在奥地利，未成年人犯罪案件也可以适用刑事诉讼分流制度。《奥地利少年司法法》第7条对此作出了具体规定。总体上看，奥地利对成年人和未成年人适用刑事诉讼分流措施的条件和程序基本相同。最大的不同就是在科处社区矫正义务时，未成年犯罪人公益性劳动每天不得超过6小时，每周不得超过20小时，总计不得超过120小时。劳动时间比成年犯罪人少了一半。

据统计，2010年，奥地利约有55995名犯罪嫌疑人由奥地利检察官处理。其中，提起公诉的有13%，附条件不起诉的有6.6%，其他方式终止诉讼的有22.6%。在附条件不起诉的36957名犯罪嫌疑人中，通过履行金钱支付义务终止诉讼的占31%，刑事和解终止诉讼的占13%，履行社区矫正义务终止诉讼的占5%，以科处考验期终止诉讼的占2%。① 2009年，附条件不起诉的未成

---

① See Marcelo F. Aebi et al, European Sourcebook of Crime and Criminal Justice Statistics（fifth edition），at 117 - 9（2014）. at http：//www.heuni.fi/material/attachments/heuni/reports/qrMWoCVTF/HEUNI_ report_ 80_ European_ Sourcebook.pdf.

年犯罪人占所有未成年犯罪人的比率是23%。① 可见，未成年犯罪人附条件不起诉的比率要远远高于成年人。

（三）匈牙利延迟起诉制度

1998年，匈牙利废止了社会主义时期的刑事诉讼法，制定了新的刑事诉讼法，将西欧国家广泛适用的附条件不起诉制度引入该法。《匈牙利刑事诉讼法典》将附条件不起诉称为"延迟起诉"。该法第222条至第226条对检察官延迟起诉制度作出了详细具体的规定。

根据《匈牙利刑事诉讼法典》第222条，检察官可以适用延迟起诉的案件主要包括两类：一是一般的轻微刑事案件。在这些案件中，对犯罪嫌疑人可能判处的刑罚不得超过3年监禁刑。二是特殊的轻微刑事案件，包括轻微非法使用毒品案件（匈牙利刑法第283条）和不履行扶养义务案件（匈牙利刑法第196条）。对这类案件，刑事诉讼法虽然没有刑罚上的要求，但根据刑法规定，轻微非法使用毒品的，应当免除处罚；不履行扶养义务的，法定最高刑也只有2年监禁刑。但是，对于下列案件即使属于轻微刑事案件，也不能延迟起诉：（1）恶名昭彰的犯罪人；（2）在缓刑或监禁服刑期间故意犯罪的（匈牙利刑事诉讼法第223条）。

对于延迟起诉的犯罪嫌疑人，检察官可以科处的义务包括：（1）全部或部分赔偿因犯罪行为给被害人造成的损失；（2）责令通过其他方式补偿被害人的损失；（3）要求进行特定金钱资助或者进行社区服务；（4）接受精神治疗或戒毒治疗。除了上述义务，检察官还可根据案件的具体情况科处其他义务。对轻微非法使用毒品的犯罪嫌疑人，除了戒毒治疗外，还可要求犯罪嫌疑人接受临床治疗和预防犯罪教育（匈牙利刑事诉讼法第225条第2款、第3款）。

检察官在准备使用延迟起诉时，应当首先听取缓刑监督官的意见，然后听取犯罪嫌疑人的意见。在听取被告人意见时，检察官应当询问犯罪嫌疑人是否同意延迟起诉，是否能够遵守所科处的义务。另外，在要求犯罪嫌疑人赔偿或补偿被害人损失时，检察官还应当听取被害人的意见。但被害人是否同意科处上述义务，不是检察官决定适用延迟起诉的前提条件。对于刑事和解的案件，

---

① See Marcelo F. Aebi et al, European Sourcebook of Crime and Criminal Justice Statistics (fifth edition), at 117 – 9（2014）. at http：//www.heuni.fi/material/attachments/heuni/reports/qrMWoCVTF/HEUNI_ report_ 80_ European_ Sourcebook.pdf.

检察官在听取了缓刑监督官的意见后，还应当同时听取犯罪嫌疑人和被害人的意见（匈牙利刑事诉讼法第 224 条）。

对一般轻微刑事案件的考验期是一年至二年，对轻微非法使用毒品案件和不履行扶养义务案件的考验期是一年（匈牙利刑事诉讼法第 222 条）。检察官在作出延迟起诉决定时，应当命令缓刑监督官对犯罪嫌疑人进行监督和帮教。监督和帮教的内容就是检察官在延迟起诉决定中对犯罪嫌疑人所科处的义务。在监督考察期间，缓刑监督官也可以请求其他机关和组织提供帮助（匈牙利刑事诉讼法第 225 条第 1 款）。

在延迟起诉的考验期到期后 30 日内，检察官应当作出终止诉讼或起诉的决定。如果延迟起诉的预期结果已经达到，检察官就作出终止诉讼的决定。对于轻微非法使用毒品案件、不履行扶养义务案件和刑事和解的案件，只要犯罪嫌疑人履行了所科处的义务，检察官也可以考验期内提前终止诉讼（匈牙利刑事诉讼法第 226 条）。但具有下列情形的，检察官应当提起公诉：（1）犯罪嫌疑人在考验期内实施了故意犯罪；（2）犯罪嫌疑人严重违法了所科处的义务；（3）犯罪嫌疑人没有履行刑事和解义务；（4）在延迟起诉考验期内确认，犯罪嫌疑人属于不应当适用延迟起诉的。对于检察官终止诉讼的决定，任何受到影响的人都可以提出申诉（匈牙利刑事诉讼法第 228 条）。

不像德国和奥地利，匈牙利并没有专门的少年司法法。关于未成年犯罪案件刑事诉讼的程序，规定在《匈牙利刑事诉讼法典》第二十一章"未成年人犯罪案件刑事诉讼"中，作为特别程序来处理。从《匈牙利刑事诉讼法典》第 459 条看，对未成年犯罪人适用延迟起诉的内容与成年犯罪人基本相同。不同之处主要有四点：一是适用的案件范围更宽，可能判处 5 年以下监禁刑的案件均可适用延迟起诉；二是检察官应当充分考虑起诉对未成年犯罪人成长造成的消极影响；三是检察官在科处义务时不得要求未成年犯罪人进行特定金钱资助或者进行社区服务；四是进行刑事和解时，未成年犯罪人的法定代理人必须在场。

据统计，2010 年，匈牙利检察官附条件不起诉的成年犯罪人是 12171 人，占所有经检察官处理的案件比率是 5.2%；对未成年犯罪人作出附条件不起诉的 2075 人，占所有经检察官处理的未成年犯罪人的比率是 10.7%。① 成年犯罪人适用附条件不起诉的比率仅是未成年犯罪人的一半。

二、附条件不起诉与我国刑事诉讼制度的改革

2006 年，中共十六届六中全会通过的《中共中央关于构建社会主义和谐社会若干重大问题的决定》提出，要通过"完善诉讼"来推进司法体制改革。2008 年，中共中央政治局通过《中央政法委员会关于深化司法体制和工作机制改革若干问题的意见》，要求公安司法机关要贯彻宽严相济的刑事政策，建立健全依法办理轻微刑事案件的工作机制。为了响应该意见，2009 年，最高人民检察院制定了《关于贯彻落实〈中央政法委员会关于深化司法体制和工作机制改革若干问题的意见〉的实施意见——关于深化检察改革 2009—2012 年工作规划》，明确提出要建立附条件不起诉制度。在最高人民检察院规划附条件不起诉之前，各地检察机关就已经开始着手附条件不起诉制度的试点工作。2012 年，在试点工作的基础上，修改后刑事诉讼法将附条件不起诉制度正式纳入法典。

我国的附条件不起诉制度规定在修改后刑事诉讼法第 271 条至第 273 条。与域外国家相比，我国的附条件不起诉制度有以下特点：

（一）适用的对象较窄

根据修改后刑事诉讼法的规定，我国的附条件不起诉制度只用于未成年犯罪人。但是，德国、奥地利、匈牙利三国的附条件不起诉制度不仅适用于未成年犯罪人也适用于成年犯罪人。即使在试点时期，附条件不起诉制度的适用范围也有严格的限制。比如，北京市海淀区检察院规定，附条件不起诉制度是仅适用于未成年犯罪人。② 在试点时期的河南省，附条件不起诉制度也仅适用于特定群体，包括：（1）未成年犯罪人、70 岁以上的老年犯罪人、正在怀孕、哺乳自己婴儿的妇女；（2）在校学生；（3）盲聋哑人、严重疾病患者、尚未完全丧失辨认或者控制自己行为能力的精神病人；（4）具有法定从轻或减轻

---

① See Marcelo F. Aebi et al, European Sourcebook of Crime and Criminal Justice Statistics（fifth edition）, at 117 - 9（2014）. at http://www.heuni.fi/material/attachments/heuni-reports/qrMWoCVTF/HEUNI_ report_ 80_ European_ Sourcebook.pdf.

② 北京市海淀区人民检察院公诉课题组：《附条件不起诉制度实证研究》，载张智辉主编：《附条件不起诉制度研究》，中国检察出版社 2011 年版，第 248 页。

处罚情节的犯罪嫌疑人。①

（二）适用的案件范围窄，条件严格

主要表现在：一是适用的法定刑低。我国的附条件不起诉仅适用于可能判处1年有期徒刑以下的案件。除了德国，奥地利适用附条件不起诉制度为可能判处5年以下监禁刑案件，匈牙利为3年以下。即使在试点时期，我国各地检察机关都普遍将附条件不起诉制度可能判处的刑罚确定为3年以下。二是对适用的案件类型作出了限制性规定。我国附条件不起诉仅适用于刑法分则第四章（侵犯公民人身权利、民主权利罪）、第五章（侵犯财产罪）、第六章（妨害社会管理秩序罪）规定的犯罪。与上述国家相比，我国适用附条件不起诉制度案件类型明显较窄。

（三）检察机关是监督考察机关

根据修改后刑事诉讼法第272条规定，在附条件不起诉的考验期内，由人民检察院对未成年犯罪嫌疑人进行监督考察。检察机关既是附条件不起诉制度适用的决定机关也是监督考察机关。北京市海淀区检察院在试点时规定，检察机关对决定附条件不起诉的犯罪嫌疑人，应定期进行帮教和考察。②而域外国家对需要监督考察的附条件不起诉的犯罪嫌疑人，通常由第三方实施，奥地利规定由监督辅助人实施监督考察，匈牙利规定由缓刑监督官进行监督、帮教。

三、欧洲经验对完善我国附条件不起诉制度的启示

2013年，修改后刑事诉讼法开始实施，附条件不起诉制度在促进诉讼分流、有效教育、感化、挽救未成年犯罪人、提高少年司法整体水平等方面发挥了积极的作用。但是，经过近6年的实践，我国的附条件不起诉制度的适用状况并不乐观。其中，最突出的问题就是：适用案件数量少，且呈下降趋势。据统计，2014年，安徽省检察机关共受理移送的未成年人刑事案件1263件2282人，决定附条件不起诉251人，约占总人数的11%；2015年，受理1088件1939人，决定附条件不起诉114人，约占总人数的5.88%。③ 2015年比2014

---

① 参见2010年7月9日《河南省人民检察院关于适用附条件不起诉的规定（试行）》，载张智辉主编：《附条件不起诉制度研究》，中国检察出版社2011年版，第366页。

② 北京市海淀区人民检察院公诉课题组：《附条件不起诉制度实证研究》，载张智辉主编：《附条件不起诉制度研究》，中国检察出版社2011年版，第249页。

③ 刘少军等：《附条件不起诉制度适用情况调查》，载《人民检察》2017年第17期。

年附条件不起诉的案件数量下降了近一半。北京市海淀区检察院，2013年受理审查起诉未成年人209名，其中相对不起诉45人，附条件不起诉3人，相对不起诉占比为21.5%，附条件不起诉占比为1.4%；2014年受理审查起诉未成年人99名，其中相对不起诉22人，附条件不起诉3人，相对不起诉占比为22%，附条件不起诉占比为3%。① 与奥地利、匈牙利和克罗地亚相比，我国对未成年犯罪人适用附条件不起诉制度的比率明显较低。

笔者认为，导致这种状况的主要原因是我国附条件不起诉制度的立法设置不够科学。要改变这种状况，刑事诉讼法应重点从以下几个方面进行修正：

（一）将附条件不起诉制度的适用对象扩大到成年犯罪人

目前，我国的附条件不起诉制度仅适用于未成年犯罪人。修改后刑事诉讼法为什么会作出这样的规定？立法动机可能有两个：一是因为试点时期的附条件不起诉制度仅适用于未成年人等特殊主体。试点经验对立法产生了重大影响。二是检察机关在处理未成年人刑事案件中已形成相对完善的司法解释。② 可见，我国附条件不起诉制度的立法具有一定的时代局限性。

从奥地利刑事诉讼分流制度的发展来看，附条件不起诉制度从未成年犯罪人向成年犯罪人扩展是其发展的必然趋势。1988年，基于未成年人刑事案件刑事和解制度的试点经验，奥地利议会修正了《少年司法法》，正式将刑事诉讼分流制度作为未成年人刑事案件诉讼程序的一项重要内容，规定检察官在审前阶段可以对未成年犯罪人作出附条件不起诉。1999年，又基于未成年人刑事案件的成功经验，奥地利议会将刑事诉讼分流制度正式纳入刑事诉讼法典。

（二）可以适当放宽附条件不起诉制度的适用条件

与域外国家相比，我国附条件不起诉制度适用条件过于严格，表现为：一是刑罚要件中的宣告刑低。为什么修改后刑事诉讼法会将附条件不起诉制度的宣告刑确定为可能判处1年以下有期徒刑而不是3年以下有期徒刑？因为目前

---

① 刘少军等：《附条件不起诉制度适用情况调查》，载《人民检察》2017年第17期。莫非、徐梅：《附条件不起诉制度适用与完善——以北京市海淀区检察院的制度为分析基础》，载苗生明、叶文胜主编：《附条件不起诉的理论与实践》，法律出版社2015年版，第19页。

② 陈光中主编：《〈中华人民共和国刑事诉讼法〉修改条文释义与点评》，人民法院出版社2012年版，第397—399页。

我国所有的公诉案件中，法院判处3年有期徒刑以下刑罚的占1/3以上。如果将附条件不起诉适用的案件范围扩大到所有可能判处3年有期徒刑以下刑罚的人，法院审理的刑事案件绝大部分都有可能进入不了审判程序，法官对刑事案件审判处置的权力有相当一部分有可能转移到检察官手中，这意味着我国目前的司法职权配置将发生很大的变化，故此应当十分慎重。① 二是对案件范围作出严格限制。这样做主要是考虑到附条件不起诉毕竟是一个新设置的制度，对这项制度的实际效果和可能产生的问题还有待实践检验，不宜一开始就将范围扩得很大。② 可见，我国的附条件不起诉制度具有时代局限性。

　　至今，修改后刑事诉讼法的实施已近六年。随着时代的变迁，司法体制改革的持续推进，司法理念也发生了较大变化。特别是2016年，党的十八届四中全会作出了"推进以审判为中心的诉讼制度改革"的重大决定，将刑事诉讼制度改革推向了一个新高度。《关于推进以审判为中心的刑事诉讼制度的改革意见》在强调"审判中心主义"的同时，也强调"刑事案件的繁简分流"。附条件不起诉制度是刑事案件繁简分流的一个重要手段。从欧洲国家的经验看，最终能够进入审判程序的刑事案件也仅有10%~20%。绝大多数刑事案件都是在审前程序中解决。附条件不起诉作为审前分流制度的典型代表，越来越受到欧洲国家的重视。附条件不起诉制度虽然被纳入修改后刑事诉讼法，但由于适用条件过于严格，适用率反而不及试点时期。因此，放宽适用条件是提高附条件不起诉适用率的有效途径。

---

① 黄太云：《刑事诉讼法修改释义》，载《人民检察》2012年第8期。
② 黄太云：《刑事诉讼法修改释义》，载《人民检察》2012年第8期。

[观察与思考]

铁路检察院职能管辖的新路径
——基于铁路领域公益诉讼案件管辖的思考

◎ 周琴台*

> **内容摘要**：随着检察机关提起公益诉讼的全面铺开，由铁路检察院办理铁路领域的公益诉讼案件或许是较好的一条路径。本文着重对铁路检察院办理铁路领域的公益诉讼案件的必要性、可行性及其与地方检察院管辖范围的界线、具体案件类型等问题进行探讨。
>
> **关键词**：铁路检察院；公益诉讼；案件管辖范围

一、一则案例引发的思考

X公司在未依法取得许可的情况下，擅自在铁路防护栅栏边外兴建H市场综合大楼。楼体侵入铁路线路安全保护区，侵占铁路用地，严重影响了铁路行车安全。N铁路局发现该隐患并多次与X公司及H市场沟通，要求立即拆除违法建筑，但均无济于事。在此情况下，N铁路局多次书面致函当地相关行政执法部门希望通过行政手段消除隐患，但基于多种原因，行政主管部门未能及时处理该问题。

通常认为，公益诉讼的主要目的在于公共利益的维护。而基于司法可救济性的考量，公共利益应主要包括国家利益和社会公共利益两方面内容。国家利益包含了国家所有的海洋、森林、矿藏资源及其他国有资产等；社会公共利益则是指不特定多数人所享有的公共利益。铁路用地属于国有资产，侵占铁路用地，是侵占国有资产、损害国家利益的行为；对铁路领域环境安全、行车安全及基础设施安全等的损害，则可能造成广大群众生命财产损失，也即造成不特定多数人所享有的公共利益的损害，侵害了社会公共利益。根据《检察机关提起公益诉讼试点方案》（以下简称为《试点方案》），资源保护、国有资产保

---

* 广西壮族自治区人民检察院南宁铁路运输分院副检察长。

护属于检察机关提起行政公益诉讼的受案范围。又根据《检察机关民事公益诉讼案件办案指南（试行）》《检察机关行政公益诉讼案件办案指南（试行）》（以下简称《办案指南》），"未经批准非法占用土地新建建筑物"也属于检察机关提起民事公益诉讼的受案范围。因此，案例中的违法建筑破坏国有土地资源的行为属于检察机关公益诉讼案件管辖范围。

当然，铁路领域侵犯公共利益的案例类型并不仅限于上述一种，其他一些涉铁民事、行政案件若符合《试点方案》及《办案指南》规定的指引，同样也应纳入检察机关提起公益诉讼范畴。

二、铁路检察院公益诉讼案件管辖权的存在与厘定

在确认铁路领域部分案件可纳入公益诉讼案件这一前提后，接下来的重要问题便是管辖权的确定。

根据《办案指南》以及最高人民法院、最高人民检察院《关于检察公益诉讼案件适用法律若干问题的解释》（以下简称《若干解释》），检察机关公益诉讼案件管辖一般依属地管辖及属人管辖原则进行划分：民事公益诉讼一般由侵权行为发生地、损害结果地或者被告住所地的市级检察院管辖；行政公益诉讼一般由违法行使职权或者不作为的行政机关所在地人民检察院管辖。问题在于，根据上述规定，铁路检察院是否享有公益诉讼案件管辖权，若有，地方与铁路检察院案件管辖范围的边界如何厘定？

（一）铁路检察院公益诉讼案件管辖权存在的应然性分析

基于铁路检察院职能定位、优化司法资源配置的需要及铁路检察机关（以下简称"铁检机关"）公益诉讼试点实践经验，笔者认为，应当赋予铁路检察院对铁路领域公益诉讼案件的公益诉讼管辖权。

1. 铁路检察院职能定位使然。铁路检察院的基本职能是保障铁路安全稳定发展，促进平安铁路建设。如前案例所述，虽然铁路检察院通过沟通协调、协助配合、联合调研等手段能够在一定程度上促进破坏铁路土地资源问题的解决，但与问题的根本解决仍存在一定距离。其中，这一问题更多属于地方行政诉讼或公益诉讼案件范畴，而铁路检察院没有对地方行政主管机关的行政案件管辖权便是一大法律困难。

根据2005年最高人民检察院的会议精神，危及铁路公共财产、国有资产安全等职务犯罪案件由铁路检察院管辖。近年来，危及铁路公共财产、国有资产安全的行为方式日趋多样，案件类型也由职务犯罪等刑事犯罪向民事、行政

类案件延伸。对于铁路领域案件的这一新变化、新特点，铁路检察院也应紧跟发展步伐，适当延伸案件管辖范围。这就需要赋予铁路检察院铁路领域公益诉讼案件的案件管辖权，以便更好地维护属于公共利益的铁路资源安全。

2. 充分利用铁检司法资源的需要。近年来，由于铁路法院受理的铁路领域民事案件量较少，铁路检察院民行工作长期面临"无米之炊"，导致司法资源闲置。因此，赋予铁路检察院铁路领域公益诉讼案件管辖职能，有利于解决铁路检察院民行业务"吃不饱"的问题，也有利于激发铁路检察机关内生力，积累办案经验，为下一步将铁路检察院改造为跨行政区划人民检察院打下良好的实践基础。

3. 促进管辖的成建制、成体系。铁路领域的案件往往具有跨区划、点多线长、自成体系等特征，因此将铁路领域的刑事案件交由专门检察院管辖能够促进管辖的成建制、成体系。同理，铁路领域的民事、行政公益诉讼案件同样具有如上特征，若将此类案件交由地方检察机关办理，难免割裂了专门案件的管辖体系，不符合专门检察院管辖专门案件的管辖思路。同时，由于铁路领域的刑事案件是由铁检机关管辖的，铁检机关在办案中相对容易发现相关联的公益诉讼案件线索，将此类案件交由铁检机关办理有利于实现刑事案件和公益诉讼案件办理的无缝对接，提高整体法律监督效果。

4. 公益诉讼试点的良好实践积累。在检察机关提起公益诉讼试点阶段，经最高人民检察院批复授权，西安铁检机关作为公益诉讼试点单位，承担西安、安康两市两级检察院行政检察监督和环境资源案件法律监督职责。西安铁检机关在试点期间，充分发挥检察职能，在维护铁路线下安全方面进行了有益的探索。从试点结果看，西安铁检机关通过公益诉讼、检察建议等方式办理的几起铁路线下安全公益诉讼案件均取得了良好的效果。西安铁检机关公益诉讼试点的成功经验可复制、可推广，赋予铁检机关铁路线下安全公益诉讼案件管辖职权，相信各地铁检机关必能忠诚履行此项职责，助力维护铁路安全。

（二）地方与铁路检察院公益诉讼案件管辖的边界

如前分析，应赋予铁路检察院铁路领域公益诉讼案件的管辖权。然而，《办案指南》和《若干解释》并未明确界定地方与铁路检察院对此类案件的管辖边界，这或许会带来一些实务困扰。因此，需要加以细致分析。

1. 民事公益诉讼管辖边界。若赋予铁路检察院对铁路领域民事公益诉讼案件的管辖权，则对铁路领域民事公益诉讼案件，根据《办案指南》和《若干解释》规定，铁路检察院和地方检察院均享有案件管辖权。具体而言：铁路领域民事公益诉讼案件侵权行为发生地或损害结果地均发生在铁路片区，故铁检分院（相当于市级检察院）可对此类案件行使管辖权；同时，被告住所地的地方市级检察院也享有此案件的管辖权。

2. 行政公益诉讼管辖边界。若赋予铁路检察院对铁路领域行政公益诉讼案件的管辖权，则对铁路领域行政公益诉讼案件，根据《办案指南》和《若干解释》规定，此类案件一般由违法行使职权或者不作为的行政机关所在地人民检察院管辖，也即地方检察院进行管辖。但《办案指南》同时规定了案件的特殊管辖制度——指定管辖和集中管辖，也即针对特殊行政公益诉讼案件可对一般管辖规则进行调整。笔者认为，对于铁路领域行政公益诉讼案件，可通过上级指定管辖的方式，将此类案件统一划归铁路检察院管辖。主要理由在于，此类案件可能存在地方干扰，由此限制了地方检察职能的发挥。

一些铁路领域公益问题长期得不到解决，原因之一在于地方保护主义干扰。若按照属地管辖原则划分铁路领域行政公益诉讼案件，地方检察机关即使对此类案件享有管辖权，但由于其人财物管理受制于地方政府，在行使公益诉讼司法权时难免会有所顾虑，限制了此项权能的有效发挥，无法及时、有效保障铁路公益资源的安全。相较地方检察机关，铁检机关自属地化管理以来，实现了省级以下检察院人财物的统一管理，具备了"相对独立、不易受干扰"的办案条件。因此，将此类易受地方干扰的公益诉讼案件交由铁路检察院办理，能够最大限度地保证司法公正，促进司法权的有效运行。

需要说明的是，将铁路领域民事、行政公益诉讼案件管辖作区别处理，原因在于，铁路领域民事公益诉讼被告方主要为损害铁路领域公益的自然人或法人，属于普通民事主体，相对不易产生司法干扰，由地方检察机关与铁检机关共同享有管辖权，有利于及时发现案件线索、进行相关处理，在一定程度上也能起到对社会的警示教育作用，使公益诉讼效能最大化；而铁路领域行政公益诉讼被告方为行政主体，如前所述，由于被告的特殊性，可能会产生地方干扰，因此将此类案件由铁检机关集中管辖，有利于排除干扰，促进公益诉讼过程与结果的公正。

虽然在管辖制度上，地方检察机关与铁检机关存在分工，但在实际操作中，由于检察机关提起公益诉讼制度尚未全面铺开，有着严格的条件限制，实践经验也需要不断积累，因此，诸如调查取证等方面也需要地方与铁检机关的通力配合，以促进检察机关公益诉讼制度的平稳有序推进。

三、铁路领域主要公益诉讼案件类型

就铁路领域提起公益诉讼案件范围而言，在探索检察机关提起铁路领域公益诉讼案件的初级阶段，案件范围应严格限制，既要突出重点也应顾及全面，① 注重公益诉讼的综合效益，以免诉权的滥用。② 这也意味着，对于《试点方案》和《办案指南》列举的环境资源保护、国有资产保护等类型以外的案件，在立法及有关司法解释尚未作出明确规定前，检察机关应当慎重提起。③ 对此，笔者梳理了 2017 年年初最高人民检察院铁路运输检察厅发布的全国 50 处重大典型铁路线下安全隐患，现阶段铁路领域发生的违法侵占铁路用地建设施工、非法弃土、违规倾倒垃圾、违规取土采石采矿、非法排污等类型案件可纳入公益诉讼受案范围。

（一）违法侵占铁路用地建设施工

铁路线路安全保护区可防止外来因素对铁路列车运行的干扰，减少铁路运输安全隐患，保护铁路这一国家重要基础设施。而未经许可非法侵入铁路线路安全保护区侵占铁路用地进行非法建设的行为，阻碍了铁路运行的安全畅通，威胁着铁路沿线社会公众生命财产安全。尤其在高速铁路快速发展和既有铁路提速的情况下，对铁路沿线安全环境的要求提升至一个新的高度，一丝的安全隐患、一毫的携带放松，都可能引发不可估量的损失。同时，建设施工有着严格的审批流程，需要取得用地许可、城镇规划建设许可，未经许可的建设行为会造成管理的混乱，属于非法行为，应当予以制止。

基于此，铁路属于国家的重要交通资源，铁路用地属于国有土地，在铁路用地上非法建设施工的行为属于侵占国有资产、破坏国有土地资源的一种，符合《试点方案》中行政公益诉讼"资源保护、国有资产保护"的案件管辖范围，也符合《办案指南》指引的"未经批准非法占用土地新建建筑物和其他设施的"土地资源类民事、行政公益诉讼案件具体体现。对此类突出问题，

---

① 突出重点是司法有限性原则的内涵之一，检察资源相对有限，若不加以限制，检察机关难以承受庞大的诉讼之累。参见吕天奇：《检察机关公益诉讼制度基本问题研究》，载《社会科学研究》2016 年第 6 期。

② 杨解君、李俊宏：《公益诉讼试点的若干重大实践问题探讨》，载《行政法学研究》2016 年第 4 期。

③ 张旭东：《检察机关提起民事公益诉讼之中国样本》，载《云南社会科学》2016 年第 3 期。

必要时，铁检机关可依法运用公益诉讼检察建议权督促相关行政主管部门依法履职消除此类隐患，亦可通过支持起诉的方式辅助法律规定的有关机关或组织对此类行为提起公益诉讼，经过上述诉前程序，有关机关或组织未积极履职的，铁检机关可自行提起公益诉讼。①

（二）非法弃土和倾倒垃圾

非法弃土对铁路环境安全、基础设施安全及行车安全均可能造成影响，严重者还可能危及整个交通运输安全乃至广大群众的生命财产安全。例如，存在安全隐患的大量非法弃土受连续降雨的影响形成泥石流向铁路方向溜坍，将铁路电力贯通线电杆挤压斜倒，危及铁路行车安全。又如，非法弃土常常伴有非法倾倒垃圾，这些非法倾倒或堆置在铁路沿线的垃圾受到大风大雨或其他外力的作用，侵入铁路界线滑向铁路，其中存在的有毒有害物质就有可能侵蚀铁路设施，渗入土中造成土壤污染，破坏铁路沿线的生态安全等。可以说，在铁路沿线非法弃土的行为，既可能污染环境，也可能损害国有资产。但无论何者，均属于《试点方案》及《办案指南》规定的"生态环境和资源保护、国有资产保护"的公益诉讼案件范畴。对严重危及铁路生态、铁路国有资产的行为，铁检机关可依法通过公益诉讼程序加以解决。

（三）非法取土、采石、采矿

许多非法取土、采石、采矿行为所造成的生态破坏往往难以弥补。一些非法取土、采石、采矿者为了眼前的经济利益，选择高强度开发，不仅掠夺了铁路沿线的矿产资源和生态资源，造成国有资产重大经济损失，而且这种置水土保持于不顾的行为，造成植被破坏，还可能引发山体滑坡和泥石流等灾害，危及铁路运输安全。严重危及或者存在重大侵害危险的非法取土、采石、采矿行为属于环境资源保护领域公益诉讼案件范畴，铁检机关可通过向相关行政主管部门发出检察建议乃至提起公益诉讼等方式维护社会公益。

（四）非法排污

非法排污包括违反国家法律法规排放超标的大气污染物及排放未处理或未

---

① 检察机关公益诉讼诉前程序，体现了司法有限性和谦抑性原则。即检察机关启动诉讼程序之前，应当首先尝试由其他主体来发起和运用相应救济途径和解决方式，检察机关应是公益维护的预备队，由其提起公益诉讼只是作为最后选择。参见汪莉、杨学飞：《六个方面完善检察机关提起民事公益诉讼诉前程序》，载《检察日报》2017年3月20日，第3版；刘华英：《检察机关提起民事公益诉讼的制度设计》，载《当代法学》2016年第5期。

达标处理的废水、废物等，其可能造成大气污染和水污染，对人体健康、生物、生态环境等产生危害，亦可能造成铁路运输安全隐患威胁。例如，长期超标排放的石灰粉尘，导致铁路供电网开关跳闸，造成铁路线供电中断，严重影响铁路行车安全。因此，对于一些严重但尚未构成刑事犯罪，抑或在刑事案件查办过程中发现的相关线索，铁检机关可通过公益诉讼途径及时处理，维护生态资源环境安全。

针对上述类型的案件，根据所涉公益的损害程度，由检察机关慎重启动公益诉讼程序，以避免公益诉讼的界线模糊以及司法资源的浪费。诚如张卫平教授所言，"检察机关提起公益诉讼应循序渐进，留有余地"。① 另外，以上四类案件仅是现阶段铁路领域发生的突出公益诉讼案件类型，今后铁路领域出现新型符合《试点方案》及《办案指南》规定的公益诉讼案件类型，铁检机关也可根据实际需要开展相关公益诉讼行动。

四、一些前瞻性问题的考量

（一）注重铁路法检系统的协调统一、同步推近

"将铁路检察院改造为跨行政区划人民检察院"是跨行政区划检察改革的一项重点内容。因此，确定铁路检察院公益诉讼案件管辖范围不仅是公益诉讼改革的重要内容，也是跨行政区划人民检察院改革的一种实践探索。"改革要注重整体性、系统性、协同性"。这两项改革虽以检察机关为主导，但其真正落实绝不仅仅依靠检察机关，若缺乏其他机关的协调配合，各自为政的碎片化改革也不利于维护改革的权威，也难以达成改革效果。② 故协同推进是深化改革的内在要求，是推进改革的重要方法。

目前，铁路法院系统也在积极进行公益诉讼及跨行政区划人民法院的改革探索。本着跨行政区划人民检察院与跨行政区划人民法院应对应设置的原则，铁路检察院与铁路法院在确定公益诉讼案件管辖范围时应尽可能做到协调统一、同步推进。例如，在赋予铁路检察院提起铁路领域公益诉讼案件管辖范围时，铁路法院也应对应享有相应的审判权。对没有设置行政庭的铁路法院，应

---

① 徐全兵：《深入探讨法理基础 科学谋划程序设计——探索建立检察机关提起公益诉讼制度研讨会观点综述》，载《人民检察》2016年第11期。

② 秦前红：《检察机关参与行政公益诉讼理论与实践的若干问题探讨》，载《政治与法律》2016年第11期。

通过顶层设计加以协调解决；对尚未授权获得公益诉讼案件管辖权的铁路法院，高层也应协调解决法院系统对此类案件的管辖权问题。如此，公益诉讼案件管辖体系才是系统的、完整的，公益诉讼制度才能取得更好实效。

（二）注重案件管辖范围的适当扩张

跨行政区划检察改革的主要目的是为了避免行政管辖对司法的干扰，提升司法公信。从案件类型上看，跨行政区划人民检察院主要办理一些环境资源、知识产权等与地域管辖关系并不大的专业领域案件。这就使得跨行政区划人民检察院在办理环境公益诉讼案件方面大有可为。同时，随着时代的发展，面对可能出现的新型公益诉讼案件，未来，在将铁路检察院改造为跨行政区划人民检察院过程中，如符合跨行政区划人民检察院案件管辖特征，根据需要，也适当扩张跨行政区划人民检察院公益诉讼案件管辖范围，实现跨行政区划人民检察院案件管辖的动态发展，以充分发挥公益诉讼及跨行政区划人民检察院两项制度的作用。

总之，通过赋予铁路检察院铁路领域公益诉讼的管辖职能，不仅有利于充分利用铁路检察院的司法资源，而且能使公益诉讼制度更有效地开展。另外，在检察机关公益诉讼制度改革过程中，综合考虑跨行政区划人民检察院改革等相关问题，促使各项改革协同推进，最终实现全面依法治国的战略目标。

关于新形势下加强检察青年干警思想教育建设的思考

◎龚 艳*

> **内容摘要**：青年干警是检察事业的传承者、践行者，培育一支具有较高司法能力、优良检察素养的青年干警队伍，是确保人民检察事业薪火相传、后继有人的重要任务。随着司法体制改革不断推进，改革所呈现的力度、挑战和机遇都是前所未有的，而青年干警是当前改革中受到影响最大的群体，因此研究分析新时代背景下，加强青年干警思想教育，坚定理想信念尤为重要。从分析当前青年检察干警思想现状与特点入手，分析基层检察机关在青年干警思想教育工作中存在的不足，进而提出从创新教育模式等四个方面加强青年干警思想教育建设。
>
> **关键词**：青年干警；思想建设；司法体制改革

青年干警队伍是推动检察事业发展的生力军，新形势下加强青年检察干警思想教育建设是确保检察工作持续发展和建设的关键环节。尤其是在当前司法体制改革大背景下，传统粗放型工作模式向现代化精准性工作模式的转变，准确把握青年干警思想动态，是新形势下加强青年检察干警思想教育的关键。

一、青年检察干警思想现状与特点

（一）学历高、理论知识强，但社会经验、业务实践能力弱

随着检察队伍正规化、专业化、职业化建设的深入推进，在进行招录、选调公务员时，岗位要求一般设置为"本科以上学历""法学专业""通过国家司法考试，取得法律资格"，所以进入检察队伍的人员大多都是经过高等教育，有较高的文化水平和理论知识，具备较系统和全面的专业知识。然而在校学习期间以理论学习教育为主，缺少社会实践锻炼，理论知识与实践锻炼没有

---

* 广西壮族自治区昭平县人民检察院办公室副主任。

形成有效衔接，缺乏经验和业务实践能力。青年干警进入检察院工作半年内，理论知识与业务实践的冲突问题尤为突出。

表1　2016—2018年全区检察机关招录公务员情况分析表①

年份	招录人数	法学类专业占比率	通过国家司法考试，取得法律职业资格占比率	备注
2016	239	90	52	其中司法警察招录人员也以法学类专业为主
2017	280	84	66	
2018	88	72	75	

（二）进取心强，但缺乏职业精神和认同感

由表1可知，检察机关年轻干警以直接招录为主，而这些干警当初选择进入检察系统的时候，对检察工作仅限于网络媒体或者教科书上的认识，并不是因为热爱这份职业而作出的选择，而是将这份工作当作一种谋生的手段。这就造成部分年轻干警对检察事业的认识度和检察官的身份没有高度的尊荣感。

（三）面对压力，自我调节能力较差

青年干警在校学习期间经过系统的心理课程教育，并经过一定的历练，基本上养成了较好的心理素质。以昭平县检察院年轻干警为例，在日常学习工作生活中，他们能够快速适应工作环境，遵守各项检察铁规禁令，能够客观进行自我评价，有一定的自我认知、自我批评、自我辨析和自我控制的能力。但是基层检察院人少案多，超负荷工作是常态，部分年轻干警的付出得不到领导同事认可时，就会出现浮躁、逆反或者消极工作心理，直接影响工作的质效。同时，"80后"和"90后"大多数都是独生子女，在他们的成长道路上极少遇到挫折，工作后一旦遇到受挫，很难进行自我调节。

（四）缺乏成就感，对前途感到困惑

刚刚参加检察工作，对检察工作充满新鲜感，雄心壮志，希望通过自己的努力作出一番成绩。但是对基层检察工作的复杂性和艰苦性没有深刻的了解认识，现实与理想产出差距时，对所从事的工作缺乏成就感。同时基层检察院在外出学习培训、干部职级晋升等方面机会相对较少，在一定程度上限制了青年干警的发展空间。此外，司法体制改革中，部分年轻干警具备检察官资格，由于名额比例和工作年限等原因不能成为员额检察官，且在一定期限内属于检察

---

① 数据来源为2016—2018年广西公务员考试职位表。

辅助人员不能成为员额检察官的问题。面对职业发展的不确定性和自身发展空间上现实的双重压力，他们情绪波动较大，加之不能正确面对，进而引发一系列心理问题，感到前途渺茫，失去前进的方向。

（五）学习能力强，但学习主动性弱

青年干警的自学能力无须怀疑，但是由于基层检察干警长期重复单调的工作，使人产生厌倦心理，并且长期疲劳工作，在很大程度上消减了他们政治理论和业务知识学习的积极性，同时因为对时事政治不关心，政治敏感性不强，对再深造学习无热情，甚至对业务培训学习或者是政治理论学习抱着敷衍了事的态度。

二、当前对青年干警思想教育存在的不足

（一）思想政治教育"一刀切"，缺乏针对性

思想政治教育工作要做到与时俱进、敢于突破、敢于创新。面对不同类型的干警，思想工作不能搞"一刀切""一勺烩"。然而当前基层检察院长期存在重业务工作、轻思想教育建设等错误认识，严重影响了思想教育建设的开展。对于上级机关要求开展的思想政治教育活动只是限于完成，并没有深入进一步开展，也没有结合不同干警的特点，有计划、有准备地开展各种教育活动。同时由于青年干警虽然学习能力强但是尚未建立"终身学习"的观念，对政治理论学习抱着敷衍了事的态度，致使思想教育工作没有发挥其应有的育人功能。

（二）思想教育内容片面，缺乏全面性

当前思想政治教育工作片面地针对理想信念和党性修养方面进行开展，无论是在形式上还是内容上都没有涵盖到青年干警心理教育疏导方面。就青年干警而言，具备一定的自我调节能力，对其加以引导，就能解决好部分心理问题，理想信念教育就成功了80%，而实际工作中很少关注他们心理成长过程中出现的问题，制约了工作成效。

（三）思想教育建设落实执行力度弱

近年来，检察机关以检察文化建设为主要载体开展理想信念教育工作，以文化陶冶人，以文化凝聚人，取得了一些成绩。但也存在着重建章立制、轻监督管理的问题，文化育人的作用没有得到凸显。

（四）工作方式方法"老调子""土方法"，缺乏创新性

青年干警接受和适应新事物和新媒体能力强，而当前因为基层检察院从事

政治工作人员以兼职为主，没有太多时间和精力对思想教育工作方式方法进行创新，依然以说教式、灌输式为主的"老调子"和"土方法"，缺乏新颖性，导致思想教育工作成效不明显。

三、加强青年检察干警思想教育的对策

切实做好青年干警思想教育工作，必须从加强青年干警的理想信念、业务能力水平提升等方面开展有针对性的措施。

（一）以创建党建队建品牌建设为平台，促进党性修养

保持青年干警在理想追求上的政治定力，自觉做新时代检察事业的答卷者，加强理念信念建设是首要任务。结合当前检察机关开展党建队建品牌创建以及深入推进全区检察机关"队伍建设年"活动，将青年干警思想教育工作与创建学习型党组织相结合。以集中研讨学习型组织理论系列丛书、主题学习教育活动等主题教育活动为切入点，增强青年干警系统思考、持续学习的思想理念，全方位、多角度提升青年干警素质，提高工作效率。

（二）多元化分岗培训，推动素能与业务的双效提升

即使是同年龄段的青年干警因岗位和个人素质不同而需要培训的内容也有所差异，因此抓培训既要注重全员，又要突出重点，根据不同层次、不同类型的需要开展培训，针对不同的岗位、学历、年龄，开设不同课程，分类分层施教，实现教学培训模式因人而异、因岗而异。如针对检察官，则重点解决检察官在办案实践中遇到的困惑和问题，提升检察官独立办案能力和业务指导能力；检察辅助人员培训要围绕法律文书制作等开展定向进阶培训，提高执行能力和配合能力；而司法行政人员培训则要突出办文办会办事等重点，注重提升综合素能。通过多元化分岗教育培训，充分发挥检察官办案主导地位、检察辅助人员协助办案助力作用、司法行政人员以文辅政和后勤保障作用，切实推动全员素能与业务水平的双提升。

（三）规范方法，增强思想教育工作的实效性

思想教育主要是做人的工作，即对人进行思想教育、思想引导、情绪理顺。广泛开展谈心活动。通过在干警中开展谈心活动，了解干警的所思所虑，并通过耐心细致的思想工作，把问题解决在萌芽状态。将把思想教育与解决青年干警实际问题结合起来，提高思想教育的针对性和实效性，提高思想教育的说服力和感染力。经常性地开展健康、文明的文体活动和公益活动陶冶情操，培养干警良好的道德风尚。检察干警工作特殊，文娱活动较少，通过适当的文

体活动既可增强干警体质又可解除他们工作繁忙之余的紧张思想情绪，增强干警间的友爱精神和团结协作意识。

（四）充分发挥检察官学院教育培训主阵地的作用

青年检察干警的初任培训、任职培训等各种教育培训基本上都是在本省内的检察官学院进行，可以说检察官学院是青年干警教育培训的主阵地，在青年干警的教育培训中起到中流砥柱的作用。所以，检察机关应充分利用检察官学院的资源，借力完成相应的教育培训。同时，将本地的检察特色文化融入课程中，形成本地独有的检察教育模式。

（五）丰富载体创新思想教育模式

习近平总书记曾说：很多人特别是年轻人基本不看主流媒体，大部分信息都从网上获取。必须正视这个事实，加大力量投入，尽快掌握这个舆论战场上的主动权，不能被边缘化了。新媒体具备互动性强、时效性快、便捷性高等特点，同时打破了传统单单就是文字的模式，注重影音文字信息的整合，无论是从听觉上、触觉上还是视觉上都能使读者获得最直接的感观接触。这与青年干警时代感强具有相同的属性。因此，加强青年干警思想政治教育工作，就应该充分发挥新媒体作用。把传统说教灌输模式改成新媒体表现形式，进行潜移默化的教育，打造思想教育工作新高地。

大数据背景下检察机关精准高效服务非公经济模式探索

◎黎青武*

> **内容摘要：** 非公经济是支撑国民经济增长、促进社会发展进步的重要力量，但是其在发展过程中仍面临一些困难和问题，检察机关作为国家法律监督机关，应积极应对大数据的机遇，全面推进大数据和检察工作深度融合，在司法办案中聚焦大局、服务大局，科学、精准、高效地为非公经济健康发展保驾护航。
>
> **关键词：** 非公经济；大数据；检察；服务

党的十九大报告指出：要毫不动摇鼓励、支持、引导非公有制经济发展。非公有制经济是我国社会主要市场经济的重要组成部分，是支撑国民经济增长、促进社会发展进步的重要力量。但是，非公经济在发展过程中仍面临一些困难和问题，如企业家法律知识不足、抵御风险能力有待提高等。2016年3月3日，最高人民检察院出台《关于充分发挥检察职能依法保障和促进非公有制经济健康发展的意见》，该《意见》指出依法保护非公有制企业产权和合法权益，是检察机关的重要责任，各级检察机关要积极履行检察职能，依法保障非公有制企业产权和合法权益。2017年6月12日，最高人民检察院印发《检察大数据行动指南（2017—2020年）》，标志着全国检察机关将依托大数据前沿科技，建立检察大数据总体架构，打造"智慧检务"。数据与信息是检察决策工作中制定决策和预案的基础，运用大数据，可以提升检察工作效率，使决策更科学、可靠，并在海量数据分析的基础上创新检察工作，更好地发挥法律监督的职能。①

---

* 广西壮族自治区钟山县人民检察院诉讼监督部检察官助理。

① 李岚：《以大数据应用助推检察工作新发展》，载《法制生活报》2017年7月10日，第5版。

一、检察机关应用大数据服务非公经济发展的必要性及意义

（一）检察机关职能要求和服务需要

坚持公有制为主体、多种所有制经济共同发展是我国的基本经济制度。依法保障和促进非公经济健康发展，是检察机关服务发展大局的重要着力点，也是维护基本经济制度的一项重要任务。积极发挥检察职能，为非公经济发展提供优质高效的司法服务，既是检察机关维护社会主义基本经济制度的政治责任，也是检察机关围绕科学发展主题和推动经济转型升级履行职责的内在要求。随着经济发展进入新常态，经济下行压力较大，检察机关服务非公经济发展的任务更加艰巨、责任更加重大。

（二）检察机关服务非公经济传统模式的缺陷

检察机关服务非公企业的传统模式表现为：在规模以上非公企业挂牌设立检察官工作联络室、电话形式接收非公企业的诉求、定期回访企业、解决问题。传统服务方式导致以下问题：一是检察机关对非公企业了解不够深入，只限于每年一两次的形式方面的回访，互动性不强；二是信息沟通不及时，加上检察机关案多人少的原因，检察机关与非公企业的沟通受时间、空间和人员的限制；三是服务非公企业的案件多数是依申请审查，依职权审查的案件较少，体现出服务的主动性不强，被动服务较多，没有更好地体现主动靠前服务。

二、检察机关运用大数据服务非公经济的基本方式

（一）以智慧检务建设为契机，创新开发"掌上检察院APP"，精准高效服务非公企业

"掌上检察院APP"是一款检察机关对外沟通、宣传的智能APP软件。此款APP软件可以增加服务非公经济的功能，在与企业家交流时可加大对该APP功能的宣传，实现每个企业家手机下载该APP，实现检察官与企业人对人、点对点快捷联系通道，一张服务清单明晰检察机关服务非公企业内容，快速受理、办理非公企业的控告、申诉和申请监督案件。并实现远程询问、对话功能，笔录经整理后当即生成，并由被询问人电子签名后发送回来形成证据，把卷宗变成数据，把笔录变成数据，大大节约了时间，提升了办案效率。"掌上检察院APP"还可以实时向非公企业主发送最新法律、法规、政策和企业犯罪案例，不断增强企业主的法律风险防控意识。

（二）开通微信群、微信公众号，以微信为主要载体加强非法经济服务

通过微信发布检察信息、提供法律咨询、接收申诉控告等，加强非公经济服务工作。畅通维权热线电话、检察电子邮箱等诉求表达渠道，为非公企业人士第一时间找到检察官寻求法律咨询、司法救济等提供更加便捷高效的服务，增强非公企业对检察工作的信任感，提高非公企业人士对检察工作的满意度。如H市人民检察院六大工程中提出"建立1+4工作机制服务非公经济，营造H市良好营商环境"。"1"即在全市规模以上非公企业建立检察官工作联络室。"4"即建立服务非公企业微信群、法律咨询平台、建议对话平台、院内业务部门之间协同办案平台。

（三）应用大数据分析、统计功能科学有效预判非公经济企业需求

积极应用大数据技术在检务公开中的应用，利用门户网站、微博、微信、短信等传播方式，让群众及时了解检察机关的职责、工作流程、案件办理情况，保障当事人的知情权，通过大数据技术统计分析"掌上检察院APP"、门户网站、微博、微信等传媒上非公企业的重点关注内容、点击量、反馈信息以及交流信息内容，进行提取关键词、分类总结，科学得出本地企业家关注的热点问题、普遍需要解决的难点问题、感兴趣的某个领域的法律知识，并及时收集分析非公经济运行中的各种有效信息。通过大数据统计分析出来的非公经济需求，检察机关更有针对性地服务，一方面解决案多人少矛盾，另一方面达到服务及时有效。同时通过收集、了解热点事件和敏感舆情，起到预判和防控可能引起社会不稳定的事件发生的作用。对可能影响非公经济健康发展、存在犯罪风险隐患的苗头性、倾向性问题及时开展预防调查和预警预测，提出对策建议，帮助非公企业防控法律风险。

（四）运用大数据对非公经济企业建档立卡

对每个规模以上非公企业进行建档立卡，把企业基本信息、档案、数据、运营状况、生产销售情况上传，对每个企业建立一个独立的专门的企业档案，运用大数据进行分析，分析该企业的运营情况、企业需求，进而科学预测该企业所需的服务方向、服务需求，用数据与信息奠定检察决策工作的基础，运用大数据，进一步提升检察工作效率从而促进检察机关更精准、高效服务非公经济。同时建立涉企案件回访反馈机制，不定期回访，了解企业经营状况和现实需求并反馈。

（五）应用大数据构建非公企业定期评议行政执法机关工作机制

通过开发专门测评软件或调查问卷链接，通过在规模以上非公企业对行政执法机关进行评议打分，对工商、税务、质检、环保等行政执法机关的"不作为、慢作为、乱作为"进行专项监督，依法开展支持起诉、督促履行职责工作，对在服务非公企业工作中有懈怠、消极的行政执法机关发出检察建议。加强对多头执法、随意执法和不规范执法，乱收、乱罚、强制摊派等违法行为的监督，及时纠正行政违法行为，推动相关行政机关依法履行职责，构建新型政商关系。

（六）积极应用大数据开展法制宣传

依托检察官工作联络室，在非公企业开设检察机关法治宣传专栏，把法治教育和犯罪预防的触角延伸到企业，通过法条释义、以案释法等形式，帮助和促进非公企业、非公经济人士强化依法经营意识，明确法律红线和法律风险，自觉远离犯罪，同时不断提高企业及其人员在市场竞争中运用法律武器维护自身合法权益的能力。充分发挥法治宣传教育职能。结合司法办案，采取普法讲座、以案释法等方式，帮助和促进非公企业、非公经济人士强化依法经营意识。通过开展预防咨询、预防宣传等工作，及时告知非公企业享有的合法权益，帮助非公企业依法维护自身合法权益。及时收集分析非公经济运行中的各种有效信息，对可能影响非公经济健康发展、存在犯罪风险隐患的苗头性、倾向性问题及时开展预防调查和预警预测，提出对策建议，帮助非公企业防控法律风险。宣传针对某些行政机关趁审批办事之机吃拿卡要、索贿受贿，侵占非公有制企业财物的职务犯罪，以及国家机关工作人员玩忽职守、滥用职权、徇私舞弊或各种"慢、懒、拖"现象，给非公企业造成重大损失的行为，可以及时向检察机关反映申请监督。通过宣传，不断提升企业和企业家的法律法规知识、自我保护知识和经营管理水平，为非公经济发展创造良好的法治环境。

（七）以"智慧检务"为契机在检察机关内设部门建立工作协调机制

在大数据信息化时代，检察机关正大步向"智慧检务"迈进，检察机关应以正在推进的"智慧检务"为契机，运用技术手段、用大数据来探索优化内设部门资源配置，精准高效地解决非公企业的诉求。一是案件管理部门优先向非公企业提供行贿犯罪档案查询，营造公平的市场竞争环境，同时在统一业务应用系统加强对涉企案件的流程监控。二是控告申诉部门建立信息共享机制，及时将涉及非公企业的来信来访信息移送服务非公经济发展领导小组办公室进行走访调查，深挖信息背后的线索。三是民事行政检察部门对受理或移送的非公企业申请监督案件优先审查，督促履行职责，坚决纠正行政违法行为，不断强化对涉及非公企业和非公经济人士诉讼活动的法律监督。四是侦查监督、公诉部门对移送审查逮捕、起诉的涉企案件应区分罪与非罪，讲法律政策，注意方式方法，规范司法行为；依法惩治各类刑事犯罪，营造平安稳定和诚信有序的发展环境。

三、新时代强化对企业发展的法律保护对策

大数据时代，检察办案理念不仅仅蕴含着传统意义上公平、正义、程序正当等理念，更应当融入包括专业性、科学性、高效性、规范性在内的时代内容。① 针对涉案的非公企业或者非公企业家，检察机关要结合"掌上检察院APP"、企业建档立卡等数据对企业进行分析评判。

（一）落实宽严相济刑事司法政策

在审查办理涉非公企业人士特别是涉非公企业负责人的刑事案件过程中，注重宽与严的有机统一，落实宽严相济刑事司法政策，最大限度地保障非公企业发展，促进社会和谐稳定。

（二）发挥化解社会矛盾职能

在民事行政检察部门司法办案中，从实际解决纠纷角度出发，改变"为案办案"的观念，主动为非公企业搭建良性沟通平台，积极促成当事人协商和解。

（三）妥善处理高管人员轻微型案件

在办理非公企业高管人员犯罪案件时，注意区分罪与非罪的界线，从严掌握逮捕条件，对事实清楚、证据确实充分，判刑可能在3年以下的，可依法作出不批准逮捕决定，尽量减少羁押，最大限度地减少对企业正常运行的影响。

（四）出台重大涉企案件风险评估机制

应用大数据分析，把企业档案、企业经营状况、企业贡献、企业好评度、社会危险性等因素进行大数据综合评判，把是否严重影响非公企业正常生产经

---

① 郑赫南：《全面推进大数据和检察工作深入融合》，载《检察日报》2017年6月13日，第2版。

营作为重要标准进行风险评估,尽可能减少办案对企业的不利影响。

  我国的法治建设在不断取得进步,检察机关服务大局意识不断提升,服务非公经济是履行检察职能的大前进,检察机关应当结合当前司法体制改革的大背景,积极利用"智慧检务"的推进契机,积极应用大数据,营造信息化、全方位的绿色司法环境,构建新型检商模式,找准切入点和结合点,凝聚助推经济发展的强大动力,为非公经济发展保驾护航。

对行政强制措施实施法律监督的制度思考

◎李秋莹*

> **内容摘要**：行政强制措施作为一项手段性具体行政行为，在保障高效行政的过程中发挥了极其重要的作用，但在适用的过程中由于受到程序设计、实务操作、行政人员执法能力及执法理念等因素的影响，违法实施行政强制措施的现象时有发生，作为法律监督主体的检察机关，对行政强制措施实施法律监督势在必行。本文从检察实务的视角出发，通过分析行政强制措施的特点及检察监督的应然性，从监督原则、监督边界、启动程序、监督手段等方面思考检察机关对行政强制措施实施监督。
>
> **关键词**：行政强制措施；检察权；监督

依法治国的重要基础来自依法行政，因此如何深入推进依法行政、加快建设法治政府、强化对行政权力的监督制约成为十八届四中全会《中共中央关于全面推进依法治国若干重大问题的决定》（以下简称《决定》）所要解决的重要问题。行政强制措施作为与公民人身及财产权益较为密切的一种具体行政行为，在有效保证行政管理目的实现的同时，其实施过程中也可能存在着滥用、误用等侵害公民权益的可能，因此《决定》明确提出，要完善对涉及公民人身、财产权益的行政强制措施实行司法监督制度，检察机关在履行职责中发现行政机关违法行使职权或者不行使职权的行为，应该督促其纠正。《决定》的出台为检察权监督行政权赋予了新的解读，在对行政强制措施实施法律监督时，监督的权力起点在哪里，监督的边界在哪里？这是本文需要探索的问题。

一、行政强制措施理论探析

（一）行政强制措施的内涵及特征

谈及"行政强制措施"就不得不提及"行政强制"。在我国传统行政行为

---

* 广西壮族自治区百色市人民检察院民事行政检察科干部。

法理论中,"行政强制措施"属于"行政强制"的下位概念,是依照是否有确定义务的具体行政行为的先行存在为标准对行政强制进行分类所得出的概念,具体可分为"行政强制执行"与"行政强制措施"。这一分类标准也被我国现行立法所采纳,《行政强制法》中所称的行政强制,即被界定为一个组合概念,其包含了行政强制执行与行政强制措施两个内容。行政强制措施,是指行政机关在行政管理过程中,为制止违法行为、防止证据损毁、避免危害发生、控制危险扩大等情形,依法对公民的人身自由实施暂时性限制,或者对公民、法人或者其他组织的财物实施暂时性控制的行为。①

《行政强制法》中对于行政强制措施概念的界定由四个要素构成,分别是:(1)实施主体。仅限于行政机关,这也是行政强制措施区别于行政强制执行的特点之一。(2)强制目的。制止违法行为、防止证据损毁、避免危害发生、控制危险扩大等,属于为实现上述行政管理目的而作出的行政行为,笔者暂将其定义为"初次行政行为",而行政强制执行,是为保障现行存在的某行政决定得以实现而实施的强制,其发生的前提是"先行政行为"存在。(3)强制对象。即公民的人身权益及财产权益。人身权益指公民的人身自由,而财产权益限权包括查封场所、设施或者财物;扣押财物、冻结存款、汇款等。②(4)强制效力的有限性。即行政强制措施对人身的限制及财物的控制都是暂行的、非制裁性的,这也是区别于行政处罚的重要特征。

(二)对行政强制措施实施法律监督的必要性及意义

1. 对行政强制措施实施法律监督是检察权监督属性的应然要求。"一切有权力的人都容易滥用权力",这是人类社会发展至今总结出的一条亘古不变的真理,而孟德斯鸠著名的三权分立理论即被视为解决这一问题应运而生的,该理论自从被提出后便被西方社会所广泛认同,更是在资产阶级革命时期被各国固定为政治制度而在各国的宪法中确定下来,并沿用至今。各国的权力分立模式虽不尽相同,但用权力制衡权力的共识已被广泛接受。与西方分权的宪政体制不同,我国实行的是人民代表大会制度,全国人大是国家最高权力机关,行

---

① 《中华人民共和国行政强制法》(2011年6月30日通过,自2012年1月1日起施行)第2条第2款。

② 《中华人民共和国行政强制法》第9条规定:"行政强制措施的种类:(一)限制公民人身自由;(二)查封场所、设施或者财物;(三)扣押财物;(四)冻结存款、汇款;(五)其他行政强制措施。"

政权、审判权、检察权由其产生,在权力设置上,我国《宪法》及《人民检察院组织法》已明确将法律监督的属性赋予了检察权,因此,检察权的内涵即为法律监督权,其作为对行政权实施法律监督符合法律的授权,是适格的监督主体。

2. 对行政强制措施实施法律监督是遏制行政强制措施的失范运行。受到"行政强权"传统意识的影响,加之我国审判机关和检察机关在人财物等方面实际上受限于行政机关,因此在政治实践中行政机关往往具有更为强势的政治地位,从行政权直接服务于行政管理和社会运转的角度出发,强大的行政权对促进高效行政起到了十分重要的作用,但与此同时,也暴露出了一些突出问题,尤其在行政强制措施方面,由于涉及的是公民人身权及财产权,因此私权受侵犯的感观更为强烈和直接,常见的表现有:超越职权范围设置行政强制措施;任意扩大行政强制措施的适用对象、条件、种类;违反法定程序实施行政强制措施;滥用强制措施手段;超范围实施行政强制措施;以行政强制措施代替行政处罚等情形。因此,对行政强制措施实施专门的法律监督,能够有效遏制行政强制措施运行过程中的失范与不当。

3. 对行政强制措施实施法律监督是现有行政权监督制约机制未能发挥实效的必要选择。依法行政,不仅是人民群众对政府提出的要求,也是我党和历届政府一以贯之并为之不懈努力的方向。目前,我国已基本建立起对政府行政权实施制约的多主体、多层次、全方位的监督体系,其中包含了内容广泛的内部监督及外部监督,但客观来说,由于种种原因,现行的行政权力制约机制在运行的过程中确实还存在一些问题,这其中有些是权力运行机制导致的,有些则是由监督方式和监督特点决定的,除人大监督外的其他监督方式,由其他权力主体承担监督职能先天缺少"强势基因",而人大监督大多数时候是站在行政权运行的宏观角度实施监督,无法有效触及微观领域的行政行为,故此,现行的监督方式在实施过程中或多或少都未能发挥制度设计之初所构建的预期目的,这也就有了十八届四中全会《决定》中检察机关对行政机关依法履职实施法律监督这一提法,而由于行政强制措施直接涉及公民人身权及财产权,对其实施监督更被提上了重要位置。

二、检察机关开展对行政强制措施监督的实务困境

一项理论设计再缜密,如只是落于笔墨,则其目的和落脚点必将偏离主线。因此,检察机关在监督行政强制措施方面该如何进行制度设计、制度能否

落地生根，必须考虑目前的司法及行政现状。笔者以所在地市为参照对象，对检察机关开展行政强制措施监督进行粗浅的分析。

（一）开展行政监督的经验

百色市较早就开始了对行政行为开展监督的探索工作，其中以督促行政机关依法履职为代表。2010年以来全市共就行政机关行政违法行为发出检察建议（纠正违法通知书）1624份（个案监督），① 针对国土、林业、城建、计生、劳动稽查等多个重点执法领域，主要监督内容为督促不作为、乱作为的行政机关依法履行职责，主要纠正行政机关存在的选择性执法、以言代罚、以罚代刑等违法情形。从近几年百色市检察机关开展督促履职的情况看，的确取得了很好的法律效果和社会效果，对行政机关依法行政起到较好的督促效果，为国家挽回经济损失（包括追缴土地滞纳金、社会抚养费）约计58万余元，对进一步推动当地政府依法行政发挥了重要作用。随着检察机关督促履职工作的深入推进，通过对办案经验的总结、案件类型的分析、监督对象归类，目前在督促行政机关依法履职方面，百色市基本实现了从个案监督到类案监督的转变，并从类案监督推进，与部分行政部门形成定期定向监督的常态化监督机制。例如，百色市右江区、田阳县即与当地计生部门就追缴计生社会抚养费形成定期监督检查的工作机制；隆林各族自治县通过不定期抽查当地国土部门土地执法卷宗，通过卷审实现有效监督；田林县、凌云县、西林县则依托当地林业违法犯罪案件居多的特点，与反渎、公诉部门形成案件线索共享移送工作机制。上述这些工作机制由于政策变动的原因部分已经失效，但百色市在开展督促行政机关依法履职方面取得的宝贵经验及有益做法，必将为未来百色市开展行政强制措施监督，甚至进一步开展行政违法监督及行政公益诉讼提供高价值的借鉴素材。

（二）开展行政监督的现状

1. 监督依据不足。尽管在《宪法》和《人民检察院组织法》中明确赋予检察机关以法律监督的权力，在十八届四中全会《决定》中也提出加强检察机关对行政违法行为实施监督，但目前从法律到司法解释，确实没有明确的条文依据对检察机关实施行政监督进行规定。自1979年修改人民检察院组织法取消了检察机关一般监督权后，一直以来国内的实务界及学术界的通说都倾向于认为检察机关的法律监督范围仅限于诉讼领域，可以说近几十年的社会发展

---

① 数据来源于检专统1096001表（2010—2012）及检统表0710表（2013—2015）。

变革，检察权对行政权的监督主要体现在职务犯罪的刑事司法领域及行政诉讼裁判结果监督领域，而对行政违法的监督可以说基本处于空白。正如有学者认为：由于"行政监督"职能的缺失，改革开放30多年来，检察权的法律监督职能依然锁定于"审判的监督"，形成了对行政权"网开一面"的状态，一定程度上导致了行政权力的滥用、侵犯社会公益和国家利益违法行为的严重存在。① 而在党的十八届四中全会后，相关的立法仍在探索和酝酿中，立法的缺位导致的直接结果是检察机关监督的底气不足。

2. 人员力量不足。作为办理监督案件的检察人员，其知识储备和业务能力直接决定了监督工作的效果。从百色市两级民行检察人员的配置看，目前百色市两级院（12个基层院）共有全岗在编民行干警26人，笔者分别从年龄构成、民行工作年限、学历层次三个纬度对检察人员的素能进行分析。分析结果分别如图一、图二、图三所示：

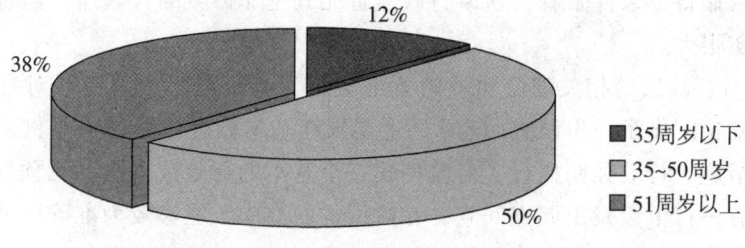

图一：百色市民行干警年龄分布结构图

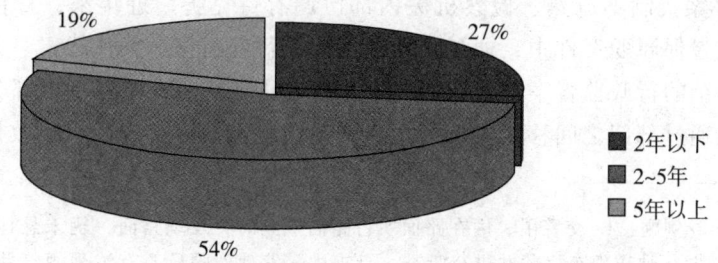

图二：百色市民行干警从事民行工作年限分布结构图

---

① 韩成军主编：《行政权的检察监督》，中国检察出版社2009年版，第75页。

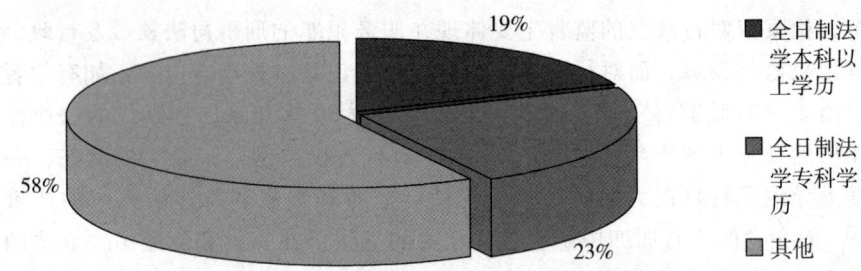

图三：百色市民行干警学历专业分布结构图

从上述三个分析图中可以看出，百色市目前民行干警的构成中，呈现出民行办案经验有限、专业化程度不高等不足，相信百色市的干警情况一定程度上代表了一部分民行部门的人员状况，可以说，以目前的人才结构、人员的行政法知识及储备等条件来看，从事行政监督尤其是非诉类的行政违法监督，办案压力确实很大。

3. 对行政法的相关理论知识储备不足。为调研需要，笔者针对行政执法的相关知识制作了一份调查问卷①，主要围绕基本概念设置简单案例，针对行政强制措施、行政强制执行、行政处罚三个基本的行政法概念，无预告地向两级院所有民行干警发出调查问卷，在收回的问卷中，能够较为准确区分上述概念的干警仅有3人，基本能模糊区分行政强制措施与行政处罚行为的有18人，5人不能区分上述行政法概念。

4. 办案机制不成熟、检察机关内部协调有待完善。近年来，百色市所办理的行政督促履职案件中，通过其他部门向民行部门移送案件线索、共享案件信息而办结的行政监督案件仅有5起②，因此可以说，尽管百色市部分基层院有条件地通过部门之间移送案件线索、交换线索情报等实现了对行政机关违法

---

① 问卷例题：1. 交警甲、丙在路面实行路面执勤时，发现路面一辆未悬挂车牌的机动车超速逆向行驶遂驾车拦截并进行盘查。盘查中，发现驾驶员乙有浓烈酒气和意识混乱行为激动妨碍执法并可能对周围行人造成侵害，将乙带至交警支队约束至酒醒，并对乙决定罚款200元并扣12分。问：交警的约束行为属于何种行为？罚款200元扣12分属于何种行为？

② 2013年，百色市田林县人民检察院民行部门通过反渎部门移送案件线索办理2起林业部门行政违法监督案件；2014年，百色市西林县人民检察院民行部门通过公司移送案件线索办理3起国土部门行政违法监督案件。

行为的监督，但令人遗憾的是，这些案件的办理具有一定的偶发性，目前尚未形成长效的工作机制，而就行政监督而言，如果仅仅依靠民行部门单兵作战显然也是不现实的，因此，从检察一体化、检察权一体化的角度出发才是解决目前制度困局的出口，这需要由领导支持并主持下，相关部门联动配合才能形成有效的工作机制。笔者在对百色市两级院自侦部门的同步调研中发现，在自侦部门对案件举报信息和线索实施初查后，认为不构成刑事立案标准的线索，自侦部门的线索流转方向往往是本级行政监察部门或纪委，并未形成内部信息同步共享，这在一定程度上造成了线索流失。

三、对行政强制措施实施法律监督的制度构建

行政权的检察监督制度应当以我国检察权的宪法定位及检察机关的法定职能为制度框架和逻辑基础，并遵循我国行政权运行的规律和政治传统，才能形成具有中国特色的行政权检察监督机制，这一原则也应当适用于对行政强制措施实施检察监督的制度构建。

（一）实施法律监督应遵循的原则

一项制度的构建必须有其立命的根源，这一根源就表现为制度设计所遵循的原则。检察机关对行政强制措施实施监督的本质就是检察权对行政权的监督，其除了应当遵守法治原则、公平原则、无罪推定原则、公开原则等普遍性司法原则外，还应当遵循检察权监督行政权的专门原则，该原则应当是检察权在对行政权、行政活动、行政机关工作人员进行检察、审核、评议、纠察的过程中始终贯穿其中的基本理念、基本价值和基本精神。①

1. 主动监督与被动监督并重开展。与传统的对诉讼采取事后监督不同，对行政执法的监督笔者主张主动监督与被动监督应并重开展，分阶段各有侧重。检察权作为一项监督权，其应有的重要特性即表现为主动发现，这一属性在职务犯罪案件办理中表现得尤为突出，而检察权对行政权的监督也应当体现出主动为之的特性。检察机关公诉部门对犯罪行为的审查起诉等过程，有可能获知行政机关可能存在行政违法的线索和信息，这些未构成刑事立案标准的违法行为，可以成为行政监督案件的重要来源。同时，从执法行为发生效果的角度看，行政强制措施的行为直接发生于执法主体和行政相对人之间，当强制措

---

① 韩成军主编：《依法治国视野下行政权的检察监督》，中国检察出版社 2015 年版，第 52 页。

施出现错误或不当时,最直接、最感官的损益感受来自相对人(或权益受损第三人),因此由当事人向检察机关提出监督申请更符合司法救济的客观规律,也更有利于对权益受损人的救济。

2. 同步监督为主、事后监督为辅。行政强制措施虽然只是对行政相对人的人身和财产权益实施临时性强制,但措施行为一旦实施,即对相对人的权益产生侵害,尤其在对人身自由实施即时性行政强制的情形下,侵害则更表现为不可逆的,这也是行政强制措施与裁决性具体行政行为的最大区别。因此,笔者主张对行政强制措施的监督,除即时作出并实施的强制外,应以事中监督为主、事后监督为辅,这也与行政强制措施所追求的辅助性、工具性、短效性、即时性目的相一致。

3. 尊重行政执法规律,保持监督的谦抑性。尽管行政强制措施具有其不同于普通具体行政行为的一系列特性,但其作为行政主体实施行政管理的工具与手段,亦应遵循行政行为实施的特定程序。现实生活中的社会关系是复杂的、管理内容是多元的、行政相对人是多样的,行政执法过程中所面临的状况不可能一成不变,也正是因为在法定范围内赋予了行政机关可控的自由裁量权,才能有效提高行政效率。因此,实施法律监督的过程中,检察机关应当尊重行政机关在自由裁量权范围内的对行政强制措施的种类、期限、范围的合理选择,避免监督权对行政权的过度干预以影响行政管理的效能,保持监督的谦抑性,这种谦抑性也体现了对行政权监督理性、客观、审慎的司法境界。平和司法是指司法以维护、实现公平正义为根本,以理性、客观、审慎、平静为要义。平和司法是一种司法心态,更是一种司法境界。①

(二)法律监督的边界和对象

监督边界及对象的明确性是检察机关在法律框架内行使监督权的先决条件。通过前文对行政强制措施的特点、监督的必要性、检察权与行政权的分析,笔者对行政强制措施实施检察监督的边界及对象提出以下观点。

1. 检察监督的边界。十八届四中全会《决定》提出"完善对涉及公民人身、财产权益的行政强制措施实行司法监督制度",据此也明确了检察机关对行政强制措施实行监督的价值取向,同时也对监督的范围进行了界定,《决定》所提出的监督范围,也与《行政强制法》中列举的行政强制措施种类相契合,即"限制公民人身自由;查封场所、设施或者财物;扣押财物;冻结

---

① 孙谦:《平和:现代司法的人文境界》,载《中国社会科学报》2012年9月14日第A04版。

存款、汇款",也就是说,对于上述行政强制行为,检察机关可以也应当实施监督,这里既包含了对公民人身自由的行政强制措施也包含了对公民、法人或者其他组织的财产的行政强制措施。但从检察监督制度设计的角度出发,监督权限的边界究竟在哪里,重点和难点还是《行政强制法》第9条第(五)项"其他行政强制措施"的兜底条款,这个"口袋"究竟多大、多深,是构建检察机关对行政强制措施实施监督制度不可回避的理论难点,实务中行政强制措施与行政强制执行、行政处罚等具体行政行为发生行为混淆,如何准确区分不同具体行政行为之间的差别,需要检察机关审慎确认各类具体行政行为的构成要件,准确甄别监督对象,保证监督行为在法律框架内进行。

2. 行政强制措施的监督属于过程性监督、行政中的监督。这里需要厘清两个行政法概念:行政强制措施和行政处罚。部分行政处罚与行政强制措施在行为要素上存在相似情形,即都表现为对人身和财产权益的限制,对相对人而言都表现为损益性措施,两者之间最大的区别在于行政处罚表现为裁决性、结果性损益,行政强制措施表现为暂时性、过程性损益。基于尊重行政权运行规律、行政处罚的裁决性、行政检察监督的谦抑性等特点,检察权对行政处罚的监督应该通过对行政诉讼的监督来实现。而行政强制措施属于暂时性损益,当阻却行政行为的事由结束后对人身或财产权益的控制即告结束,无须通过行政复议或行政诉讼即可实现权利状态恢复,因此对行政强制措施的监督应该体现为过程性监督,才能有效保障相对人的权益。

3. 检察监督的对象。一是涉及人身权益的行政强制措施类型。根据《行政强制法》关于行政强制种类的设定,我国行政强制措施中涉及公民人身权益的强制为"限制公民人身自由",根据《立法法》的规定,设定限制人身自由只能由法律规定。由于我国已经废止劳动教养制度,因此涉及限制公民人身自由的措施有:盘问、留置盘问、传唤、强制传唤、扣留、拘留、人身检查、强制检测、约束、隔离、强制隔离、强行带离现场、强行驱散、驱逐、禁闭等。

二是涉及财产权益的行政强制措施类型。《行政强制法》中行政强制措施涉及财产性权益的种类有"查封场所、设施或者财物""扣押财物""冻结存款、汇款"三类。具体如下:(1)查封,是行政机关限制当事人对其财产的使用和处分的强制措施,对象是不动产或者其他不便移动的财产,由行政机关以加贴封条的方式限制当事人对财产的移动或者使用;(2)扣押,是行政机关排除当事人对其财物的占有,并限制其处分的强制措施,对象主要是针对可移动的财产，并由行政机关保管或委托第三方保管；（3）冻结，是限制金融资产流动的强制措施。根据《商业银行法》的规定，冻结存款、汇款只有法律才能规定。目前，只有税收征收管理法、证券法、反洗钱法、邮政法等规定了冻结措施（邮政法使用"扣留"一词）。

（三）监督程序的具体设计

1. 启动程序。检察机关的法律监督的本质是公权力对公权力的监督，即检察权监督行政权，但由于权力架构、司法权属性、检察权内部配置、检察机关自身监督能力等原因，笔者认为现阶段的检察监督应进行重点领域监督及有限监督，防止监督范围膨胀又再次陷入"一般监督"的泥潭。因此，依职权监督应当被严格限制，对行政强制措施的监督应建立在以依申请启动为主、以依职权发现为例外的启动机制。

行政相对人或因行政强制措施而权益受侵害的第三人，认为强制措施的实施或继续实施，将会或持续使其合法的人身、财产权益受到侵害的，可以向检察机关申请监督。申请监督时应向检察机关说明申请的事实和理由，检察机关通过对申请事项的初查，认为确实有必要的，可以要求作出行政强制措施的行政机关提供实施相关行政行为的材料。由于行政强制措施是行政机关在行政管理过程中出于行政需要而暂时性采取的强制，具有较强的时效性和手段性，因此为保证监督的有效性，避免因为检察机关的介入而影响行政效率，申请人向检察机关申请监督应当设置一定的申请期限，即在知道或应当知道行政强制措施内容的一定期限内，向检察机关申请监督，监督期限外的申请检察机关不予受理，但不影响当事人继续申请行政复议或提起相应的行政诉讼。

严格限制检察机关依职权启动监督程序的条件。在检察实务中，检察机关应当避免无限扩大监督的权限和范围，防止法律监督异化为一般监督，依职权发现并启动监督程序的条件首先应当是在办理案件的过程中发现的，这里的"办理案件"包括上级院交办或转办案件、本院公诉部门移送案件线索、民事行政检察部门办理诉讼监督案件或其他非诉监督案件过程中发现线索、其他部门移送案件线索等。

2. 监督手段。对行政行为的监督方式，目前学界的论述中多见于检察建议、纠正违法通知书、督促起诉、支持起诉、审查建议、行政抗告、行政公益诉讼等，上述提及的监督方式有些属于理论设想，有些尚处于试点工作阶段，而结合行政强制措施的特点和检察院工作实务，笔者认为现阶段对行政强制措施实施监督的方式仍以检察建议更为恰当。一方面，检察建议是较为传统也是制度设计较为成熟的一项监督手段，在司法实务中具有较高认可度。检察建议立足于检察机关的监督属性和职能定位，也更能体现检察权在对行政权进行监督时应有的司法理性和谦抑性特点，能较好地平衡法律监督和不干扰行政权行使的关系。另一方面，由于对行政强制措施笔者主张为一种过程性、行政中的监督，因此检察机关所能审查到的材料是不完整的、审查行政行为的角度也是有限的，因此，适用检察建议这种更为柔性的监督方式更为合理。

3. 与其他监督机制的竞合关系。基于对行政行为的制度性监督有来自行政机关内部的行政复议和外部的行政诉讼，这两种方式均能实现对行政强制措施的监督，此时，在制度设计上，就不得不考量检察监督与行政监察、行政复议、行政诉讼三者之间的制度竞合问题。笔者认为，检察监督与行政监察、行政复议、行政诉讼均具有权益救济的共同特点，但与后三者相比，其具有更强的权力监督和权力制约功能和属性，因此，从监督和制约的角度出发，检察权在对行政权实施监督的过程中，不应受到行政复议和行政诉讼的前置限制。但如果当事人就行政强制措施已经向行政复议机关提起行政复议或向审判机关提起行政诉讼，因这两种救济途径均带有一定的裁量性和程序性要求，从司法权的有效利用和配置、检察权谦抑行政权的角度出发，此时检察机关就不应在此阶段介入监督，否则，当行政相对人就该行政行为提起行政诉讼，后再提出诉讼监督申请时，检察机关就会陷入"既当运动员又当裁判员"的尴尬境地。

[改革探究]

试用"平衡计分卡"和"100工作量"探究员额检察官业绩评价办法

◎ 梁广平* 黄伟**

> **内容摘要**：党的十九大对依法治国提出了更高要求，检察机关作为法治的建设者和重要推动者，要不断加强自身建设忠实履职，认真完成时代赋予的使命。科学全面的业绩评价机制不但能改善工作，对检察事业发展也有重要作用。分析当前检察官业绩评价机制存在的不足，试用"平衡计分卡"和"100工作量"，探讨员额检察官业绩评价办法。
>
> **关键词**：检察官；业绩；平衡计分卡；100工作量

当前的检察官①业绩评价办法②，是建立在原检察官序列基础上的一套标准，随着员额检察官改革的逐步完成，检察官个人作用越发凸显，原有评价办法在评价员额检察官业绩时显得越来越力不从心。如横在检察官业绩评价面前的几个问题：普通刑事案件和重大疑难复杂案件的工作如何对比？公诉案件和刑事执行、侦监、控申案件之间如何对比？案件事务和行政事务工作如何对比？检察长工作和普通检察官的各项工作如何对比？检察官在各部门频繁调动如何评价业绩？这些问题，用当前的评价办法是难以解答的，所以引发了广泛

---

* 广西壮族自治区北海市银海区人民检察院党组书记、检察长。
** 广西壮族自治区北海市人民检察院法律政策研究室检察官助理。
① 本文所称检察官为员额检察官。
② 参考《企业绩效评价体系中的非财务指标设计》中关于企业绩效评价概念得出的概念，指检察机关依据一定的标准，采取相应的评价办法对检察官在特定时期内的办案及其他活动业绩进行评价的过程。

讨论。本文试用经济管理学领域的"平衡计分卡"①和"100工作量"②探讨员额检察官业绩评价办法，并尝试回答这几个问题。

一、当前检察官业绩评价机制的现状

（一）评价机制缺乏检察针对性

长期以来，检察机关对检察官个人的考核始终带着较为浓厚的行政色彩，与普通公务员的差别不大，主要采取领导评价和民主测评相结合的方式实行测评，以检察官的职位职责和所承担的工作任务为基本依据，全面考核德、能、勤、绩、廉，重点考核的是工作实绩，根据总体评价得出优秀、称职、基本称职、不称职这四个档次。③与其他公务员的评价机制类似，评价维度、指标和方式等都缺乏检察针对性，没有明显的职业特点，没能全面深入评价检察官业绩。

（二）结果应用不足导致评价流于形式

评价结果难以对检察官个人发展产生实质性影响，与检察官所期待的政治经济利益并无紧密联系，致使检察官对业绩考评结果大多持"不求有功，但求无过"的淡漠心理，结果缺乏激励性导致评价过程流于形式。虽然也有办案数、结案率、获奖情况等这些指标，但缺乏足够的量化、比较，实际上在评价时简化为几张表格的填写与审查，考核不全面且不够具体深入，导致当前业绩评价没有发挥科学评价、督促发展的作用，评价流于形式。

二、当前检察官业绩评价机制存在的问题

（一）缺乏足够的个体关注

当前无论是地方组织还是上级检察机关对检察官的业绩评价，多体现为对

---

① 平衡计分卡，源自哈佛大学Robert Kaplan教授和诺朗顿研究院David Norton教授的一种评价体系，包括财务、客户、内部运营、学习与成长四个维度，是当代企业管理的一个重要工具。本文对其借鉴意在使用其多维度、全过程的指标评价过程，多维度全过程地考察检察官的工作。

② 100工作量，借鉴了经济管理学关于绩效的概念，"100工作量"的称谓为本文作者首次提出，指运用100为工作量的标准，根据难易、时间耗费等因素评价和量化任何一项事务，本文中用来衡量检察官的所有事务，并进行打分。在评价打分中是有一定标准的，即根据既定的分数档给分，再考虑平衡计分卡中其他因素的得分情况，实行加分或减分后，得出某个案件或事务的最终得分。

③ 参见《国家公务员管理条例》第五章。

整体如单位或部门的考核，关注集体成果，很难看到检察官作为个体被评价的情形，"检察官就如同流水线上的一个环节，他的意志和利益都必须首先服从于部门的意志和利益"①。随着司法责任制的不断推进，对检察官个人的不断重视，作为个体的员额检察官，正在发挥着越来越重要的作用，以北海检察官工作为例，2017年遴选的97名首批检察官1—11月共办理案件4877件②，同比上升幅度较大，移交部门联席会议和检委会讨论的案件却同比下降26%，可以看出员额检察官在承担着大量事务和责任，司法责任制优势越发明显。为此，亟须在检察业务考评机制上，从对"事"（案件）的评价逐步转向对"人"（检察官）的评价，并尽可能体现岗位差异，这些都需要制定与以往侧重点不同的结合岗位特点的检察官考核标准和考核细则，实现对"人"（检察官）的科学评价。

（二）评价维度较狭窄

检察官服务经济社会发展主要通过司法办案来实现，检察官的主要工作也是办案，因此在对检察官业绩实施评价时，必须要以案件评价为主要维度，围绕案件办理情况实施评价，当前模式虽然也考虑办案数、结案率等相关指标。但是，依然缺少对办案成本（含时间成本③）、社会评价等方面的关注；或者只关注案件的结果，忽视了长期执行的过程，缺乏对办理案件长期过程的细致评价，致使业绩评价和实际付出存在差异；或者多是体现检察官过去某个阶段的办案状况，不能反映未来案件体现的社会价值和法律价值，而这样的事后评价可能造成被评价者受短期评价局限，为提高办案数量而盲目加大投入力度，忽略社会法律价值——即检察事业发展的价值最大化。此外，检察官不是独立于行政事务的办案群体，特别是越是领导干部行政事务越多，这时候如果过多注重案件维度评价，可能会造成评价不公允，故对非案件指标，如人才培养、理论研究、机关事务等非案件指标也应充分考虑并纳入考核范围。

（三）存在工作量化但不全面

在实际评价过程中，需要考虑的因素和事项众多，加之案件性质和检察官

---

① 杨春畅、余颖：《基层检察人员业绩评价机制探索》，载《人民检察》2016年第21期。

② 数据来源于《北海市人民检察院工作总结》。

③ 时间成本，原是经济领域的概念，指一定量资金在不同时点上的价值量产差额。文中指耗费的时间总量。

个人岗位性质的不同，使得案件指标数据在排除可见的几个指标如结案数量后，在调整过程中依据更多的是主观判断，缺少客观性。检察官个人的工作量难以确定，这使得评价不够精确，可比性差。以办案数这一指标为例说明，办案数是一个绝对值，反映检察官全部办案的数量，在案件性质不同难以量化的基础上，很难进行横向比较，或者说比较意义不大。如本文开头提到的几个问题，就是需要量化才能解决的问题。目前评价主要从办案数出发，明确规定必须满足一定的办案量，但引发的问题是，数量上的规定有没有实质意义。以北海为例，市检察院检察长按规定要求办理的3起案件，各基层院正副检察长要求办理300件案件，如果只是完成数量，是否可以是控告申诉案，或者刑事执行监督案？这就涉及量化问题。但是如何量化？量化哪些项目？指标尚不够具体、明确。

（四）横向比较欠缺

检察官本应是职业化非常强烈的一个群体，然而以前由于套用行政公务员管理模式，使对检察官的业绩评价和身份定位都变得十分模糊，加上当前一些机制难以对检察官工作实施量化，导致检察官之间的工作难以横向比较。如不同岗位的检察官，由于工作岗位不同，每个人的事务不同，案件性质也不同，所以当前使用的数据评价存在一些不合理的地方，不能很好地反映实际工作情况，导致比较不科学并很容易催生"一个萝卜一个坑"的平均主义。本应作为"提高职业认同感和荣誉感的检察官等级，却因为没有足够的横向比较和实质性激励而大多成为行政职务、职级的一种伴生品，迫使检察官仍然需要去激烈竞争有限的行政激励资源"①。

三、员额检察官业绩评价机制的重建

当前检察改革的大背景下，原有的评价机制越来越不符合形势发展，适应新时代发展构建符合改革趋势和检察职业特点的检察官业绩评价机制，不仅有利于全面、客观、准确地评价检察人员工作业绩，对检察事业的发展也有至关重要的作用。对检察官业绩评价机制的重建，本文重在谈多维度的评价标准、全面工作量化和量化汇总，评价主体、程序及结果应用等方面由于现阶段各方探讨较多且原本模式相对成熟，故只简要陈述。

---

① 张永进：《检察官业绩评价体系建设新构想》，载《人民检察》2017年第10期。

（一）借鉴"平衡计分卡"实施多维度全过程评价

检察官的工作是多方面的，具体到其中的案件指标后也应是多方面的。"平衡计分卡"是经济管理学科评价企业及其员工的一个重要方式，已被证明其全面可靠性，本文借鉴"平衡计分卡"的思维，多维度评价检察官工作。

1. 案件维度。检察官业绩评价模型中，最终目的是实现检察工作社会法律价值最大化，检察官在服务社会经济发展、服务社会法治的出发点和立足点是办好案件，一方面是考虑整体的办案成果，另一方面是考虑办案效率成本。既然如此，那办案就是最主要的任务、是主要事件，所以将办案指标作为业绩评价的主要指标。由此可知，原有机制中的一些指标，如办案数、结案率、结案单位时间等均可以列入评价指标参加量化评分。

2. 相对人维度。员额检察官办案常和法院公安、案件当事人接触，简称相对人维度。检察工作不是独立的工作，是与相对人有着紧密联系的，在评价检察官业绩时，要从相对人的角度考虑，如在相对人满意度、配合能力、上庭状态、办案灵活性等方面衡量，当然，这个角度的评价常不容易实现。但如前两年"快播"一案公诉人庭审现场的情况给我们的教训至今深刻，检察机关公诉人在庭上的表现至关重要，甚至严重影响着检察机关本身的印象；再如控告申诉案件，是和群众直接打交道的，检察官水平的高低、责任心的强弱，对案件的办理非常重要；所以在评价时必须要考虑相对人维度，至于怎么考察评价，如果无法实施加分制度的话，可以实施减分制度。

3. 内部流程维度。内部流程主要是检察机关的内部管理流程，内部流程维度主要可以从案件受理登记流程、系统资料完善、证据查找和完善、结案流程等来衡量。案件受理登记流程的衡量可以通过登记数量、受理案件资料齐全度、案件分流平衡性等指标来反映；证据查找和完善流程可以通过证据质量、方式科学性、证据效力等指标来衡量；结案流程可以选取结案耗时、无罪判决以及裁判结果对比等作为评价指标。内部流程维度展现着检察官个人的工作流程，能体现检察官办案效率质量和工作透明度，必须予以考虑。

4. 整体与发展维度。检察工作不是一个领域的事，而是从办理案件出发，为社会经济发展大局服务，如打击经济犯罪的同时注意区分保护合法经济、非公经济，打击刑事犯罪又注重保护合法权益，这些都不能只从案件本身出发，而要立足整体、立足长远，以大局和发展的眼光看待检察官的工作。因此，可以把检察官的办案过程看作事物发展的一个历程，按照过程阶段予以肯定加分，完成了可以按规定的量化制度计分，如果因为客观因素完成不了，亦可以按比例得分。由于整体和发展维度在衡量时存在困难,因此可以和相对人维度一样,实施减分制度。

5. 非案件事务维度。员额检察官不是只办案的个体,还有论文调研、行政事务、会议会务、地方事务等,都是不能避免的,这些非案件事务花费了检察官的精力和时间,如检察长、分管某项工作的检察官,在工作中都要做大量的非案件事务,这些因素都必须要考虑,合理加入非案件事务维度,对员额检察官的业绩评价才更全面、更科学。

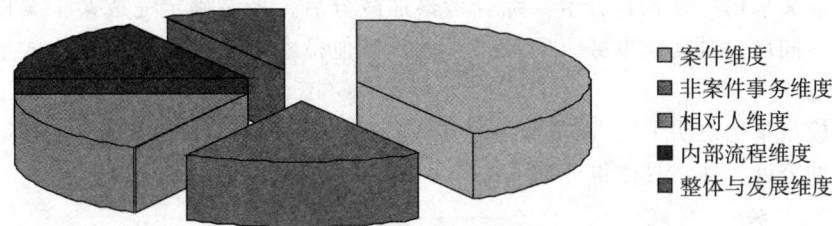

借鉴"平衡计分卡"多维度完善指标图①

(二)采用"100工作量"评价、量化各项事务

借鉴"平衡计分卡"多维度实施评价,涉及工作量的计算问题,而要获得某项工作的工作量,就涉及工作的价值问题。"100工作量"量化法是一个价值评价标准,其以100为标准,对任意一项工作的价值实施数量认定,价值高的得高分,价值低的得低分,对某一项工作按照100分的最高标准确定该项工作完成后所得分值,工作难度越大,设置的分档越高;工作越简单,设置的分档越低。在一项工作定分档后,再综合"平衡计分卡"里的其他因素进行加分或减分。"100工作量"解决的是把所有需要评价的事务进行价值评价并量化的问题,其方法步骤如下:

1. 评价、量化工作。量化理论是现代企业管理提出的一个理论,本文借鉴了企业管理量化理论的理念和部分方式方法。但与企业管理量化理论不同的是,检察官业绩评价的"100工作量"更具针对性,且量化的业务范围更广,其对检察官评价的所有指标均可以实施评价并量化。以案件维度为基准,考虑其他维度进行加分或减分,量化每一件事、每一项工作,员额检察官做了某些需要量化的事务,就可以得分,得分情况按事务的性质和完成程度计算。在实

---

① 图示数据份额为假设数据。

际操作中，量化的标准可以由业务部门根据实际制定后经决策层批准实施。以公诉案件为例，将各类案件定性为各种类型，明确哪些罪名案件定位为一类，如故意杀人、团伙疑难杂案等归为一类，多人传销、重特大案件为二类，普通盗窃、打击斗殴为三类。不同类型的案件在100分的范围内划定不同的分值（评价），如60分档、40分档、20分档；再如侦查监督类的案件，由于其性质的不同，办案本身的难易程度不同，同一类型的案件，在公诉的基础上酌情减分，如30分档、20分档、10分档，或者更低的分档，依此类推其他案件，结合前文采用"平衡计分卡"综合考察加减分后，最终确定完成某个案件的分值。同理，对其他事务（行政性事务，其他检察事务）也通过此方式量化工作量。

模型举例说明1[①]：以员额检察官A为例，其在第一季度办理了3起第一档类的公诉案件，具体得分如下：

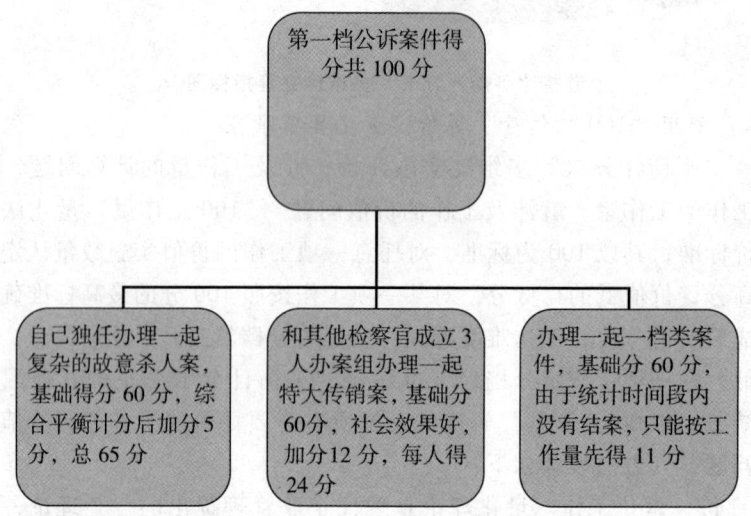

"100工作量"是用分值的方式评价事务的难易程度，案件越难，得分越高。上例假设的是公诉案件一档类案件，难度大，基础分60分属于最高分值的分数（假设），在综合了相对人维度、内部流程维度、整体与发展维度后，得到了合理的加分，因此在这类案件就得出了总的分数。

---

① 本文模型举例涉及的基础数据为假设数据，为说明问题而使用。

假设除了一类案件外,该检察官还办理了一些公诉的二类三类案件,此类案件难度相对较低,分值也较低,模型举例说明如下:

模型举例说明2:以员额检察官A第一季度办理的全部公诉案件为例,他办理的公诉案件中,第一档案件得分100分(举例说明1),第二档得分120分,第三档得分180分。以下为检察官A第一季度公诉案件的累积得分图表:

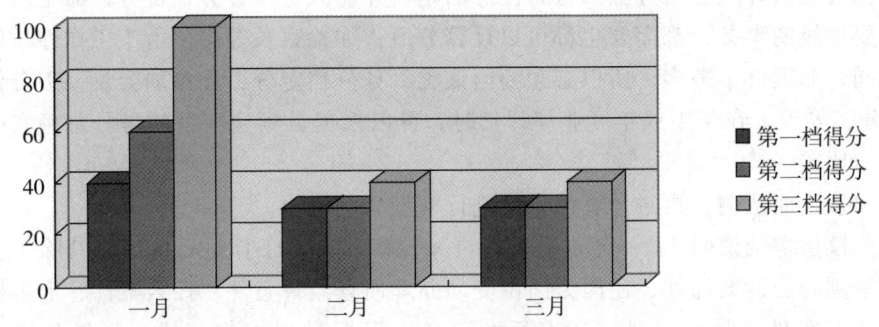

	第一档案件得分	第二档案件得分	第三档案件得分
一月份	40	60	100
二月份	30	30	40
三月份	30	30	40

能够对检察官的事务进行计分,是因为"100工作量"对所有的事务都进行了量化,只要检察官办案做事,就可以按照案件的档类进行加分。

2. 反馈完善。为了避免在对指标进行量化评价时不够全面,需要及时对量化指标进行评估完善、推陈出新,如随着自侦部门已转隶,相关指标要取消;而随着公益诉讼的不断发展,相关指标要增加;非案件事务的变化也会导致指标变化,这些都需要及时反馈。同时要重视检察官的观点和建议,让检察官畅所欲言地向上级反馈工作中遇到的问题,让检察官参与到管理中,让分档定分成为大家共同的事情。从长远角度去看待检察事业的发展,全面评价检察官业绩和检察事业的长远发展,及时找到自身的缺陷、了解发展状态,从而不断地进行调整与完善。实际操作中,可以制定细化的分档定分表,明确每类事务得分多少,并分发到各位检察官和评价人手中,充分掌握了解反馈。

(三)"100工作量"评价量化后的得分汇总

"100工作量"的难点在于给案件、非案件事务分档定分,这就需要检察机关在实践中，在客观公正的基础上确定分档标准、定分标准，并做到公正公开；在做到这些的基础上，每个检察官的工作量就都是透明的、可量化的。做到了这层，量化的难题就迎刃而解了，如上面提到的重大、疑难、复杂、新类型案件，根据规定可以分在较高分值的档，再根据"平衡计分卡"确定最终总分数，个人办理的案件、事务得分全部计入个人总分数，办案组办理的按照比例分割后计入各自分数。值得注意的是，并非只有案件分档定分，而是所有需要评级的事务，都需要也都可以计算分值，如检察长等岗位由于工作性质的不同，非案件事务多，所以必须要给该类事务分档定分，如参加会议一天分值5分，等等。在年中或年度业绩评估时，可以根据员额检察官的得分总额实行横向比较。

接上面两例，再对计算工作量进行模型举例说明。

模型举例说明3：一年过去，对员额检察官A的工作进行统计，其除了上述举例的公诉案件外，还因为岗位变动办理侦查监督案件、控告案件、刑事执行检察案件，除此之外，还有行政事务，根据量化工作模式，其得分情况如下：

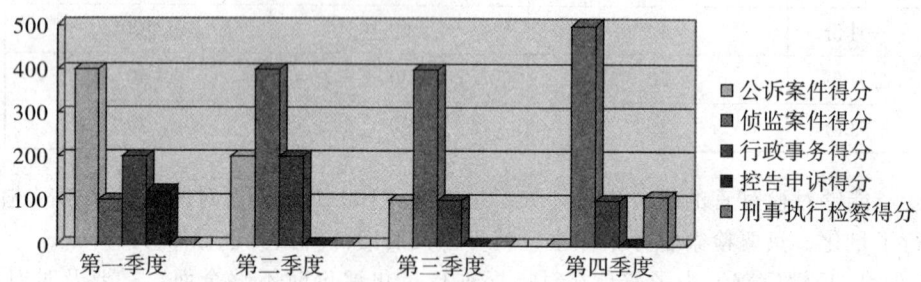

	第一季度	第二季度	第三季度	第四季度
公诉案件得分	400（例12）	200	100	0
侦监案件得分	100	400	400	500
行政事务得分	200	200	100	100
控告申诉得分	120	0	0	0
刑事执行检察得分	0	0	0	110
全年总得分	2930			

上述举例可以看出，如果检察机关运用"100工作量"评价量化，则无论检察官岗位性质如何、工作调动如何、案件本身性质如何，都可以对其工作进行量化打分。这时候，对检察官的业绩评价，就不再是结案率、办案比这类难以横向比较的方式，检察机关也不必纠结于按规定要办多少比例的案件、什么类型的案件，检察官之间也不必因为案件的难易而有不同的看法。总而言之，"100工作量"就是把需要评价的事项全部转化为合理的分值，无论案件还是非案件，都有符合实际的分数，按照个人完成工作的情况得分，再进行汇总比较，得出年度总分后可以直接对总体工作量进行数学对比，谁高谁低，一目了然。

（四）评价主体、程序及结果应用方面

1. 评价主体。检察官业绩评价的主体应当是对被评价对象的工作有相当程度的了解，能确保评价过程公开透明，且对结果有发言权的人。在实践中，可以采取自评和审查的方式，由检察官个人根据新的业绩评价办法对个人各项工作进行打分汇总，再由政工部门或评价小组实施核实。

2. 评价程序。业绩评价的基本流程在文中已初步提到，即制定新办法后，由检察官个人根据办法对个人所有事务（包括案件事务、行政事务）运用"100工作量"进行评价、打分、汇总，并附上相关证明资料，如办理案件清单、个案法律文书、发表调研文章的期刊复印件等资料。再由政工部门或评价小组对检察官可直接量化的指标分值计算和证明材料进行审核、公示等。

3. 评价结果的应用。业绩评价的生命在于应用，只有将评价结果和检察官的切身利益联系起来，才能充分发挥评价机制的管理、激励作用。将评价结果记入检察人员司法档案，作为检察官任免、职务及工资晋升、奖惩、培训的主要依据，从而激励先进，鞭策后进。

综上对于本文开头提出的问题已进行了模型举例分析，即用"平衡计分卡"把需要评价的工作找出后，采取"100工作量"标准实施评价、量化，再进行分数汇总。检察官业绩评价是司法责任制的重要配套制度，没有科学的评价机制就不能很好地实施责任制。运用"平衡计分卡"和"100工作量"对检察官事务实行全方位多角度评价，并对所需评价的事务全部实行量化计分，能促使员额检察官不断提高积极性，对检察事业的长期发展有着非常重要的意义。

行政公益诉讼构建模式研究

◎潘世楼*

> **内容摘要**：行政公益诉讼是一种为"公"而不是为"私"的诉讼，因其实施有利于维护社会公共利益，有利于民众共享社会发展成果，因而越来越受到国家和社会的广泛关注。然而，由于我国行政公益诉讼起步晚，理论和实践经验还不够成熟和完善，关于行政公益诉讼的原告资格、受案范围等规定在理论和司法实践中还存在争议，行政公益诉讼的相关规定在立法中还不够完善等，严重制约了行政公益诉讼各项活动的顺利进行。本文笔者通过对英、美、德、日等法治发达国家行政公益诉讼进行研究，从其基本构建原理、原告资格、受案范围等方面进行探索，吸收其行政公益诉讼发展的先进成果，并结合我国行政公益诉讼发展的实际情况，将理论和实践相结合，提出我国行政公益诉讼的完善建议。
>
> **关键词**：公共利益；公益诉讼；行政公益诉讼

一、行政公益诉讼概述

（一）行政公益诉讼的含义

行政公益诉讼的含义是什么？这是学者争论的焦点问题，许多学者从公益诉讼的原告资格、受案范围、立案管辖等角度进行论述。然而，对"究竟什么是行政公益诉讼"这一前提性、基础性的问题至今依旧是众说纷纭，没有得出令人信服的清晰结论。[1]

有的学者认为，行政公益诉讼是指行政主体的违法行为或不行为对公共利益造成侵害或有侵害之虞时，法律容许无直接利害关系人为维护公共利益而向

---

* 广西壮族自治区人民检察院控告申诉检察处干部。

① 章志远：《行政公益诉讼热的冷思考》，载《法学评论》2007年第1期。

法院提起行政诉讼的制度。①

有的学者认为，行政公益诉讼是"指公民为维护公益，就与自己权利及法律上利益无直接利害关系的事项，对行政机关及其工作人员的违法作为或不作为提起的诉讼"。②

有的学者认为，行政公益诉讼是指公民、法人或其他社会组织以及特定的国家机关，针对国家行政机关或其他社会公共部门不依法履行法律规定的职责而损害公共利益的行为提起的行政诉讼。③

通过对以上学者的观点进行综合评析，可以看出学者们对何为行政公益诉讼的争议焦点主要集中于行政公益诉讼的原告资格和受案范围界定上，因此，行政公益诉讼的概念应当明确界定原告的资格和受案范围。鉴于此，笔者比较赞同最后一种说法，即将行政公益诉讼的概念界定为：行政公益诉讼是指公民、法人或其他社会组织以及特定的国家机关，针对国家行政机关、法律法规授权的组织或其他社会公共部门不依法履行法律规定的职责而损害公共利益的行为提起的行政诉讼。

（二）行政公益诉讼的价值追求模式

行政公益诉讼是以维护社会公共利益的发展和民众享有广泛的社会福利为目的，它的存在和发展具有深厚的社会根源：一是权利救济说；二是人民主权原则。古人云：无救济即无权利。在一个文明、民主的法治社会里，应该赋予公民多种途径维护自身利益，当公民、法人、团体、组织或国家利益、社会公共利益受到非法侵害或具有即将受到侵害之虞时，法律应该为其提供有效的司法救济途径，即享有司法保护请求权。我国行政公益诉讼是在宪法精神指导下产生和发展的，其根本目的是确保主权在民，使民众享有更多的社会福利，真正成为国家和社会的主人。因此，行政公益诉讼具有其独特的价值追求模式。

1. 追求社会公平正义，也即公正。公正，是和谐社会追求的目标，更是法律价值的核心内涵。公正就像一杆标尺，是衡量一部法律是良法还是恶法的评判标准，也是法律追求与弘扬的价值目标，是法律的内在精神价值。一部公

---

① 叶明蓉：《我国行政公益诉讼的保障分析及现实选择》，载《律师世界》2003年第12期。

② 马怀德主编：《行政诉讼原理》，法律出版社2003年版，第151页。

③ 黄学贤、王太高：《行政公益诉讼研究》，中国政法大学出版社2008年版，第42页。

正的法律，它能在人们的合法权益受到侵害时，担当起维权者的责任，为人们保护自身利益提供法律保障。正义的实现，能促进人们对法律的信仰，树立法律在人民心目中的威信，让人们敢于用法、信法，为构建法治国家打下坚实的群众基础。确立和完善行政公益诉讼活动，保护公共权益不受非法侵害，允许任何公民在公共利益受到损害时，都能拿起法律的武器，通过法律途径寻求司法救济，就是法的正义价值的直接体现，是行政公益诉讼追求的目标。它一方面对国家和社会公共利益的发展提供了强有力的法律保障，打击了行政侵权行为，维护了安定和谐的社会秩序，促进了社会经济、文化、民主、文明的健康发展；另一方面允许任何人对侵害社会公共利益的行政侵权行为提起诉讼，开创了以为维护公共利益而"民告官""官告官"的诉讼模式，进一步颠覆了"民告官"难的传统诉讼思维，符合人们追求社会公平正义诉讼价值理念。

2. 保障行政权力正当行使。权力是一把双刃剑，使用得好，它能发挥综合管理社会公共服务的职能，为社会创造财富，促进社会公共利益的发展和公众福利的增加；若行使不当，不仅阻碍社会公共利益的发展，还将给其带来极大的灾难。法治理论的核心是权力与权利的合理配置，权力与权利是既对立又统一的关系，处于一个统一体中，是一种此消彼长的关系。权力与权利统一协调运作，权力与权利的分工与制衡是法治社会保障权力与权利合理配置的一条基本原则。权力的过分集中，必然会导致权力滥用，造成对他人与社会公共利益的危害；权力的过分分散，又不利于行政权的有效行使，不能充分发挥政府履行管理社会公共服务的职能。因此，建立行政公益诉讼，通过法律的形式，赋予民众通过司法手段，依照法定程序对国家机关及其工作人员的行政行为进行监督，有利于督促行政机关及其工作人员正当履行职责，严格依照法律程序依法行政，防止行政权力的滥用。同时，在国家机关及其工作人员有违法行政行为或不作为侵犯公共利益时，赋予民众以请求司法审查的权利，充分利用广大人民群众的力量，发挥广大人民群众"私权利"的力量来制约公权力的正当行使，为公民管理国家事务、维护公共性权益开辟了一条新的救济渠道。这将使国家机关在行使公权力的时候，更加严格要求自己依法行政，更加考虑行政行为的公平性、合理性，在履行行政职能时更加注重对公共利益的维护与发展，从而从根本上促进行政权力的正当行使。

（三）行政公益诉讼的特征

从行政公益诉讼的概念和价值内涵来考究，其与传统的诉讼理论相比，在原告资格、受案范围、价值追求等方面具有重大的突破，是一种新型的司法救济方式，具有自己的特征。

1. 行政公益诉讼的本质是以维护社会公共利益为宗旨。在行政公益诉讼中，原告是针对行政机关及其工作人员的违法行政行为或不作为等造成国家或公共利益受到损害而提起的诉讼，原告与案件本身没有直接利害关系，危害行为一般并不直接危及原告的切身利益，其提起诉讼不以维护个人利益为根本目的，是以维护国家和社会公共利益为目的的，其所保护的利益具有广泛和抽象性，不像民事诉讼和行政诉讼所保护的利益对象具体、明确，能用相关数量来衡量。而民事诉讼和行政诉讼一般是以维护个人的利益为根本目的，所保护的是个人的人身权利和财产权利等，有具体、明确的保护范围。

2. 行政公益诉讼起诉主体广泛，具有多元化特征。在行政公益诉讼中，因为原告是社会公共利益的"代理人"，与本案无直接利害关系，其提起诉讼代表广大民众的利益。原告提起诉讼资格突破了传统的单一诉讼模式范畴，不再受限于"利害关系"范围。如此一来，可以提起诉讼的原告主体资格就放宽了，扩大了原告的范围，即任何人都可以提起行政公益诉讼，原告主体资格呈现出多元化特征。

3. 行政公益诉讼对损害的保护具有可预见性。行政公益诉讼针对的对象是行政机关及其工作人员的违法行政行为或不作为等造成国家和社会公共利益的损害或即将使国家和社会公共利益受到损害之虞时，都可以提起诉讼。其提起诉讼的损害条件包括：一是国家和社会公共利益已经受到损害的事实；二是国家和社会公共利益将有遭受损害的可能性，也就是说该损害还处于一种待定状态中。从这方面来说，行政公益诉讼不仅保护已经遭受损害的事实，也保护未来可能遭受侵害的危险，对危险行为其也具有预防的保护功能。相对于保护现实受到损害的社会公共利益，行政公益诉讼的预防保护功能尤为重要。因为行政机关的行政行为或不作为具有抽象性和涉及范围广等特点，一旦危害事实发生，受损失的公共利益范围就不可估量，受害群体就不可预测，公共利益损失将难以恢复。如果一定要以有损害事实才能提起诉讼，就不能有效地监督制约行政机关的行政行为，在损害事实发生前及时将其制止，可有效避免损失。这也是行政公益诉讼和其他诉讼方式的一个显著区别，其他诉讼一般都是以损害事实的发生为前提，对未来可能发生的危险性侵害，很少具有预防保护功能。

4. 行政公益诉讼的判决效力具有广泛性，不仅仅局限于诉讼当事人。因为在行政公益诉讼中，侵害的范围广泛，损害对象是不特定多数人的利益，所以任何人都可以提起诉讼。据此可知，具有提起诉讼的原告资格的人是不特定多数的，而在事实上向法院提起诉讼的可能是其中的一个人或某些人，他们是社会公共利益维护者的代表。那么法院对案件的判决结果就不仅仅局限于提起诉讼的人，还关涉其他具有原告资格且与该社会公共利益有关但未直接参与诉讼的人。在行政公益诉讼中，如果法院支持原告的诉讼请求，判决原告胜诉，那么该判决结果将对所有涉及该公共利益的民众发生法律效力，即所有民众胜诉。若法院经过审查，认为行政机关及其工作人员的行政行为不违法或不具有不作为等损害社会公共利益的情形，判决原告败诉，则该判决结果也将对所有涉及该公共利益的民众发生效力，即确认了行政行为的合法性，社会公共利益没受到损害，其他人在没有新证据或发生新的损害事实的情况下，不能提起相同的诉讼，并须严格遵守判决结果。

基于以上对行政公益诉讼的概念、特征等进行解析，可以看出行政公益诉讼和普通行政诉讼、民事公益诉讼在原告资格、诉讼目的、诉讼结果所产生的效力等方面存在着显著区别，司法实践中应注意区分，避免混淆。

二、行政公益诉讼的基本构建原理

行政公益诉讼的价值取向以及基本构造元素决定了其与其他诉讼制度相比，具有显著的不同之处，因此，我们在构建行政公益诉讼时，要在充分厘清其"共性"的基础上深入探究其"个性"，针对其所具有的特殊属性，特别是原告资格、受案范围等，深入探讨其构建原理，科学构建行政公益诉讼体系。在此，笔者认为，行政公益诉讼的内涵和外延应该涵盖三个最基本的元素：受案范围、原告资格、启动程序。

（一）行政公益诉讼的受案范围解析

受案范围是行政公益诉讼的中心要件，它是决定行政公益诉讼能否启动运行的条件之一，对诉讼程序来说，受案范围的划分是整个诉讼程序启动的前提条件，在整个诉讼活动中具有至关重要的地位。但由于行政公益诉讼的性质和宗旨都以"公益"性为出发点，而"公益"的内涵和外延空间过于宽泛、笼统，这就决定了行政公益诉讼受案范围的界定不易把握，不宜从直观上通过简单举例将其罗列出来。通过对欧美各国的行政公益诉讼发展历程进行研究，虽然各国对受案范围的内涵表现形式存在差异，但其界定标准基本包含两个要素：第一，是否属于国家行政机关及其工作人员履行职责的范畴，即学界所说的行政行为标准；第二，该违法行政行为或不作为等侵犯的是否属于公共利益,即通说的公共利益标准。只有同时符合以上两个基本条件,该案才被纳入公益诉讼案件受理范围,才能提起行政公益诉讼。因此,我国在界定行政公益诉讼案件范围时,要注意把握行政行为标准和公共利益标准范畴,积极吸收和借鉴域外发达国家的行政公益受案范围构建制度,将行政公益诉讼受案范围的内涵和外延综合起来宏观把握,为受案范围划清界限。

1. 行政主体。在我国的行政诉讼活动中,通说的行政争议是指行政机关及其工作人员在行使管理社会公共服务职能的过程中,因其行使行政权力的行为与行政相对人发生纠纷,由此而引起的行政诉讼。但行政公益诉讼的法律争议与此有着显著区别,一般只有在行政主体的违法行政行为产生争议,也即该行为侵害了社会公共利益或有侵害社会公共利益的危险时,相关当事人才能提起诉讼。如果社会公共利益受到了侵害,但不是因为行政主体造成的,也不能提起行政诉讼,只能通过别的司法救济途径寻求帮助。

随着社会的发展,各种侵害社会公共利益的现象层出不穷,且方式多种多样,呈现出一种复杂化趋势。近几年来,备受世人诟病的雾霾天气、水污染等,都严重危害了社会公共利益,已经引起了人们的普遍关注。但是,对于这些侵害社会公共利益的行为,我们很难区分它到底是应该适用于民事公益诉讼还是行政公益诉讼,或者两者兼而有之,或者适用于别的司法救济途径。因为在这些侵犯社会公共利益的复杂案件中,造成该损害后果的,一方面可能是企业、个人的违法行为;另一方面可能是政府相关部门的工作效率低下或不作为等。除此之外,还有可能是民事主体和行政主体两者共同作用造成公共利益受到损害的结果。在这种损害社会公共利益的复杂案件中,我们要对实施该危害行为的人员范围进行界定,才能决定是适用哪一种诉讼方式。而行政公益诉讼的被告是行政主体,即行政机关。因此,构建行政公益诉讼受案范围,必须界定行政主体标准,将行政主体的定义及范围明确规定,才能准确界定行政公益诉讼案件的受案范围。

2. 行政行为。行政公益诉讼成立的前提条件之一应当是行政机关及其工作人员的行政行为侵犯了社会公共利益,除此之外的其他一切行为都不属于行政公益诉讼范畴。因此,行政公益诉讼受案范围的确立,要以行政行为的侵害为前提条件。为此,就需要对行政行为的内涵和外延所包含的内容进行具体解析。通常情况下,我们所说的行政主体的行为,是指其正常履行职务的行为,但是这种说法存在以偏概全的弊端,相当片面,不能全部反映其本质内容。因为在行政主体所实施的各种行为中,包括其依法履行职务,进行社会公共服务管理的行政行为；也包括一般的民事行为，比如行政主体与公民或团体签订的买卖合同、劳务合同等，这类行为虽是行政主体实施的行为，但其本质是民事行为；还包括行政主体利用其职务之便、假借公务之名或其他与公务无关等所实施的行为，以上诸类行为的本质应属于个人行为。同时，行政主体在行政活动过程中所实施的行政行为还可以区分为合法行政行为和非法行政行为。如果行政主体依照法定程序、根据法律法规的规定依法履行职务造成了社会公共利益受到损害，也不适合提起行政公益诉讼，应通过其他方式或诉讼途径来解决。所以，对行政主体所实施的行为要透过现象对其实施内涵加以具体分析，不能对行政主体所实施的行为一概而论，以偏概全。

基于以上分析，笔者认为我们在界定行政公益诉讼受案范围时，要对其性质加以鉴别和界定，只有当行政主体的违法行政行为给社会公共利益造成了损害，方可提起行政公益诉讼，否则，不应当启动诉讼程序，应通过别的方式来解决。因此，在界定行政公益诉讼受案范围时，要透过现象看清行为的本质内涵，要划清合法行政行为与非法行政行为的界限，纳入行政公益诉讼受案范围的必须是行政主体所实施的违法行政行为或不作为。

3. 公共利益。究竟何为公共利益，至今还没能达成一个统一的"公益"内涵界定模式。域外法治发达国家的法律对"公益"的内涵也都还没有具体准确的定位，其还以一种抽象的概念存在于社会生活中。主要原因是公共利益在"利益内容"和"受益对象"上具有明显的不确定性。① 有学者认为公共利益就是为某个民族、国家、阶级、集团所共同享有的政治经济利益。② 有学者认为公共利益包含了有机统一的两个方面：普遍性的个体利益和社会共同体利益。③ 但是，笔者认为所谓的"公益"应具有双重属性：一方面是为社会公共利益，即整个社会成员所应当享有的社会福利，共享社会发展成果；另一方面是指宏观性的利益，即国家和民族发展的利益。它的价值内涵应包括五个方面：（1）符合广泛社会群体生存和发展所必需的社会物质生产资料和精神文化生活追求有关，这应该是公共利益具备的最基础价值；（2）涉及不特定地域范围内的人和事，其存在不以当事人的意志为转移，影响深远，具有广泛性

---

① 李湘刚：《和谐社会语境下中国行政公益诉讼制度构建》，中国书籍出版社 2013 年版，第 61 页。
② 王珂谨：《行政公益诉讼制度研究》，山东大学出版社 2009 年版，第 20 页。
③ 王珂谨：《行政公益诉讼制度研究》，山东大学出版社 2009 年版，第 20 页。

特征；(3) 存在形式具有多样性，其以各种不同的方式存在于人们的日常生活之中，不仅包括物质经济文化领域，还可能包括精神文化生活需求等；(4) 从根本上是符合社会发展规律、符合人类根本利益、符合人们追求向上的价值取向利益；(5) 具有国家性，涉及国家和民族的利益，其存在对促进国家和民族的发展具有重大意义。

因此，界定行政公益诉讼的受案范围，应首先明确何为公共利益，认清其内涵和外延所涵括的内容。但是，公共利益本身具有丰富的内涵和外延，很难用具体的法律条文明确规定或罗列出来。因此，在司法实践中，法官要保持一种理性的思维，具有崇高的职业道德，以是否符合人类社会发展规律、是否符合人民群众根本利益发展方向作为出发点，全面、客观衡量公共利益的界限，认定公共利益的范围，从而为行政公益诉讼受案范围提供依据。但是公共利益是一个难以界定的概念，其所包含的事项具有抽象性、广泛性等特征，这是一个比较难以把握的事情，这一问题在司法实践中很难操作。同时，行政公益诉讼案件是比较复杂的案件，如果法官怠于行使权力、不作为等，有可能会造成社会公共利益得不到有效保护。因此，对法官的权力又要进行适当的规制，通过科学制定一系列严密的程序对其进行制约，不能任其自由泛滥。

通过以上分析，笔者认为，我们在界定行政公益诉讼的受案范围时，要将行政主体、行政行为、公共利益三者的内涵和外延结合起来，只有同时具备以上三个条件，才能划入行政公益诉讼的受案范围，反之，则不属于行政公益诉讼受案范围，应通过别的途径予以解决。

（二）行政公益诉讼的原告资格内涵界定

行政公益诉讼的本质内涵决定了界定原告资格问题既是行政公益诉讼的核心问题也是难点问题。关于行政公益诉讼的原告范围，一直以来是学术界争议的热点问题，由谁来提起行政公益诉讼，即行政公益诉讼的原告包括哪些对象。[①] 法治发达国家行政公益诉讼原告资格的界定经历了由"限制"向"放宽"，再到"开放"的发展历程，即从"利害关系"向"无直接利害关系"演进，赋予广大公民具有原告资格，当公共利益受到损害时，他们将有提起诉讼的权利。

行政公益诉讼的成立不以个人利益受到损害为生效要件，其特殊性是维护

---

① 黄学贤：《建立行政公益诉讼制度应当解决的几个问题》，载《苏州大学学报（哲学社会科学版）》2008年第3期。

社会公共利益，原告与案件"无直接利害关系"，这与传统普通行政诉讼中的"直接利害关系"观点相冲突，"无直接利害关系"标准的确立将直接关系到当事人的诉讼启动权和法院的立案管辖权问题。通过对英、美、法、德、日等法治发达国家的行政公益诉讼发展历程进行研究可知，其对原告资格的规定也是经历了由"谨慎"过度，到最后逐步放宽，再到最终全面开放的发展过程。比如日本的民众诉讼就做了比较宽泛的规定，任何人都可以向法院提起诉讼，原告提起诉讼的资格不受任何限制。在美国，法律授权赋予私人或社会团体对行政主体及其国家机关工作人员非法行政行为或不作为等侵害社会公共利益的行为提起诉讼，也可以由一到两个管理政府公共事务的人员提起诉讼反对这种违法行为。美、日等国的行政公益诉讼模式拓宽了原告的资格范围，突破了传统的"直接利害关系"范围，允许更多的人对侵犯社会公共利益的行为提起诉讼，对危害社会公共利益的行为进行了比较全面的保护，能更好地维护国家和人民利益，创造更多的社会福利。因此，我们在界定行政公益诉讼原告资格范围时，应吸收和借鉴法治国家的先进成果，结合我国实际，适当拓宽原告资格范围，科学、全面保护公共利益。

（三）行政公益诉讼的启动程序探索

笔者通过对法治各国行政公益诉讼启动程序的研究，将其概括为：单一性启动模式、双重性启动模式、多元化启动模式。其启动权的发展基本都是经历了"限制"到"谨慎"过度，再到不断放宽的成长过程。当前我国的行政公益诉讼刚刚建立，没有成熟的经验可循，正是因为存在这种缺陷，导致公益受到损害而得不到救济，缺乏司法保障。因此，构建行政公益诉讼启动程序显得尤为迫切。在我国，目前只有检察机关能启动行政公益诉讼程序，这种单一的启动程序在立法、司法实践中均存在天然的缺陷。

目前我国的行政诉讼程序启动采取"直接利害关系"标准，这就决定了无直接利害关系人不能提起行政诉讼，不能启动诉讼程序，客观上排除了启动行政公益诉讼程序的可能性，将其限制在司法大门之外。结合《行政诉讼法》中有关受案范围的规定，该法第12条采取肯定式列举方法，将行政诉讼受案范围具体罗列出来，同时还规定了一个兜底条款，即除了前项所列举的具体事项外，人民法院还可以受理法律法规规定的其他案件。而第13条又采取否定性列举方式，对不符合行政诉讼法的受案范围进行规定。但该法第2条从宏观上界定了行政诉讼的受案范围，即公民、法人或其他社会组织认为行政机关及其工作人员侵犯其合法权益的，都可以提起诉讼。综合分析以上三个条文，可以看出我国对行政诉讼受案规定相当严格，原告在启动程序权上一定要与案件有法律关系，采取一种"法律权利"标准。即当事人只有在有法律规定的权益受到行政机关及其工作人员的违法行政行为或不作为损害时，才可启动诉讼程序，否则，诉讼程序将无从提起。而且以上条文规定模糊不清，互相冲突，表面上扩大了行政诉讼启动程序的范围，实质上还是将其限定于"直接利害关系"范围中，极大地限制了原告的起诉权，不利于启动行政公益诉讼程序。2017年新修改的《行政诉讼法》第25条新增条款规定，人民检察院对行政机关因违法行政行为侵犯国家和社会公共利益的，可以提起行政公益诉讼，揭开了我国检察机关启动行政公益诉讼程序的序幕，在法律上正式确立了检察机关作为行政公益诉讼的原告资格。但公共利益涉及的对象广泛且具有不特定性，当其受到侵害时，广大民众因与案件无法律上的利害关系就不能提起诉讼，这样就缩小了原告的范围，限制了原告的起诉权，不利于启动行政公益诉讼程序。

因此，我们在构建行政公益诉讼启动程序时，应当根据社会发展的实际情况，对原告资格适当放宽，赋予更多民众启动诉讼程序的权利。只要社会公共利益受到违法行政行为的侵害或该行政行为给社会公共利益造成损害之虞时，法律就应赋予公民为保护公益而提起诉讼的权利。即将传统的"法律权利"标准向"诉的利益"标准转化，赋予民众对无直接利害关系的、将来可能受到损害的公共利益启动诉讼程序的权利。

三、域外行政公益诉讼模式研究

通过对世界各国的行政公益诉讼的构建模式和发展路径进行研究，可以发现行政公益诉讼是公民、法人和其他社会组织反抗侵害社会公共利益的违法行政行为或不作为，维护公共利益、寻求司法救济多样化的产物。即"公益诉讼正是原告资格不断放宽、公民提起行政诉讼渠道越发畅通的产物"。[①] 研究行政公益诉讼，最关键的是如何界定行政公益诉讼的原告资格问题，通过对大陆法系和英美法系行政公益诉讼的研究，根据启动行政公益诉讼原告的主体范围不同，可将其概括成以下三种类型：单一性启动模式、双重性启动模式、多元化启动模式。

---

① 蔡虹、梁远：《也论行政公益诉讼》，载《法学评论》2002年第3期。

(一) 行政公益诉讼单一性启动模式

行政公益诉讼单一性启动模式，即提起诉讼的主体结构单一，法律赋予检察机关行政公益诉讼的原告资格，由其代表公众以原告的身份对侵害公共利益的违法行政行为或不作为等情形进行诉讼。行政公益诉讼单一性启动模式最典型的国家是英国和德国。

英国是一个判例色彩非常浓厚的国家，有着悠久的历史传统，判例在英国司法制度中居于核心地位，英国的行政公益诉讼主要是在判例的基础上确立的。在早期的英国，由于受历史传统的影响，行政公益诉讼活动启动程序显得相对保守，一般来说，一个人必须指出他自己在哪些合法权益受到了侵犯或哪些财产受到了损害，否则，如果他仅是成百或成千的受害者之一，他就没有足够的资格来向法院起诉。[①]

但是，随着社会的发展，人们发现行政权力的日益扩大对社会公共利益造成损害时，依照传统的司法救济模式已经无法满足对制约行政权力的要求。依照"直接利害关系"的传统学说，当行政权力对公共利益造成损害或即将有侵害之虞时，民众因为与该"受损害公益"可能无直接利害关系，因而对权力行使者无能为力。因此，英国很多法官认为："法律必须设法给没有利害关系的或没有直接利害关系的居民找到一个位置，以便防止政府内部的行为，否则便没人能够有资格反对这种不法行为。"[②] 在英国行政公益诉讼活动中，由于受传统观念的影响，法律对原告资格的规定相对保守，在一般情况下，只有司法长官能够代表公众提起行政公益诉讼来维护社会公共利益、公众权利等，排斥私人提起此类诉讼。如果不当行为具有严重的危险性，使自己的人身或财产相关的权益直接受损或将来可能受损的情况下，私人就可对不当行为提起行政公益诉讼，请求司法救济。然而，倘若司法长官已明知该不当行为足以使当事人的利益受到损害，但其怠于行使其职权，私人就可以申请取代司法长官自己去提起诉讼。如果司法长官允许，就可以由他提起诉讼，但目的不是为了其本身，而是为了一般公众的利益。[③] 在英国，提起这种行政公益诉讼活动的方式就是所谓的检举人诉讼，主要强调司法长官（总检察长）在检举人诉讼中

[①] [英]阿尔弗雷德·汤普森·丹宁：《法律的训诫》，法律出版社1999年版，第125页。

[②] [英]威廉·韦德：《行政法》，中国大百科全书出版社1997年版，第365页。

[③] 王珂谨：《行政公益诉讼制度研究》，山东大学出版社2009年版，第124页。

的关键作用,司法长官不是本案的当事人,与本案没有直接利害关系,参与诉讼活动的目的不是为了"私利"而是为了"公益",其表象特征是相当于民众的代理人。

但是,在英国的行政公益诉讼活动中,检举人诉讼是最主要的诉讼活动方式,除此之外,英国法律根据具体情况也规定了一些例外情形,比如英国《污染控制法》规定:对于公害,任何人都可以提起诉讼。① 或经法务长官(检察长)同意,私人或组织为了维护公众利益可以提起诉讼,比如环境公共卫生群体诉讼等。这些特殊规定,是英国行政公益诉讼活动中的重要组成部分,是检举人诉讼的补充,当司法长官(检察长)怠于行使提起行政公益诉讼职责时,民众可以依据以上法律的相关规定对损害社会公共利益的行为提起诉讼,通过司法途径保护社会公共利益。

德国通过制定法的形式,从立法上强调对公共利益的保护,在《联邦德国行政法院法》中通过具体的法律条文专门规定了行政公益诉讼代表人制度。《联邦德国行政法院法》② 第35条规定:"联邦行政法院检察官在联邦行政法院中设有1名检察官。为维护公益该检察官可以参与在联邦行政法院中的任何诉讼。但不包括纪律惩罚审判庭的案件以及军事审判庭的案件。该联邦行政法院检察官听命于联邦政府,联邦行政法院保障该检察官的发言权。"其第36条规定:"公益代表人根据州政府法规中规定的准则,高等行政法院及行政法院内各设1名公益代表人。可一般或就特定案件授权于该代表,代表州或州机关。"

通过对上述两个条文所涵括的本质内容进行具体解析可知,德国通过制定法的形式明确规定了行政公益诉讼代表人制度,分别把联邦最高检察官、州高等检察官、地方检察官作为联邦、州、地方的公益代表人,由其代表广大民众对侵犯公共利益的行为进行诉讼。公益代表人不是本案的当事人,但其在行政公益诉讼活动中是具体参加人,是民众利益的"代理人",代理民众参加诉讼,其享有提起诉讼的权利,为了保护公共利益,在诉讼活动中可以提起上诉或进行其他诉讼活动。与此相适应,德国在1960年颁布了《德国法院法》专门确立了公益代表人制度,③ 重点突出公益代表人在保护"公益"活动中的重

---

① 吕忠海:《环境法新视野》,中国政法大学出版社2000年版,第288页。
② [德]平特纳:《德国普通行政法》,中国政法大学出版社1999年版,第4页。
③ 王珂谨:《行政公益诉讼制度研究》,山东大学出版社2009年版,第114页。

要性。在该部法律中，所规定的内涵具体、丰富，对传统的"利益内涵"进行扩充解释，更进一步扩大当事人可以提起诉讼保护的利益范围，当事人只要认为行政机关及其工作人员的违法行政行为侵犯了社会公共利益，不论该行为是否在事实上造成损害，也不论该利益是否有法律的规定，只要值得保护，都可以提起诉讼。由此，德国民众可提起行政公益诉讼的利益范围不仅以法律的规定为限，事实上存在的利益或将来的利益也被认可，只要该利益具有存在的可能性，即可提起诉讼。经过一系列法律的补充规定和完善，公民可寻求行政诉讼救济的利益范围突破了传统的"法定权利"标准，由"法定权利"向事实上的利益延伸，其实质是进一步扩大了行政公益诉讼受案范围的内涵和外延。

  通过观察英国和德国行政公益诉讼的启动程序，英国主要是以检举人诉讼为主，强调司法长官在检举人诉讼中的核心地位；德国主要是以公益代表人诉讼为主，强调检察官在启动公益诉讼中的主导地位。这种单一性的行政公益诉讼启动模式适合了检察机关的功能特性，充分发挥了检察机关作为国家法律监督机关在保障和维护公共利益方面应尽的责任和义务，同时，检察机关本身拥有强大的司法权，对行政机关侵害公共利益的行为能进行及时、有效的救济。但是，英、德两国这种单一性启动程序模式的弊端也非常明显，即将行政公益诉讼的启动权过分集中于司法长官或检察官，一方面容易造成司法长官或检察官启动权过大，容易造成滥诉或导致司法腐败；另一方面行政公益诉讼的启动权过于集中，只局限于司法长官或检察官，这样使得行政公益诉讼的启动渠道相对狭窄，不利于发挥整个社会公民维护公共利益的积极性。同时，也可能会在一定程度上增加司法部门和检察机关在人、财、物等方面负担。

  在这种单一性启动程序模式中，德国根据宪法诉讼的相关规定，采取直接起诉模式。即任何公民只要认为行政机关及其工作人员的行政行为侵犯了社会公共利益，都可以以原告的身份直接向法院提起诉讼，在提起诉讼前，不需要经过任何程序的审查，也不需要任何机关批准。而英国是采取前置审查起诉模式，即民众在提起诉讼之前，应当先请求相关部门采取措施惩治侵害社会公共利益的违法行为，或者由其以原告的身份就该侵害行为提起诉讼，请求司法救济。如果相关部门拒绝行使或怠于行使该诉讼权利，民众可以就该损害行为直接向法院提起诉讼。直接起诉模式放宽了原告提起诉讼的资格限制，最大化地提高了民众参与行政公益诉讼的积极性，为广大人民群众参与诉讼创造了便利条件，但是如此无限地放宽原告起诉的条件，任意降低起诉门槛，在一定程度上冲击了司法的权威，容易造成滥诉等恶劣影响。前置程序是指在公民提起诉讼前对该诉事项进行审核,以确定其是否有违法或侵犯社会公共利益的行为。这一程序设置相对烦琐,给公民提起诉讼带来不便,在一定程度上限制了民众提起行政公益诉讼的权利。但其有利于监督国家行政机关及其人员正当行使权力,合法行政;另外对民众提起的行政公益诉讼的必要性进行审查,有利于严格控制行政公益诉讼滥讼现象的发生,节约司法资源,减少诉讼成本。

在原告资格界定上,英国由于受到传统的"直接利害关系人"规则的影响,行政公益诉讼的原告资格受到限制,范围极为狭窄,不利于行政公益诉讼的构建,影响社会公共利益的保护。因此,英国在司法体制上积极推进行政公益诉讼的改革,1977年英国在最高法院规则第53号令中对原告起诉资格作出相关补充规定:"除非法院认为申请人与申请事项是否有足够的利益,否则,不予批准申请许可。"[1] 通过对该法律的实质内涵进行解析,原告在提起司法救济时,不论提起何种救济方式都以对申请事项是否有足够的利益作为审查标准,经审查,如果原告的诉讼请求没有足够的利益,其所提起的诉讼将不被受理。也就是说,"足够利益"标准是法院受理司法审查起诉案件的法定标准,也是判断原告是否具有起诉资格的法定标准。[2] 该规定具有显著的进步意义,英国保守的诉讼思想受到冲击,明显地突破了传统行政公益诉讼原告资格的界定标准,"足够利益"标准比"直接利害关系人"标准的外延更加广泛,降低了原告起诉的条件,赋予更多民众享有提起诉讼的资格,将原告的主体范围进一步扩大。

在德国,任何公民只要认为某项法律侵犯了宪法保障的权利,无论侵权案件是否发生,也不论是否涉及本人的利益,都能提起这种行政诉讼。[3] "宪法权利"的内容广泛、抽象,但其明确规定任何人对被侵犯的权利包括已经发生、正在发生,甚至将来可能要发生的本人或他人权益,都可以提起诉讼,但该诉讼通过提请公益代表人具体实施。"宪法权利"的规定扩大了行政公益诉讼原告主体资格的范围,具有非常重要的意义。但是其将民众提起诉讼的权利

---

[1] 黄学贤、王太高:《行政公益诉讼研究》,中国政法大学出版社2008年版,第174页。

[2] 夏云娇:《西方两大法系环境行政公益诉讼之比较与借鉴》,载《湖北社会科学》2009年第5期。

[3] 黄学贤、王太高:《行政公益诉讼研究》,中国政法大学出版社2008年版,第189页。

仅仅限定于宪法所规定的事项当中，超过宪法规定范围的事项，将不受保护，具有明显的局限性。此外，对于团体诉讼和公益代表人诉讼制度的原告资格，德国法院对其进行了比较开放的规定，以是否"值得法律保护的事实上的利益"作为评判标准。该标准具有更加丰富的内涵和外延，比"宪法权利"的规定更加宽泛，原告主体范围不断扩大。

英、德两国行政公益诉讼在受案范围上采取概括式。概括式是指通过立法或判例的形式从宏观上规定行政公益诉讼的受案范围。公民、法人或其他社会组织只要认为行政机关及其工作人员的行政行为或不作为侵犯了社会公共利益，且该利益属于法律规定的诉讼范围，即可提起行政公益诉讼。采用概括式规定，法院受理行政公益诉讼案件的范围比较广泛，有利于公民和整个社会组织对行政机关行政行为的监督和比较全面地保护社会公共利益。比如德国《行政法院法》第41条第1款①的规定，就是概括式外观的表现形式。英国《污染控制法》规定："对于公害，任何人都可以提起诉讼"。② 但这种概括式的方式过于笼统和抽象，其具有丰富的内涵和外延，在实践中不易掌握和操作等。

（二）行政公益诉讼双重性启动模式

行政公益诉讼双重性启动程序模式，是指行政诉讼法律明确规定享有行政公益诉讼启动权的主体是公民和社会团体，检察机关在行政公益诉讼启动程序中不居于核心地位。这种双重性启动程序模式以美国为典型代表，在美国行政公益诉讼中主要以公民和团体为主要力量。1943年纽约州工业联合会诉伊可斯案，第二上诉法院首倡了"私人检察总长"理论，即当违法行为危害公共利益时，国会可以通过制定法律，授权私人或者团体针对行政主体及其公务员的非法作为与不作为行政行为提起诉讼，也可以有一二个公共官吏提起诉讼制止违法行为，而受到授权的人即相当于私人检察总长。③ 美国主要是在判例的基础上适当的制定相关法律来健全和完善公益诉讼制度，经过几十年的发展，目前已经建立了相对成熟的行政公益诉讼。

1940年"桑德斯兄弟广播站诉联邦电讯委员会"一案在美国历史上具有

---

① 德国《行政法院法》第41条第1款规定："非宪法性质的所有公法上争议，除联邦法律明文规定，应由其他法院审理外，都可提起行政诉讼。"

② 吕忠海：《环境法新视野》，中国政法大学出版社2000年版，第288页。

③ 王珂谨：《行政公益诉讼制度研究》，山东大学出版社2009年版，第120页。

里程碑意义，它标志着美国行政公益诉讼的建立。在该案中，联邦最高法院认为"竞争者通常是唯一有足够动力请求法院注意联邦电讯委员会在颁发执照时所犯法律错误的人"，① 桑德斯兄弟广播站的合法权益虽然没有因为联邦电讯委员会给另一广播站颁发营业执照而受到直接损失，但联邦电讯委员会的行为客观上导致其在正常的市场竞争中破产，间接使其实际利益受到损害。因此，桑德斯兄弟广播站应当具有原告的诉讼资格，可以依法向法院提起诉讼寻求司法救济。同时，美国修订了《反欺骗政府法》《谢尔曼法》《克莱顿法》和《联邦采购法》等相关法律，规定了任何民众可以对各种损害社会公共利益的行为提起行政公益诉讼。通过这一系列的法律制定，美国行政公益诉讼的原告资格范围进一步确立和完善，其主要表现为相关人诉讼、纳税人诉讼和职务履行令请求诉讼三种形式。

在美国这种双重性启动程序模式中，公民在提起诉讼时，必须接受相关部门的严格审查，采取的是前置审查起诉模式。美国《清洁水法》规定，任何公民如果没有在起诉前60天将起诉通告联邦环保局，禁止公民根据《清洁水法》提起诉讼，这60天被称为通告期。② 美国法律规定在提起诉讼时给环保局一定的通告期作为自我整改期限，其目的是给违法的行政机关一个自我改进、自我纠正的机会，以便督促环保局及时采取有力措施打击违法行为，以达到保护对社会公共利益的目的。一旦环保局纠正自身违法行为，采取措施制止了水污染行为，法院将不再接受公民对其提起诉讼请求。因为在这一通告期内，环保局通过运用自身的行政权力制止水污染行为，已经达到了维护社会公共利益的目的。这种实行前置程序的意义，一方面给有关国家行政机关一个缓冲期间，由有关机关利用职权去纠正违法行为，实现自我纠错、自我改正的目的；另一方面也有利于预防公民以维护公共利益之名进行滥讼，减少各方讼累，节约司法资源。

1937年美国联邦最高法院通过审理"田纳西电力公司诉田纳西流域管理局"一案中确立了严格的"法律权利"标准。依据"法律权利"标准，除非原告能够积极证明其法律上保障的权利已经或者正在遭受侵害，否则原告不具有起诉资格。③ "法律权利"标准对原告资格的规定相对保守，实质上是严格

---

① 王珂谨：《行政公益诉讼制度研究》，山东大学出版社2009年版，第119页。
② 陶红英：《美国环境法中的公民诉讼制度》，载《法学评论》1990年第6期。
③ 崔华平：《美国环境公益诉讼制度研究》，载《环境保护》2008年第24期。

限制了原告的起诉权。1972年,联邦最高法院在审理"赛拉俱乐部诉莫顿"一案中确立了开放的"实质可能性"标准,依据"实质可能性"标准,如果一个组织的成员将因违反环境法规的行为而受到严重的影响,该组织就享有原告资格。① 这一"实质可能性"标准具有宽泛的内涵和外延,拓宽了原告的范围,即原告只需证明"可能性"损害因司法审查而得到减轻,就具有原告资格,就能提起诉讼。随后,联邦最高法院于1992年审理的"鲁坚诉野生生物保护协会"案件中重新确定了严格的"事实损害"标准;2000年,联邦最高法院在审理"地球之友诉兰得洛环境服务公司"一案中确立了开放的"利害关系"标准。② 至此,美国行政公益诉讼原告资格界定经由"法律权利"标准到"事实损害"标准再到"实质可能性"标准,最后向开放的"利害关系"标准转化,原告资格标准的界定模式基本成熟。在这一"利害关系"标准模式下,民众的权益保护范围得到进一步扩大,不仅包括事实上的利益,间接的、抽象的权益也被纳入保护范围。经过几十年的历史发展演变,美国的行政公益诉讼原告资格制度最终全面确立和完善起来,社会公共利益的发展得到切实保障。

(三)行政公益诉讼多元化启动模式

行政公益诉讼多元化启动模式是指法律规定除检察机关外,公民、团体和其他社会组织等均享有提起行政公益诉讼的启动权,以维护"公益"为目的,就侵害社会公共利益的违法行为向法院提起行政公益诉讼。实行这种多元化启动模式的典型国家主要有法国、日本等。

法国是大陆法系中行政诉讼制度发展相对完善的国家,它由几种行政诉讼类型组成,其中的越权之诉就是通常我们所说的行政公益诉讼,其核心内涵和客观诉讼在本质上相一致,都是为了维护社会公共利益,保障社会公共财产。越权之诉是指当事人认为某种利益受到行政行为的侵害就可以请求行政法院审查该项行为决定的合法性并撤销违法的行政决定的救济手段。③ 法国的越权之诉规定行政公益诉讼的原告和受案范围比较广泛,它明确规定了当事人只要认

---

① 夏云娇:《西方两大法系环境行政公益诉讼之比较与借鉴》,载《湖北社会科学》2009年第5期。

② 吴凯:《域外行政公益诉讼原告资格的嬗变与借鉴》,载《行政与法》2010年第7期。

③ 王名扬:《法国行政法》,中国政法大学出版社1988年版,第671页。

为利益受到行政机关及其工作人员的违法行政行为侵害，就可以向法院提起越权之诉，所诉利益不一定是起诉人的直接利益，可以是公共利益或其他利益。这里所称的"利益"包括三层含义：① 一是"利益"主体即起诉人具有多样性，是指公民、法人、社会组织、行政机关等。二是起诉人的利益既包括物质利益也可包括精神利益。三是请求保护的利益既包括现实的利益，也包括预期的利益。法国这种越权之诉的指导思想是以维护国家和社会公共利益为根本目的，任何公民、法人或其他社会组织认为国家或社会公共利益受到损害或即将有受到侵害之虞时，都可以向法院提起诉讼，除非法律中明确规定不许提起越权之诉外，任何人的起诉权不受限制。这种多元化启动程序模式，一方面放宽了原告的起诉资格，拓宽了原告的范围，使广大公民能够积极拿起法律武器，同侵犯国家和社会公共利益的行为做斗争；另一方面无限放宽原告的诉讼程序启动权，很可能会导致滥诉，增加法院工作压力，同时也可能影响行政机关工作职能的有效发挥。

  日本的行政诉讼制度根据侵害的对象不同而分为几种类型。其中，民众诉讼实质上就是行政公益诉讼。② 所谓民众诉讼是指国民请求纠正国家或者公共团体不符合法律规定的行为，并以选举人的资格或自己在法律上的利益无关的其他资格提起的诉讼。③ 日本民众诉讼是以与自己的法律上的利益无关的资格提起的诉讼，是为了监督行政机关及其工作人员依法行政，对其侵犯国家和社会公共利益的违法行为提起诉讼的司法救济途径。由于国家行政权涉及到社会生活的方方面面，对于侵害社会公共利益的诸类案件，法律有规定的，才能向法院提起诉讼，反之，则不予受理。日本法律规定民众诉讼的原告资格广泛，任何人都可以提起，但同时法律对所受理的案件进行了明确规定，实质上民众诉讼的原告资格受到限制。

  法国、日本两国这种多元化启动程序模式的核心内涵是以维护国家和社会公共利益为根本出发点，在该启动程序模式中，法、日两国采取直接起诉模式。日本在行政诉讼法中规定的民众诉讼，民众制止国家行政机关及其工作人员的违法行政行为或不作为，可以以选举人的身份提起诉讼；法国在越权之诉中也规定，公民、法人或其他社会组织认为行政机关及其工作人员的行政行为

---

① 王珂谨：《行政公益诉讼制度研究》，山东大学出版社 2009 年版，第 115 页。
② 王珂谨：《行政公益诉讼制度研究》，山东大学出版社 2009 年版，第 116 页。
③ 杨建顺：《日本行政法通论》，中国法制出版社 1998 年版，第 719 页。

或不作为侵害国家或社会公共利益时，可以向法院提起诉讼，要求法院撤销该违法行为或强制其采取措施实施某种行为。

在受案范围上，法、日等国一般采取混合式。是指法律对行政公益诉讼受案范围的规定在宏观上以宽泛的形式进行总体框架性规定，再通过法律条文具体罗列出来，即将概括式与列举式相结合的方式。日本是采用混合式立法模式界定受案范围的典型国家，在日本《宪法》和《法院法》中就以法律的形式确立了受案范围的混合式立法模式。日本《宪法》第76条规定："行政机关不得作为终审的审判"；《法院法》第3条规定："除宪法有特别规定外，有权审判所有法律的争议"。同时，日本在《公职选举法》《地方自治法》中以具体的法律条文规定了民众诉讼的内容，比如居民诉讼等。据此可以看出，日本通过立法的总体规定，宏观规定了行政诉讼案件的受案范围，再通过具体的法律条文规定受理案件内容，作为宏观立法的补充。法国在越权之诉中对起诉条件和受案范围无限放宽，任何人只要认为与公共利益有关的事项受到行政行为的侵害就可以请求行政法院审查，寻求司法救济。该规定的外延过于宽泛，实践中不易操作。因此，法国行政公益诉讼受案主要是由权限争议法庭和行政法院判例，来确定行政诉讼受案范围。[①] 混合式是将概括式与列举式有机结合起来，综合利用，使其优势互补，促使两者内在功能得到最大发挥。因此，通过深入解析以上两国受案范围的模式选择可以看出，混合式吸收了概括式和列举式的优点，是界定行政公益诉讼受案范围比较适当的方式，它将宏观把握与具体规范结合起来，比较科学地界定了行政公益诉讼的受案范围。

四、我国行政公益诉讼的发展现状及存在的问题

我国行政诉讼建立才有二十几年时间，起步较晚，理论和实践经验相对不足，受此影响，我国的行政公益诉讼发展相对缓慢。自2015年12月16日最高人民检察院通过《人民检察院提起公益诉讼试点工作实施办法》（以下简称《高检院实施办法》）、2016年2月25日最高人民法院通过《人民法院审理人民检察院提起公益诉讼案件试点工作实施办法》（以下简称《高法院实施办法》）等相关规定实施以来，行政公益诉讼在各试点地区和单位陆续开展起来，已经取得良好的法律效果和社会效果。但是关于行政公益诉讼的受案范

[①] 李湘刚：《和谐社会语境下中国行政公益诉讼制度构建》，中国书籍出版社2013年版，第171页。

围、原告资格、举证责任分配等在理论和实践中仍存在争议。

（一）我国行政公益诉讼的发展现状

随着社会经济的发展，损害社会公共利益的行为方式变幻莫测，行政机关及其工作人员由于违法实施行政行为或不作为等，导致社会公共利益受到损害，国家和人民利益损失惨重，让人触目惊心。在"公益"受到侵害或威胁时，我们往往束手无策，无能为力。通过参阅相关文献资料，损害"公益"的形式可归纳为如下类型：① 一是国有资产流失非常严重；二是资源环境受到严重破坏和污染；三是土地开发中不合理利用问题十分突出；四是公共设施等公共财产利益遭到严重侵犯；五是公共工程的招标、发包和审批过程中的违法行政行为大量存在；六是政策性价格垄断行为严重侵害广大消费者的合法私人利益。以上行为对社会公共利益造成极大损害，但欠缺有效的司法救济途径，民众无法通过有效的方式来维护社会公共利益。除此之外，震惊世人的苏丹红一号、松花江水污染等案例，无时无刻不在向世人敲响警钟，向世人展示社会公共利益受到损害而无法得到救济的尴尬局面。该类行为若得不到有效遏制，将会给国家和人民利益带来不可估量的损失。为此，建立行政公益诉讼已经引起国家和社会的广泛关注。

近年来，我国行政公益诉讼在立法和司法实践中已经取得长足进步，各试点单位已经取得显著成效，行政公益诉讼已经在全国铺展开来。2015年《高检院实施办法》对检察机关办理民事公益诉讼案件和行政公益诉讼案件的相关程序作出规定。2016年《高法院实施办法》对人民法院试点期间审理人民检察院提起公益诉讼案件相关问题作出规定。这一系列文件促进行政公益诉讼的建立与发展，全国各地法院在进行行政公益诉讼活动试点，已经取得良好效果。2015年12月16日，山东省庆云县人民检察院因县环保部门不依法履行职责，依法向庆云县法院提起行政公益诉讼。这是全国人大常委会授权检察机关提起公益诉讼试点工作后全国首例行政公益诉讼案件。② 2016年1月13日，贵州省福泉市法院开庭审理贵州省锦屏县检察院诉该县环境保护局怠于履行职责行政公益诉讼一案，并当庭作出一审判决，这是检察机关提起行政公益诉讼

---

① 李湘刚：《和谐社会语境下中国行政公益诉讼制度构建》，中国书籍出版社2013年版，第118页。

② 彭波：《山东检方提起全国首例行政公益诉讼案件》，载《人民日报》2015年12月23日，第16版。

试点后全国首例正式判决的案件。① 2016 年 3 月 1 日，白山市人民检察院依法以公益诉讼人的身份对白山市江源区卫生和计划生育局与白山市江源区中医院提起行政附带民事公益诉讼。② 这是检察机关提起公益诉讼试点以来全国首例，也是迄今为止唯一一例行政附带民事公益诉讼案件。2018 年 3 月 2 日起施行的"两高"《关于检察公益诉讼案件适用法律若干问题的解释》，将法院、检察院进行行政公益诉讼的权利义务、程序等进一步明确，推动了行政公益诉讼的顺利进行。

（二）我国行政公益诉讼存在的问题

1. 行政公益诉讼的原告资格范围过于狭窄。"没有原告就没有法官。"古罗马的这一法谚非常形象地说明了原告在整个诉讼过程中的重要地位。③ 原告是构造行政公益诉讼的核心元素，它是开展行政公益诉讼活动的基础，是启动行政公益诉讼的前提条件。1989 年我国制定了《行政诉讼法》④，建立起真正意义上的行政诉讼制度，在该法的第 2 条和第 11 条对行政诉讼的原告资格作出规定。⑤ 随后通过相关司法解释对该原告资格进行了扩充，将其界定为"利

---

① 王治国：《贵州省锦屏县检察院诉县环保局怠于履职行政公益诉讼案一审胜诉》，载《检察日报》2016 年 1 月 14 日，第 1 版。

② 戴佳：《全国首例行政附带民事公益诉讼案在吉林宣判》，载《法制日报》2016 年 8 月 3 日，第 1 版。

③ 吴凯：《域外行政公益诉讼原告资格的嬗变与借鉴》，载《行政与法》2010 年第 7 期。

④ 1989 年 4 月 4 日第七届全国人民代表大会第二次会议通过，1990 年 10 月 1 日起施行，现已废止。

⑤ 其第 2 条规定："公民、法人或者其他组织认为行政机关和行政机关工作人员的具体行政行为侵犯其合法权益，有权依照本法向人民法院提起诉讼。"第 11 条规定："人民法院受理公民、法人和其他组织对下列具体行政行为不服提起的诉讼：（一）对拘留、罚款、吊销许可证和执照、责令停产停业、没收财物等行政处罚不服的；（二）对限制人身自由或者对财产的查封、扣押、冻结等行政强制措施不服的；（三）认为行政机关侵犯法律规定的经营自主权的；（四）认为符合法定条件申请行政机关颁发许可证和执照，行政机关拒绝颁发或者不予答复的；（五）申请行政机关履行保护人身权、财产权的法定职责，行政机关拒绝履行或者不予答复的；（六）认为行政机关没有依法发给抚恤金的；（七）认为行政机关违法要求履行义务的；（八）认为行政机关侵犯其他人身权、财产权的。除前款规定外，人民法院受理法律、法规规定可以提起诉讼的其他行政案件。"

害关系人"标准。在 2014 年的《行政诉讼法》① 修改中，虽在第 2 条和第 12 条对行政诉讼的原告资格做了一些补充，② 但还没能突破"利害关系"范畴，基本还是停留在 1999 年的最高人民法院《关于执行〈中华人民共和国行政诉讼法〉若干问题的解释》范围。2015 年《高检院实施办法》、2016 年《高法院实施办法》以及 2018 年施行的"两高"《关于检察公益诉讼案件适用法律若干问题的解释》明确规定检察机关可以提起行政公益诉讼，2017 年新修改的《行政诉讼法》中正式确立检察机关提起行政公益诉讼的原告地位，但尚未对其他无直接利害关系人作出规定。与法国的越权之诉、日本的民众诉讼等相比，我国的行政公益诉讼原告资格范围显得过于狭窄，尚未突破"无直接利害关系人"范围，不利于广大民众对行政机关的监督与对公共利益的保护。在众多的公益诉讼案件中，常常出现因为原告主体资格不适格而法院不予受理或被判败诉。在 2005 年的松花江水污染案中，原告因不是本案的当事人，与案件的诉讼结果无直接利害关系，法院就以该理由认定原告与本案"无直接利害关系"，不具有诉讼主体资格而不予受理。

---

① 2014 年 11 月 1 日，十二届全国人大十一次会议表决通过，2015 年 5 月 1 日起开始实施。

② 其第 2 条规定："公民、法人或者其他组织认为行政机关和行政机关工作人员的具体行政行为侵犯其合法权益，有权依照本法向人民法院提起诉讼。前款所称行政行为，包括法律、法规、规章授权的组织作出的行政行为。"第 12 条规定："人民法院受理公民、法人或者其他组织提起的下列诉讼：（一）对行政拘留、暂扣或者吊销许可证和执照、责令停产停业、没收违法所得、没收非法财物、罚款、警告等行政处罚不服的；（二）对限制人身自由或者对财产的查封、扣押、冻结等行政强制措施和行政强制执行不服的；（三）申请行政许可，行政机关拒绝或者在法定期限内不予答复，或者对行政机关作出的有关行政许可的其他决定不服的；（四）对行政机关作出的关于确认土地、矿藏、水流、森林、山岭、草原、荒地、滩涂、海域等自然资源的所有权或者使用权的决定不服的；（五）对征收、征用决定及其补偿决定不服的；（六）申请行政机关履行保护人身权、财产权等合法权益的法定职责，行政机关拒绝履行或者不予答复的；（七）认为行政机关侵犯其经营自主权或者农村土地承包经营权、农村土地经营权的；（八）认为行政机关滥用行政权力排除或者限制竞争的；（九）认为行政机关违法集资、摊派费用或者违法要求履行其他义务的；（十）认为行政机关没有依法支付抚恤金、最低生活保障待遇或者社会保险待遇的；（十一）认为行政机关不依法履行、未按照约定履行或者违法变更、解除政府特许经营协议、土地房屋征收补偿协议等协议的；（十二）认为行政机关侵犯其他人身权、财产权等合法权益的。除前款规定外，人民法院受理法律、法规规定可以提起诉讼的其他行政案件。"

2. 行政公益诉讼案件受理范围界定模式不甚科学。《行政诉讼法》颁布之初，通过第 2 条、第 11 条和第 12 条规定了受案范围，通过对其所包含的内容进行解析，可以看出第 2 条采取概括式的笼统规定，第 11 条采取肯定式的列举规定，但设置了一个兜底条款，具有丰富的外延，第 12 条采取列举式否定性规定。根据以上第 2 条、第 11 条、第 12 条的规定可以得出这样结论：我国行政诉讼的受案范围就是概括式与列举式相结合，即混合式的结构形式。混合式是指通过运用概括式的宏观规定，再结合实际情况，具体罗列出典型的事项，将两者综合起来，发挥各种方式的长处，取长补短。《高检院实施办法》第 42 条、《高法院实施办法》第 14 条、"两高"《关于检察公益诉讼案件适用法律若干问题的解释》第 21 条以及 2017 年最新修改的《行政诉讼法》第 25 条第 4 款规定可以看出，我国行政公益诉讼的受案范围为"行政公益诉讼的被告是生态环境和资源保护、国有资产保护、国有土地使用权出让等领域"的案件。从中可以看出现阶段我国行政公益诉讼的受案范围是以上所列举的"生态环境和资源保护、国有资产保护、国有土地使用权出让等领域"的案件，我国行政公益诉讼受案范围的界定模式为列举式。列举式是指法律通过列举的形式，具体罗列出哪些事项属于行政公益争议范畴，哪些事项不予受理。列举式的优点是脉络清晰、通俗易懂；弊端是烦琐和不全，容易产生"挂一漏万"的情形。

因此，我国行政公益诉讼受案范围的界定模式不甚科学规范，通过列举的方式规定了行政公益诉讼的受案范围，不够科学全面，容易产生"挂一漏万"的情形，使一些不在列举范围的案件因没有法律规定而得不到司法保护，不利于维护社会公共利益。

3. 行政公益诉讼受案范围法律规定不清。我国的行政公益诉讼的建立起步较晚，2015 年《高检院实施办法》第 28 条、第 42 条①，2016 年《高法院

---

① 其第 28 条规定："人民检察院履行职责中发现生态环境和资源保护、国有资产保护、国有土地使用权出让等领域负有监督管理职责的行政机关违法行使职权或者不作为，造成国家和社会公共利益受到侵害，公民、法人和其他社会组织由于没有直接利害关系，没有也无法提起诉讼的，可以向人民法院提起行政公益诉讼。人民检察院履行职责包括履行职务犯罪侦查、批准或者决定逮捕、审查起诉、控告检察、诉讼监督等职责。"第 42 条规定："人民检察院以公益诉讼人身份提起行政公益诉讼。行政公益诉讼的被告是生态环境和资源保护、国有资产保护、国有土地使用权出让等领域违法行使职权或者不作为的行政机关，以及法律、法规、规章授权的组织。"

实施办法》第 14 条①中初步提出行政公益诉讼雏形，2017 年《行政诉讼法》第 25 条第 4 款②正式在法律中明确提出，2018 年 3 月 2 日起施行的"两高"《关于检察公益诉讼案件适用法律若干问题的解释》第 21 条③、第 23 条④进一步将法院、检察院进行行政公益诉讼的受案范围明确。通过对《高检院实施办法》第 28 条、第 42 条，《高法院实施办法》第 11 条、第 14 条规定可以看出，我国行政公益诉讼的被告即受案范围是"生态环境和资源保护、国有资产保护、国有土地使用权出让等领域违法行使职权或者不作为的行政机关，以及法律、法规、规章授权的组织。"《行政诉讼法》第 25 条第 4 款也规定人民检察院对"生态环境和资源保护、食品药品安全、国有财产保护、国有土地使用权出让等领域负有监督管理职责的行政机关违法行使职权或者不作为"可以提起行政诉讼。但是在《行政诉讼法》第 12 条所规定的行政诉讼受案范围中并无关于行政公益诉讼案件的规定，第 13 条⑤的否定性规定中提起行

---

① 其第 14 条规定："人民检察院以公益诉讼人身份提起行政公益诉讼，诉讼权利义务参照行政诉讼法关于原告诉讼权利义务的规定。公益诉讼的被告是生态环境和资源保护、国有资产保护、国有土地使用权出让等领域行使职权或者负有行政职责的行政机关，以及法律、法规、规章授权的组织。"

② 其第 25 条第 4 款规定："人民检察院在履行职责中发现生态环境和资源保护、食品药品安全、国有财产保护、国有土地使用权出让等领域负有监督管理职责的行政机关违法行使职权或者不作为，致使国家利益或者社会公共利益受到侵害的，应当向行政机关提出检察建议，督促其依法履行职责。行政机关不依法履行职责的，人民检察院依法向人民法院提起诉讼。"

③ 其第 21 条规定："人民检察院在履行职责中发现生态环境和资源保护、食品药品安全、国有财产保护、国有土地使用权出让等领域负有监督管理职责的行政机关违法行使职权或者不作为，致使国家利益或者社会公共利益受到侵害的，应当向行政机关提出检察建议，督促其依法履行职责。行政机关应当在收到检察建议书之日起两个月内依法履行职责，并书面回复人民检察院。出现国家利益或者社会公共利益损害继续扩大等紧急情形的，行政机关应当在十五日内书面回复。行政机关不依法履行职责的，人民检察院依法向人民法院提起诉讼。"

④ 其第 23 条规定："人民检察院依据行政诉讼法第二十五条第四款的规定提起行政公益诉讼，符合行政诉讼法第四十九条第二项、第三项、第四项及本解释规定的起诉条件的，人民法院应当登记立案。"

⑤ 其第 13 条规定："人民法院不受理公民、法人或者其他组织对下列事项提起的诉讼：（一）国防、外交等国家行为；（二）行政法规、规章或者行政机关制定、发布的具有普遍约束力的决定、命令；（三）行政机关对行政机关工作人员的奖惩、任免等决定；（四）法律规定由行政机关最终裁决的行政行为。"

诉讼案件范围中也未将行政公益诉讼案件排除在外。那么行政公益诉讼受案范围的法律地位如何？无从得知。

此外，《高法院实施办法》第11条规定人民检察院提起行政公益诉讼案件，应"符合行政诉讼法第四十九条第二项、第三项、第四项规定的，人民法院应当登记立案。"而《行政诉讼法》第四十九条第四项规定提起诉讼应"属于人民法院受案范围"。而行政公益诉讼案件在《行政诉讼法》的受案范围中并无相关规定。通过对《高检院实施办法》第28条、第42条，《高法院实施办法》第11条、第14条、"两高"《关于检察公益诉讼案件适用法律若干问题的解释》第21条、第23条以及《行政诉讼法》第12条、第13条、第49条规定可以看出，以上条文规定之间相互矛盾、相互冲突，衔接不畅。关于行政公益诉讼的受案范围没能在法律中明确确立起来，人民检察院在提起行政公益诉讼时将会因缺乏法律依据而受到阻碍，人民法院也将因此而难以受理行政公益诉讼案件，既不利于司法人员办案也不利于保护社会公共利益，行政公益诉讼受案范围缺乏法律保障。

4. 行政公益诉讼的举证责任分配规定过于笼统。在一般情况下，举证责任倒置是行政诉讼活动证据展示的基本原则，原告仅对特定事项承担证明责任。在行政诉讼中，因为原被告双方地位不平等，举证责任的分配原则显得尤其重要，它的合理科学分配，直接关涉对当事人利益的保护和诉讼公平正义的实现。在行政诉讼中原告只是根据有关法律的规定，对某些必要的事项承担证明责任，比如对受侵害事实、损失程度等举证证明。行政公益诉讼的本质也是行政诉讼，其在举证责任分配上，也应当具有行政诉讼举证责任分配的共性，但因其本身具有特殊性，在举证责任分配上应当更严格明确，即要更加严格强调被告的举证责任原则，适当减轻原告的举证负担。

根据《高检院实施办法》《高法院实施办法》《关于检察公益诉讼案件适用法律若干问题的解释》以及新修改的《行政诉讼法》规定，原告检察机关需要承担证明以下事项：起诉符合法定条件；被告违法行使职权或者不作为，致使国家利益或者社会公共利益受到侵害的证明材料；人民检察院履行诉前程序提出检察建议且行政机关拒不纠正违法行为或者不履行法定职责的事实；其他应当由人民检察院承担举证责任的事项。以上实施办法及法律并未规定在行政公益诉讼中被告的举证责任，到底被告的举证责任是依照行政诉讼法中被告的举证责任进行还是另有规定，并未说明。对原告的举证责任中何为"其他应当由人民检察院承担举证责任的事项"？法律及实施办法也未做明确规定，该规定过于笼统，模糊不清，在司法实践中既不利于审判人员的审判也不利于检察机关收集证据，容易导致行政机关与原告（检察机关）在提供证据方面相互推诿，举证责任不清。况且，在行政公益诉讼中原告提起诉讼的目的是"为公"而不是"为私"，倘若不是强调行政机关的举证责任，不划清举证责任范围，实质上是阻碍了原告提起诉讼的积极性，加重了原告的举证负担，增加了原告败诉的风险。

五、完善我国行政公益诉讼的建议

行政公益诉讼的建立和发展有利于维护社会公共利益，有利于民众共享社会发展成果，有利于保障国家和人民的合法权益。由于我国行政公益诉讼起步晚、起点低，与法治发达国家的行政公益诉讼制度相比还存在一定差距。笔者通过对法治发达国家行政公益诉讼的原告资格、受案范围等方面进行研究，并根据我国社会经济文化以及行政公益诉讼发展的实际情况，对其进一步发展和完善提出一些改革建议。

（一）我国行政公益诉讼构建的基本原则

行政公益诉讼的基本原则，是指以维护公共利益为宗旨，贯穿于行政公益诉讼活动过程的始终，指导并规范行政公益诉讼法律关系主体行为，调整行政公益诉讼关系，促进行政公益诉讼活动顺利进行的基本行为准则。

1. 保护公益原则。公共利益作为一种抽象的意识形态，广泛存在于社会生产和人民生活当中，整个国家和地区的公民都有权利享有该种权益所带来的社会福利。古罗马法学家西赛罗提出"公益优先于私益"，划分了"公益"与"私益"的范畴，但"公益"与"私益"处于一个统一体中，相互依存，是一种此消彼长的关系。建立行政公益诉讼，运用国家司法权来保护社会公共利益免遭行政机关及其工作人员的侵害，应该是行政公益诉讼的主旨。因此，行政公益诉讼活动中的具体程序和操作规则应符合有利于保护公共利益的目的，排除一切阻碍行政公益诉讼活动顺利进行的行为，顺应"公益优先于私益"原则。

2. 诉权规制原则。行政公益诉讼以维护国家和社会公共利益为宗旨，其旨在保护"公益"而非"私益"。针对行政机关及其工作人员侵犯国家和社会公共利益的行为，任何公民、法人或其他组织都可以依法起诉，这样与案件"无直接利害关系"的人只要认为公共利益受到损害都可提起诉讼，因此，原告的资格范围将会大幅度放宽。由于每个人对公共利益的内涵理解不一样，容易引起滥诉现象。为防止滥诉，充分合理利用司法资源，保证行政权的有效行使和维护司法权威，应设计一套科学的程序对行政公益诉讼的起诉权进行规制，严厉惩治恶意滥诉现象的发生。

（二）我国行政公益诉讼的具体改革建议

1. 扩大行政公益诉讼的原告资格范围。在我国构建行政公益诉讼，最核心的是要界定行政公益诉讼的原告范围问题。关于行政公益诉讼的原告范围，一直以来是学术界争议的热点问题，由谁来提起和启动行政公益诉讼，即行政公益诉讼的原告包括哪些对象。① 通过对域外国家行政公益诉讼主体构造进行研究，其类型主要分为以下几种：检举人诉讼；行政公益诉讼代表人制度；私人检察总长；越权之诉、民众诉讼等。

关于行政公益诉讼的原告范围界定，英国和德国主要采取单一性启动模式。在英国实行检举人诉讼，提起行政公益诉讼的主体主要是司法长官，强调司法长官（总检察长）在检举人诉讼中的核心地位。德国主要是以公益代表人诉讼为主，强调检察官在启动公益诉讼中的主导地位。这种单一性的行政公益诉讼启动模式一方面充分发挥了检察机关作为国家法律监督机关的监督职能，另一方面行政公益诉讼的启动权过于集中，只局限于司法长官或检察官，这样使得行政公益诉讼的启动渠道相当狭窄，不利于发挥整个社会公民维护公共利益的积极性。同时，也可能会在一定程度上增加司法部门和检察机关的人、财、物等负担。双重性启动模式的主要代表国家是美国，美国行政公益诉讼通过法律赋予私人或社会团体对行政主体及其国家机关工作人员非法行政行为与不作为等侵害社会公共利益的行为提起诉讼。行政公益诉讼多元化启动模式的典型国家是大陆法系的法国和日本。法国的越权之诉规定行政公益诉讼的原告和受案范围比较广泛，它只明确要求申诉人认为利益受到行政机关的违法行政行为的侵害就可提起越权之诉，该利益不一定是起诉人的个人直接利益。日本民众诉讼是以与自己的法律上的利益无关的资格提起的诉讼，是为了监督行政机关及其工作人员依法行政，对其侵犯国家和社会公共利益的违法行为提起诉讼的司法救济途径。越权之诉和民众诉讼一方面放宽了原告的范围，使广大公民能够积极拿起法律武器，同侵犯国家和社会公共利益的行为做斗争；另一方面无限地放宽原告的诉讼程序启动权，很可能会导致滥诉，增加法院工作

---

① 黄学贤：《建立行政公益诉讼制度应当解决的几个问题》，载《苏州大学学报（哲学社会科学版）》2008年第3期。

压力，同时也可能影响行政机关工作职能的有效发挥。

通过对以上三种行政公益诉讼原告资格范围进行研究，可发现其有各自优点，也都存在不足。笔者认为我国在构建行政公益诉时，应建立以检察机关为主导，公民、法人和其他社会组织相结合的一元多极化行政公益诉讼启动程序体系。所谓一元多极化模式是指行政公益诉讼的原告是以检察机关为主导，当检察机关怠于行使行政公益诉讼的启动权时，公民、法人和其他社会组织可以以自己的名义向法院提起诉讼，维护社会公共利益，扩大原告的资格范围。

2. 科学建立行政公益诉讼的案件受理范围界定模式。建立行政公益诉讼，首先要搞清楚"对哪些事项可以提起行政公益诉讼，即行政公益诉讼的范围包括哪些"。① "正确界定行政诉讼的范围，应当从行政目的出发"②。从世界各国发展的情况来看，确立受案范围的模式主要有三种：概括式、列举式、混合式。

英、德两国行政公益诉讼在受案范围上的实现形式是概括式。概括式的优点是内涵丰富广泛，面面俱到；但概括式的方式过于笼统和抽象，在实践中不易操作和施行等。列举式是指法律通过列举的形式，具体罗列出哪些事项属于行政公益争议范畴，哪些事项不予受理。列举式的优点是脉络清晰、通俗易懂；弊端是烦琐和不全，容易产生"挂一漏万"的情形。混合式是指通过运用概括式的宏观规范，再结合实际情况，具体罗列出典型的事项，将两者综合起来，发挥各种方式的长处，取长补短。

综观以上三种受案范围界定模式，笔者认为我国行政公益诉讼受案范围模式选择应结合我国的政治体制、法律传统和法律发展现状综合考虑。因为我国的行政诉讼制度起步晚，行政公益诉讼也刚刚建立，还不够成熟和完善，鉴于此，笔者认为应该采用混合式模式。通过概括的方式从宏观上确立行政公益诉讼的受案范围，并以列举的方式列出司法实践中存在的比较普遍的行政公益诉讼案件，供司法机关、民众、社会组织和行政机关参考。

3. 通过立法确立行政公益诉讼的案件受理范围。当前，行政公益诉讼在我国刚刚确立，还处于初步成长阶段，理论和实践经验还不够成熟和完善。关

---

① 黄学贤：《建立行政公益诉讼制度应当解决的几个问题》，《苏州大学学报（哲学社会科学版）》2008 年第 3 期。

② 马怀德主编：《行政诉讼原理》，法律出版社 2003 年版，第 169 页。

于行政公益诉讼的受案范围一般在《高检院实施办法》、《高法院实施办法》、"两高"《关于检察公益诉讼案件适用法律若干问题的解释》中有规定，法律效力等级较低。新修改的《行政诉讼法》第25条规定了检察机关对"生态环境和资源保护、食品药品安全、国有财产保护、国有土地使用权出让等"可以提起诉讼的权利，但在该法第12条受案范围规定中尚未将"生态环境和资源保护、食品药品安全、国有财产保护、国有土地使用权出让等"案件纳入行政诉讼法受案范围，且《高检院实施办法》《高法院实施办法》中关于行政公益诉讼受案范围的规定之间相互冲突，衔接并不顺畅。因此，我们要建立和完善行政公益诉讼，明确划清行政公益诉讼的受案范围，应根据宪法的指导精神，通过立法的形式，将行政公益诉讼的受案范围纳入行政诉讼法规定的受案范围中，从立法上确立其法律地位，为司法机关、公民、法人或其他社会组织维护国家和社会公共利益提供法律依据。同时，也有利于司法机关及时受理行政公益案件，依法作出判决，确保行政公益诉讼各项活动有法可依。

4. 划清行政公益诉讼的举证责任分配原则。举证责任的分配是证据制度中十分重要的问题，关系到对当事人利益的保护和诉讼公平正义的实现。[①] 举证责任倒置是行政诉讼活动证据展示的基本原则，原告仅对特定事项承担证明责任。在行政诉讼中，因为原被告双方地位不平等，举证责任的分配原则显得尤其重要，它的合理科学分配，直接关涉对当事人利益的保护和诉讼公平正义的实现。我国的行政诉讼活动举证责任分配是根据行政诉讼法以及最高人民法院若干问题的规定进行的，在行政诉讼中原告只是根据以上相关法律的规定，对某些必要的事项承担证明责任，比如受侵害事实、损失程度等。对于其他证明事项，则应由被告承担。行政公益诉讼的本质也是行政诉讼，因其诉讼目的具有特殊性，更应该强调被告的举证责任。因为在行政公益诉讼中，原告是以维护社会公共利益为根本目的的，其诉讼目的是为"公"而不是为"私"，减轻原告的举证责任，一方面能促进民众关注社会公益，提高其同侵犯公共利益的违法行政行为做斗争的积极性；另一方面能提高原告在行政公益诉讼活动中的抗辩能力，更好地促进诉讼活动的顺利进行，维护公共利益。

目前我国法律及相关实施办法并未对行政公益诉讼的举证责任作出明确的规定，相关法律条文对其规定过于笼统，模糊不清，因此，我们构建行政公益

---

① 李晓玲：《行政公益诉讼举证责任分配的具体规则》，载《苏州大学学报（哲学社会科学版）》2008年第3期。

诉讼，应通过立法的形式，明确划清原被告在行政公益诉讼中的举证责任，避免行政机关与原告在提供证据方面互相推诿，为原被告收集证据以及审判机关进行司法审判提供依据。同时，因为行政公益诉讼是为"公"而不是为"私"，应加大被告的举证责任，适当减轻原告的举证负担。

检察官员额制改革效果最大化实现之途径初探

◎蒋润华*

> **内容摘要**：检察官员额制改革无疑是检察职业化的一个重要步骤和起点，对加强办案效率、提升办案质量无疑会起到极大的推动作用。但目前检察官员额制改革进程中还存在着缺乏规范化标准、行政管理色彩仍较严重、外部配套措施不足等现实问题。如何解决这些问题，本文建议从加强员额检察官配置标准化、科学化，细化入额标准和条件，有效设定员额检察官职务序列，加强完善外部支持措施等方面入手。
>
> **关键词**：检察官员额制改革；问题；分析；建议

检察官员额制改革作为检察机关司法体制改革的一个最为关键的内容，无疑对今后检察机关整个办案运作和人员管理有着至关重要的影响。[①] 检察机关如何根据自己的实际情况，作出最适当的员额改革，从而最有效地实现办案效率和办案质量的双提升，是检察官员额制改革成败与否的关键。本文结合桂林市检察工作实际情况，提出相关建议。

一、检察官员额制改革的必要性再分析

在当前形势下，检察官员额制改革确有其必要性。长期以行政化管理模式运行的检察机关办案机制虽然能勉强运行，但日益增多的案件及当事人对办案质量公平公正更高的要求，使之工作效果越来越差强人意。[②] 在此种情形下，如何适应司法办案规律的内在要求，如何最大程度地充分发挥检察官办案主观能动性，以解决日益增多的办案需要实有必要。当前检察机关行政化管理模式

---

* 广西壮族自治区桂林市人民检察院政治部副主任。
① 向泽选：《新时期检察改革的进路》，载《中国法学》2013年第5期。
② 张建伟：《超越地方主义和去行政化——司法体制改革的两大目标和实现途径》，载《法学杂志》2014年第3期。

中的层层审批、集体负责虽然能了结案件，但其中存在的效率不高、最终责任不明等现象却令人诟病。检察官员额制改革的核心和关键其实是去行政化，让检察办案回归其本来规律，赋予员额检察官以更大的办案自由和权力，以充分发挥其主观能动性，最大限度地提高办案效率和质量。从此意义上，检察官员额制改革无疑契合了当前司法办案发展趋势的要求，也是更好地实现让人民群众在每一个案件中都感受到公平正义的有力举措。综上，检察官员额制改革确有其必要性和时代特征。

同时，实行检察官员额制改革也是检察队伍自身完善发展的需要。[①] 行政化管理模式下，层层审批和集中讨论负责制不能实现办案责任的真正落实到位，反而会助长互相推诿责任的局面，长期以来，不能有效发挥人的主观能动性解决问题，反而造成助懒罚勤的不良局面。为检察队伍发展长远计，实行检察官员额制改革对加强检察队伍建设具有促进作用。遵循司法规律，将办案主动权赋予员额检察官，必将激发其办案热情，提高办案质量和效率。同时通过实行员额制对员额检察官进行全面有效的考核评定。使一部分不能胜任及资质过浅的人员退出检察官员额序列，保证真正优秀的人才能当检察官。实行检察官员额制，能够保证将法律监督权交给专业能力突出、品行正直的优秀检察官，再辅之以相应的检察官助理，可以让检察官更加专注于核心工作，在提升办案质量的同时，也有助于大大提高司法效率。

二、当前检察官员额制改革遇到的现实问题

检察官员额制改革实施已有一定时日，但从目前检察院内外的反映以及桂林市检察院工作的实际来看，检察官员额也还存在不少的现实问题。具体而言，主要有：

（一）检察官选任的标准需进一步细化

实行检察官员额制，必然要对现有的检察官进行严格的遴选，因此如何确立检察官选任的标准，成为普遍关心的议题。由于历史和现实的原因，我国长期沿用选拔公务员的模式来选任检察官，忽视了检察官的职业化和专业化。经验丰富的老检察官，往往法律专业素养不足。近些年来，虽然统一的司法考试和大规模的法学教育部分地解决了检察官的专业性问题，年轻检察官的法律专

---

① 张云霄、王高迪：《〈检察官法〉修改若干问题之我见》，载《法学杂志》2017年第5期。

业能力虽然有所提升，但经验又有所欠缺。办案人员的总体专业水准仍然不能令人满意。因此，第一批员额检察官确立后，如何遴选第二批员额检察官仍需进一步细心把关。科学地确定和实施遴选标准不容忽视。

（二）充分发挥员额检察官作用还需深化完善内部机制，同时创造良好的外部条件

实行检察官员额制后，检察官人数肯定会进一步减少。越来越少的检察官能否公正高效地处理短期内不仅不会下降反而还在大幅增加的案件，关乎工作正常运转的大局。其实，所谓的"案多人少"不是一个普遍存在的问题，而是一个缺乏客观标准的经验感受问题。很多地区根本不存在这个问题，即使部分地区确实存在"案多人少"的现象，成因也很复杂。从表面上看，"案多人少"是由于检察院受理的案件增幅明显高于检察官人数的增长，导致检察官没有充足的时间审理和执行日益增多的案件。在深层次上，"案多人少"还有以下几个原因：一是检察院办案资源配置失衡，检察院内部具有检察官职称的人员从事非业务工作的比例偏高，即使是从事办案工作的检察官，由于缺乏事务助理，事必躬亲，也没有把全部精力放在核心审判事务上；二是检察院处理案件的工作机制存在行政化倾向，约20%的案件需要层层汇报、审批；三是案件办理程序还有待进一步改进等。因此，要解决检察院"案多人少"问题，需要员额制和其他改革措施配套进行，诸如工资保障、辅助人员保障等措施也应一一落实到位。

（三）调动员额外人员积极性措施不多

检察官员额制改革有利于提高办案质量和效率，但同时也不可避免地造成了检察人员员额与非员额的分类。而这种分类造成的直接区别就是工资福利待遇的差异。即使从检察院内部来说，员额制也应当是双赢的，如果改革造成检察人员的对立和矛盾，无论从哪方面衡量都不能称之为成功的改革。检察官员额制改革中入额检察官工资福利待遇明显提高，有利于促进入额人员的积极性，但未入额人员的积极性同样需要调动。整个检察工作中，所有人的工作都是密不可分的，如何调动非入额人员的积极性更需要加以研究。当前如何调动额外人员的积极性措施还不多，这确实是检察官员额制改革亟待解决的一个重要问题。

（四）员额检察官行政角色和职业角色的定位存在模糊地带

当前业务部门入额检察官行政职务其实没有任何变动，员额制改革的一个重要方向就是要简政放权，尊重司法规律，弱化行政管理权对办案工作的影

响。但现实中入额检察官中担任行政职务的比例仍有相当数量。如据某市级检察院 2017 年入额检察官统计，入额检察官 74 人，仍保留行政职务人员 30 人，占 40.5%。同时兼任行政职务的员额检察官如何在员额改革中找准定位还有待进一步深化完善。

三、检察官员额制改革效果最大化实现之途径初探

（一）真正把检察官等级与工资标准挂钩，弱化行政级别晋升意识

当前仍以绩效奖金的名义下发检察官员额制改革增资的做法，难以确保检察官员额制改革真正落实到位。应明确检察官员额制改革增资部分纳入工资范围，明确检察官等级工资范围和标准应区别于一般公务员。且工资改革要与退休后的待遇相匹配，杜绝在职和退休后工资数额出现明显变化。只有真正做到始终如一，才能真正弱化行政级别意识，从而全面树立以检察官等级为中心的职务晋升体系，真正确立员额检察官职业荣誉感和归属感。

（二）通过树立以检察委员会为中心的工作管理模式，进一步提升检察管理的职业化、业务化水平

检察委员会作为检察业务管理的一个重要机构，实践中还没有成为检察业务的真正中心和核心。随着检察官员额制改革的不断深入，检察委员会理应承担更大的职责。检察委员会委员准入标准应严格把关，应以业务水平而不是以行政职务作为准入条件。

（三）改革检察人员职务设定，弱化行政职务设定

根据检察办案规律，检察官员额制改革将更多的责任和权力赋予员额检察官，因此，检察职务设定上，其构成基础应是员额检察官。检察职务设定应以员额检察官为基础设定，逐级设定形成如下序列检察职务等级：员额检察官—员额检察官联席会议组长—检察委员会委员—检察长。同时弱化一些检察副职等明显具有行政化管理的职务设定。

综上所述，当前在检察机关中完全去除行政化管理还尚需时日，而且检察机关中行政管理还将长期存在。但可以肯定的是，随着检察官员额制改革的不断深入，检察人员将会对办案工作投入更大的精力，整个检察工作的重心将不断向办案工作转移。相信无须多少时日，以员额检察官为基础的一个高效、专业的检察职业体系将逐渐形成，而这也是检察办案的必然要求和发展趋势。

逮捕条件中品格证据证明社会危险性的路径探索
——以审查逮捕中品格证据可采性为视角

◎ 蒋世明*

> **内容摘要**：品格证据在未成年人刑事司法实践中起着较为重要的作用，也逐渐引起了法学界和司法实务界的广泛关注。要解决争议，必须掌握"社会危险性"在未成年人犯罪中的认定及运用，本文试图通过考察行为人的品格特征以评估行为人的人身危险性，进而判断行为人的社会危险性，以期探索一条规范社会危险性判断的可行之路。应当转变办案思维，注重品格证据对人身危险性及社会危险性的证明价值。在审查逮捕阶段，确立规范品格证据的证据规则及审查方式，完善品格证据的内容及取证模式。
>
> **关键词**：品格证据；社会危险性；批准逮捕

一、问题的缘起

2016年2月至4月期间，钱某（17岁）伙同邓某（16岁）、唐某（17岁）、马某（14岁）等人在桂林市区各处利用螺丝刀、铁锤等工具，多次撬开、砸烂停在路边的小轿车车窗进行盗窃，造成较大的财物损失。2016年4月5日晚，钱某等人在盗窃过程中被被害人发现，钱某和唐某用手中的螺丝刀、铁锤把被害人打伤，抢走车上的手机一部，价值2200元，造成被害人轻伤。

2016年6月7日，案件由公安机关移送到检察机关审查逮捕。检察机关审查后认为，马某为14岁，未达到法定年龄，不构成犯罪不予批准逮捕；钱某虽然系在校学生，但学校出具的证明其在校期间多次违反校规，无心向学，多次殴打、勒索其他同学的表现证明，以及因为盗窃同学财物被公安机关行政

---

* 广西壮族自治区兴安县人民检察院案件管理办公室主任。

拘留3天。检察机关认为钱某再犯可能性极大,具有社会危险性,对其批准逮捕。对于邓某,公安机关在《提请批准逮捕书》中认为犯罪嫌疑人邓某"非本地户籍,有逃跑的可能"。但是检察机关认为:犯罪嫌疑人邓某刚满16周岁,系未成年人,且属于初犯,涉案赃物已缴回,犯罪情节较轻。虽然有固定工作和住址,但是还在上学,又因其如实供述了自己的罪行,没有证据证明或者迹象表明犯罪嫌疑人邓某试图逃跑,不符合逮捕的条件,依法对其作出不批准逮捕决定。对于唐某,检察机关认为系未成年人,且属于初犯,涉案赃物已缴回,有悔罪表现,以及犯罪嫌疑人认罪,双方当事人已和解,社会矛盾已化解的故意伤害(轻伤)案件,属于明显不存在《刑事诉讼法》第79条第1款规定的社会危险性的情形,对其不批准逮捕。

"社会危险性"是我国修订后的《刑事诉讼法》规定的逮捕条件之一。在审查逮捕过程中,应当从两方面理解和把握适用逮捕的条件:一是符合法定的罪行条件;二是符合刑诉法规定的逮捕必要性条件。其中,逮捕必要性的审查判断主要取决于社会危险性及其大小的判断。未成年人犯罪的逮捕标准中,"社会危险性"又该如何认定?由于未成年人犯罪较为特殊,有明确的保护政策,却没有明确的法律法规标准,导致其逮捕标准比成年人更难以掌握。一般来说,犯罪嫌疑人、被告人的社会危险性与其表现出来的人身危险性相关,行为人的人身危险系数越高,逃避侦查的可能性越大,社会危险性就越大,适用逮捕强制措施的必要性就越强。但是,人身危险性属于未然的领域,表现为一种尚未发生的可能性,要科学评估人身危险性,就需要科学分析行为的发生机制,明晰行为人的行为模式与倾向,以便对未来行为进行预测。① 品格差异表现为人的特定行为倾向性和行为模式,因而成为人身危险性的重要表征。要解决争议,必须掌握"社会危险性"在未成年人犯罪中的认定及运用,本文试图通过考察行为人的品格特征以评估行为人的人身危险性,进而判断行为人的社会危险性,以期探索一条规范社会危险性判断的可行之路。

二、品格证据的基本分析与社会危险性之审查判断

(一)品格证据的基本分析

1. 品格证据的内涵。品格证据中的"品格"是一种法律用语,是指某人以特定思维方式和思想倾向性,反映的是一个人在生活中的一般做事风格和个

---

① 何家弘:《用品格证明人身危险性的探索》,载《河北法学》2009年第2期。

人的一种性格倾向，具有对人身危险性的反映及预测功能。① 品格证据规则在早期就成为英美法系国家的一项重要证据规则。品格是指个体在与外部世界发生互相作用时，其内在的对自身行为和态度起到持续支配作用的精神或者道德品性。② 由此可见，品格证据对诉讼参与人的品格或是人格特征具有证明价值，其关涉诉讼参与人的道德品质与是非判断，带有很强的道德意味。在英美证据法中常用诚实（honest）、欺诈（dishonest）、温和（peaceful）、有暴力倾向（violence）等词汇来表述品格。从这些词汇的表述可以看出，品格证据可以区分为良好品格证据和不良品格证据。良好品格的证明方式表现为：社区中的好名声，他人的良好评价，无犯罪记录，个人的各种善行等。相对应地，不良品格主要表现为：坏名声，不良评价，犯罪前科，不名誉的行为，有犯罪的同伴，有犯罪或不良的癖好（如恋童癖）等。③ 在大陆法系国家，通常并没有使用品格的表述，而是以人格来表达相似的含义。④

2. 品格证据的逻辑相关性。任何一项证据都应当满足客观性、合法性及关联性的要素。毋庸讳言，品格证据存在关联性的障碍。在19世纪初期，英国普通法确立了完整意义的品格证据规则，并形成了一套品格证据排除规则。英国自颁布《1989年刑事证据法》以后，在刑事司法实践中对品格证据的适用普遍持谨慎的态度：被告人不良的品格，与在证明其所犯的罪行之间没有关联性，仅与被告人自身可信性有关联。但是关联性或相关性的判断是一个事实问题，而非法律问题，遵循先例和有关经验法则并不适合于判断相关性。要讨论品格证据与待证事实的关联问题，就必须先界定逻辑相关性的内涵。美国《联邦证据规则》第401条将相关性证据定义为"任何一项证据相比于没有该证据，更可能或更不可能证明一件影响诉讼裁判的事实，则认为该证据有关联。"⑤ 该定义对证据的证明程度没有进行说明，认为相关性证据的条件是对

---

① 黄士元、吴丹红：《品格证据规则研究》，载《国家检察官学院学报》2002年第4期。
② 丁锦宏：《品格教育》，人民教育出版社2005年版，第47—48页。
③ 黄士元、吴丹红：《品格证据规则研究》，载《国家检察官学院学报》2002年第4期。
④ 宋汔沙：《英美法系与大陆法系品格证据之比较研究》，载《政治与法律》2012年第5期。
⑤ 《美国联邦刑事诉讼规则和证据规则》，卞建林译，中国政法大学出版社1996年版，第105页。

待证事实有最起码的逻辑证明力。按照该定义的理解，被告人曾经故意犯罪就与其当前所犯罪行具有或多或少的关联性，至少对其人身危险性具有一定的证明力。正因如此，在英美刑事审判程序的量刑阶段，为社会防卫之目的，而没有对品格证据作出禁止性规定。我国在刑事诉讼全过程中都很重视人身危险性的考量，特别是在侦查过程中强制措施的适用，大都从犯罪嫌疑人的危险性格、内心的危险程度来判断适用何种强度的强制措施，而犯罪嫌疑人的特殊性格无疑与其习性、品格具有相当的关联性。

3. 品格证据的证明价值。证据具有证明力并不代表其就具有可采性，证据是否具有证明价值是证据的可采性问题。美国《联邦证据规则》第404条认为"品格或品格特征的证据不能被采用于证明某人在特定场合下会实施与其品格相符的行为。"① 该条并没有否认第401条规定的品格证据相关性，而是综合比较了品格证据的证明价值与证明价值以外的因素，因而认为在多数情况下，品格的证明价值较小，可能引起陪审团的不公正偏见、不当拖延或浪费时间，因而在刑事审判定罪阶段排除品格证据。由于传统原因，大陆法系的证据制度较为关注证据的证明价值，对待品格证据，不考虑其他因素，只要具有证明价值即理所当然被采纳。例如，法国刑事诉讼法规定，预审法官可以依法对其认为有益于查明事实真相开展一切侦查活动。为此目的，预审法官得以委派有资格的人或亲自对被告人的人格加以调查。②

（二）审查判断社会危险性的司法规范

在审查逮捕阶段，审查判断社会危险性主要包含两个方面因素，即罪行危险性和人身危险性。人身危险性是指犯罪嫌疑人具有的妨害刑事诉讼的危险与继续实施犯罪的危险。③ 从我国刑事诉讼法律规范来看，司法机关对社会危险性的审查判断主要是依据《刑事诉讼法》第79条和《人民检察院刑事诉讼规则（试行）》（以下简称《刑诉规则》）第139条、第144条的规定。对比《刑事诉讼法》与《刑诉规则》关于"有社会危险性"的规定，后者对前者的规

---

① Federal Rules of Evidence 2012，载 http://federalevidence.com/downloads/rules.of.evidence.pdf.

② 宋洨沙：《英美法系与大陆法系品格证据之比较研究》，载《政治与法律》2012年第5期。

③ 杨秀莉、关振海：《逮捕条件中社会危险性评估模式之构建》，载《中国刑事法杂志》2014年第1期。

定进行了细化，更具有可操作性，同时后者增加了对"无社会危险性"的规定，体现了司法规范对办案人员"慎捕"的司法指引。

现行刑事诉讼法归纳了五种社会危险性情形，这是一般逮捕条件的认定，由于未成年人刑事案件本身的复杂性，在法律没有提供具体证明标准的情况下，将普通案件的逮捕条件直接适用到未成年人这一特殊群体上，显得过于笼统和模糊。诚然，"社会危险性"应该结合多方面因素进行正确解读，而法律也列举了若干情形以供参考，但事实上现行法律是没有标准的，因此归根结底，寻找一种现实可行的标准才是切实解决问题的方法。认定犯罪嫌疑人具有社会危险性必须有证据证明，不能凭空臆想，要提请批准逮捕，应有相应的证据证明犯罪嫌疑人具有社会危险性。但是从司法实践的情况来看，目前公安机关还是基于以前的工作习惯，偏重于对证明犯罪事实的证据的收集，对证明社会危险性的证据收集不够重视。如"曾经故意犯罪"是证明犯罪嫌疑人有社会危险性，应当批准逮捕的情形之一，而且相对于《刑事诉讼法》第79条第1款的五种社会危险性比较好证明，但是很多案件在提请批准逮捕时未提供犯罪嫌疑人曾经故意犯罪的证据材料。司法规范的内容有限性与案件事实的无限性之间总是存在一定张力，当办案人员无法在规范中寻找到相对应的规定时，就往往依赖于长期形成的司法经验，而这种经验既体现了办案人对犯罪嫌疑人品格特性的评价，也掺杂着办案"便宜"的考虑。

《刑诉规则》从正反两方面规定"有无社会危险性"，在尺度把握上的张力不一，对彰显"少捕、慎捕"的刑事政策力度有限。关于"有社会危险性"的规范中往往以"有证据证明或有迹象表明……"的表述，但是证明的规则如何、证据的采信标准如何等问题并没有规定，给办案人员留下了过多的自由裁量空间。相反，关于"无社会危险性"的规范中严格限定为"初犯""自首""立功""年幼""年老"等硬性规定方面，而对于"有悔改表现""刑事和解"等软性规定后面却增加了诸如"有效控制损失"或"已经履行和解协议"等的限定。

对此，我国新修订的《刑事诉讼法》第79条第2款规定了径行逮捕的条件，即符合构罪条件，且可能判处10年以上有期徒刑的，应当予以逮捕。但是，在司法经验中，即便犯罪嫌疑人可能判处10年以下有期徒刑，办案人员仍然习惯性地将刑罚条件作为逮捕必要性的主要考虑因素。办案人员考虑的社会危险性因素，既有对行为人品格的评价，又有对办案"便宜"的考量。办案人员对犯罪嫌疑人的品格评价的因素包括：有前科或累犯、无前科劣迹、刑事和解、未成年人或在校生、自首、有悔罪表现或认罪态度好等。在这些因素中，有些是可以直接作为品格证据的，如前科或累犯材料、刑事和解材料、未成年人或在校生证明、自首材料等，有些则只是办案人员的模糊评价，如有悔罪表现或认罪态度好等，有待品格证据加以证明。除此之外，还有一些办案经验的"便宜"因素，如本地人或外地人、未达成刑事和解、案发后逃跑、同案犯在逃、被害人过错等，这些因素与犯罪嫌疑人是否妨碍诉讼或继续实施犯罪并不存在必然的逻辑关联性。

三、品格证据证明社会危险性的路径

如前所述，品格证据对审查逮捕阶段的社会危险性判断的现实意义重大。因此亟待建立统一的品格证据规则，其中包括品格证据的调查程序、证明规则及审查方式等方面。

（一）提请批准逮捕时应提供证明犯罪嫌疑人具有社会危险性的证据

品格证据的取证主体，往往是品格证据本身可靠性的决定因素之一。我国刑事诉讼法律及司法解释对未成年人社会调查主体比较宽泛，既包括公安机关、检察机关、法院，还包括司法行政机关。一要及时收集证明社会危险性的证据，如调取前科材料证明其曾经故意犯罪；扣押犯罪嫌疑人已购买的车票或制作的假证件，证明其企图逃跑；给证人制作询问笔录，证明犯罪嫌疑人可能干扰作证等。二要规范证据的移送。根据市院要求，在提请批准逮捕时，证明犯罪嫌疑人具有社会危险性的证据应单独装订成册或附在法律文书卷中。从工作实际看来，此规定较难操作，因为很多证据没办法单独装订，例如证人证言既证明案件事实，也证明犯罪嫌疑人可能对其打击报复，此时就不可能将证人证言拆分装订。建议可以不用单独装订相应证据，但是在《提请批准逮捕书》中应列出证明犯罪嫌疑人具有社会危险性依据的是哪些证据，如证人某某在什么时间的证言、被害人某某在什么时间的陈述等。

（二）充实品格证据的调查内容与形式

在我国，对未成年人刑事案件的调查以全面调查为原则，司法机关既要对证明案件事实的证据收集、审查，还要调查未成年人成长过程、犯罪的个人及社会原因、作案目的动机等，具体主要包括收集该未成年人家庭、学校、单位等各方面的反映，查清其特殊性格形成过程中有重大影响的人、书籍等，收

集、了解掌握其身心健康状况、平时的一贯表现、自身的个性特点和道德品行。[①] 相比于未成年人刑事案件，成年人刑事案件关于品格证据的收集内容方面，从审查侦查机关提请逮捕的案件来看，仅仅包括是否受过法律处罚等前科材料，而关于犯罪嫌疑人的一贯表现、犯罪原因、成长经历、涉嫌犯罪前后表现等则很少提交。笔者认为，侦查机关在提请逮捕的案件中应当将证据收集得全面翔实，检察机关才能作出更加准确的判断，关于品格证据的调查取证也不例外。因此，侦查机关在调取和收集犯罪嫌疑人的品格证据时，应当注意以下两点：一是收集品格证据应当包括犯罪嫌疑人的不良品格证据和良好品格证据，以保持证据收集的客观中立；二是收集的品格证据应该进行归类，并在形式上加以规范。侦查机关在收集品格证据时，不能"眉毛胡子一把抓"，而应当根据一定标准进行归类，并对品格证据进行分析，形成一份报告。报告内容既应当包括书面记录和书面材料等作为佐证的原始材料，必要时包括心理、生理、人格等方面的测评，也应当包含关于犯罪嫌疑人的人身危险性评估结论及逮捕必要性建议。

（三）规范品格证据的证据规则及审查方式

证据必须具备合法性、关联性与客观性的特征，涉及品格内容的材料要上升为刑事诉讼证据，并在司法实践中发挥应有作用，也应当具备同样的特征。在审查逮捕阶段，对行为人社会危险性的证明并不需要在法庭上对收集的证据进行质证，也不需要达到"不存在合理性怀疑的余地"的确信程度。[②] 这种证明规则被称之为"自由证明"。"自由证明"规则一般适用于程序法事实，其对证据的关联性要求相对灵活，如被告方可以将某证人曾听到的本案被害人称审理法官为"某某叔"这一事实的证言，作为其申请审理法官回避的关联性证据。"自由证明"对非法证据的排除较为宽松，比如控方所掌握的被告人具有人身危险性的证据（私藏武器、犯罪计划笔记）为侦查人员非法搜查获取的，固然在指控犯罪时不得使用，但可以作为判断是否需要继续羁押被告人的证据。另外，"自由证明"并不要求最佳证据，即证明犯罪事实的书证一般需

[①] 康树华主编：《预防未成年人犯罪与法制教育全书》（中卷），西苑出版社1999年版，第209页。

[②] 李若宽、马乐明：《品格证据在逮捕必要性审查中的运用》，载《人民检察》2014年第11期。

要提供书证原件,但是"自由证明"过程中即使是书证的复印件也得以证明。① 审查逮捕过程中,"自由证明"规则的特性为品格证据的适用提供了极大的空间。如前对品格证据的证明价值分析,品格证据与一般证据类型的区别在于其对待证事实的证明价值偏小(关联程度偏低)。在司法实践中,由于审查逮捕阶段犯罪事实仍处于侦查阶段,证据的收集并不完备,要严格证明犯罪事实尚有一定困难,更何况对犯罪嫌疑人的人身危险性证明更无法做到"排除合理怀疑"。如在审查逮捕实践中,侦查机关向检察机关提交的犯罪嫌疑人前科材料大都是复印件,但并不因此而认为是非法证据予以排除。但是,"自由证明"并非没有任何限制地证明,品格证据在证明过程中也必须受到一定限制,否则通过品格证据证明社会危险性将失去意义。② 具体来说,在对品格证据的证明规则及审查方式上应当注意以下两点:一是品格证据的适用虽然可以通过"自由证明"实现,但并非绝对无限制。在"自由证明"过程中,非法证据排除只是比严格证明要宽松一些,具体体现为主体、形式不符合法律规定的证据或者传闻证据等相对违法程度较轻的非法证据,裁判者可通过"内心确信"其证明效力。但是,对于违反"底线正义",以暴力、威胁等严重非法手段获得的品格证据或者该品格证据严重有损判断的公正性时,则应当作为非法证据予以排除。二是对品格证据的审查应当保障犯罪嫌疑人的知情权和异议权,做到"心证公开"。逮捕强制措施直接关系到犯罪嫌疑人的自由,而对品格证据的审查属于主观范畴,难免会导致逮捕权任意扩张的危险,因此对品格证据的适用应充分考虑犯罪嫌疑人的防御权。只有使犯罪嫌疑人对自由证明的品格证据及裁判者的心证历程享有知情权,并得以提出自己的意见,才能充分保障其诉讼的防御权。③ 笔者认为,《刑事诉讼法》第86条规定的审查批准逮捕阶段应听取辩护律师意见,应当包括听取辩护律师对品格证据适用的意见。同时,办案人员在审查逮捕意见书中对社会危险性的分析部分应当叙述其适用品格证据的心证过程,以便上级人民检察院进行监督。

---

① 参见纵博、郝爱军:《论自由证明的限度》,载《中国刑事法杂志》2010年第11期。

② 秦金星:《品格证据在未成年人刑事审判中的运用》,载《四川警察学院学报》2015年第6期。

③ 郝海燕、王远征:《品格证据在未成年人刑事案件定罪中的运用》,载《中国检察官》2015年第17期。

[问题研讨]

撤回起诉制度的实践及其完善
——以 Y 市 2010 年以来撤回起诉案件为分析基础

◎祁 欢*

> **内容摘要**：完善撤回起诉制度是司法改革背景下规范司法、公正司法、保障人权的应有之义。本文以 Y 市检察机关撤回起诉案件为基础，由点及面，剖析撤回起诉制度在实践中存在的问题，并提出完善撤回起诉制度，需秉承刑事诉讼法的程序价值理念及人权司法保障的基本原则，补充其配套机制，即确立立法与司法性衔接、完善内部指导规则、构建监督制约机制、救济机制、捋顺公检法关系、全面履职、加强法律监督、充分发挥办案主体能动性等，以期满足检察机关在实践中的需求，发挥撤回起诉的实践价值。
>
> **关键词**：撤回起诉；规范司法；公正司法；保障人权

撤回起诉制度是指检察院向法院提起公诉后，发现案件不符合起诉条件或根本不需要提起公诉而撤回已提起的控诉，是刑事诉讼活动的一种补救机制和过滤机制，[①] 也是提高刑事司法公信力和保障当事人权益观念的一种体现。撤回起诉制度作为一项重要的公诉制度，连接着侦查权和审判权，但在现有的立法中并未规定该制度。仅以"两高"司法解释的方式对撤回起诉制度作出规定，法律效力级别较低，在法院和检察院的实践操作中会出现诸多不衔接、不统一的地方，给司法实践带来了诸多问题。例如，侦查机关补充侦查后仍达不到起诉标准是否起诉的问题；撤回起诉后如何处理和如何监督，案件当事人合法权利的救济保障问题；如何限制撤回起诉权滥用以提高案件质量的问题等。完善撤回起诉制度，为其在法律上正名，建立起详细可行的程序性规定和合理有效的配套机制，为规范司法、公正司法、保障人权服务，这正是本文研究的

---

* 广西壮族自治区玉林市人民检察院法律政策研究室副主任科员。

[①] 王昕：《公诉运行机制实证研究——以 C 市 30 年公诉工作为例》，中国检察出版社 2010 年版，第 187 页。

目的。为全面了解分析撤回起诉制度在实践中的实行情况,本文以Y市两级检察机关2010年以来的撤回起诉案件情况为分析基础,对Y市在撤回起诉制度实施中存在的问题进行深入剖析,从实体和程序对撤回起诉制度提出进一步完善的对策,以期为撤回起诉案件提供参考。

一、Y市撤回起诉制度的实践现状

通过对Y市检察机关2010年以来撤回起诉案件的审查报告、撤回起诉决定书、撤回起诉分析报告等法律文书、工作文件进行深入分析总结,Y市检察机关的历年撤回起诉制度的运行如下:

(一)Y市撤回起诉案件的基本情况

1.撤回起诉案件数量较平稳(见表一)。总计14件19人(其中自侦案件2件2人),总体呈上升趋势。

表一:Y市2010年以来撤回起诉案件数①

年份	案件数(件/人)		撤回起诉率(‰)
2017	3	3	—
2016	4	4	1
2015	3	4	1.12
2014	1	1	0.37
2013	0	0	
2012	0	0	
2011	1	1	0.25
2010	2	6	2.15
合计	14	19	—

Y市检察机关2010年撤回起诉率2.15‰,依照《广西壮族自治区人民检察院公诉案件质量预警处置办法(试行)》向上级机关作了撤回起诉案件预警报告整改后,撤回起诉率逐步下降,于2014年开始呈上升趋势。

Y市检察院下辖7个基层院(Y区院、F区院、X县院、B市院、L县院、

---

① 数据来源于Y市公诉工作总结,统计截至2017年10月。

B县院、R县院），2010年以来8个院撤诉案件分布情况为：Y市院2件2人；Y区院2件3人；F区院4件4人；L县院3件3人；X县院、B县院、R县院各1件1人；B市院0件0人。各院分布情况见图一：

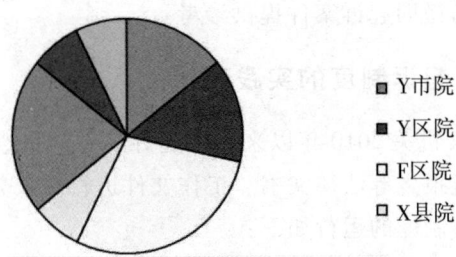

图一：撤诉案件各院分布情况图（件数）

2. 撤回起诉案件涉及的案由以故意伤害罪为主（见图二），其次是非法买卖枪支、弹药罪，贩卖毒品罪，这与Y市的社会经济发展状况有关。①

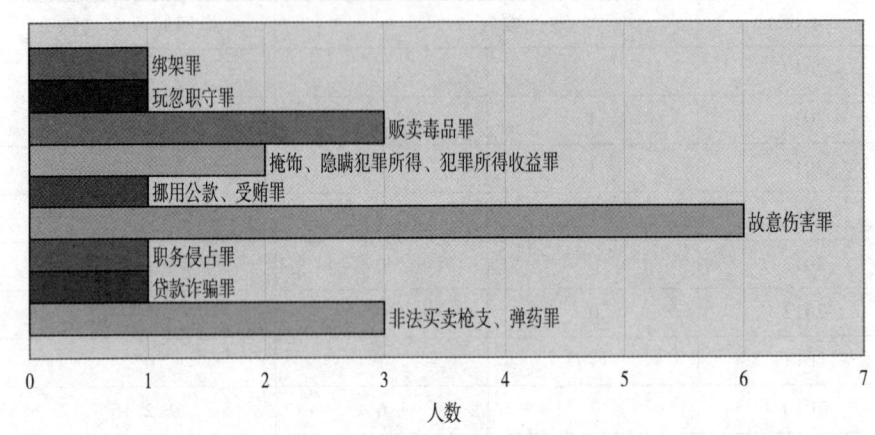

图二：Y市2010年以来撤回起诉案件案由分布图

3. 撤回起诉后的处理方式以存疑不起诉为主（见图三）。作存疑不起诉的案件主要是事实不清、证据不足的案件；作相对不起诉的案件主要是犯罪情节

---

① 如上海市撤回起诉案件以经济类犯罪为主，这也与上海的社会经济发展有关。参见《关于印发〈关于对2014至2016年撤回起诉案件专项评查情况的通报〉的通知》（沪检发案管字〔2017〕23号）。

轻微案件；绝对不起诉的主要是达不到立案标准的案件；建议撤案的是达不到犯罪标准的自侦案件。

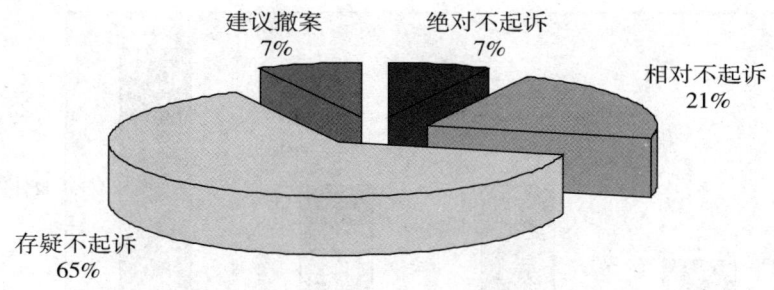

图三：撤回起诉后处理方式图

4. 从审查起诉期限看，撤回起诉案件的审查起诉期限均较长（见图四）。以一次退回补充侦查二次延长审查起诉期限和二次退回补充侦查三次延长审查起诉期限为主，上诉发回重审后撤诉的1件1件。

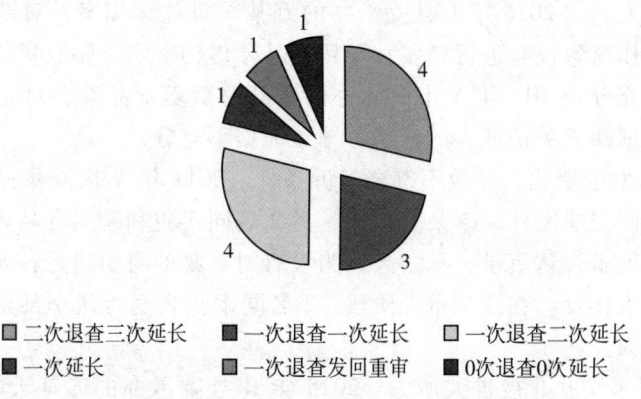

图四：撤回起诉案件的审查起诉时限图

5. 撤回起诉案件与共同犯罪的相关性不明显。非共同犯罪案件共9件占57%，共同犯罪案件共6件占43%，其中3件因无法找到实物证据、1件因司法解释发生变化达不到立案标准、1件因法检对正当防卫认定不一致导致撤回起诉。

（二）撤回起诉原因分析

撤回起诉的原因主要是证据方面的问题，"事实不清，证据不足"共9件占 65%，"犯罪情节轻微"共 3 件占 21%，"法律适用发生变化"共 2 件占 14%，其中"事实不清，证据不足"的具体原因分布如图五所示：

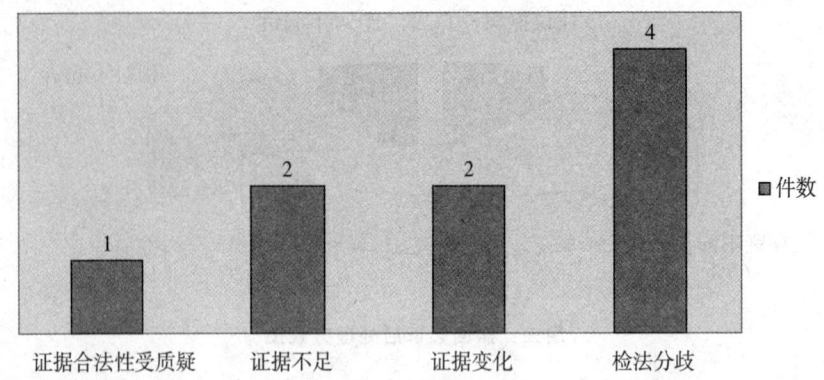

图五："事实不清，证据不足"撤诉案件具体原因分布图

1. 起诉时证据不足。证据未达到"确实、充分"的标准，导致撤回起诉案件 2 件 2 人。如 2016 年 L 县院承办的万某琴贷款诈骗案，对涉案的贷款实际用途因工作疏忽没有进行核实，导致万某琴虚构事实、骗取贷款的事实不清楚，证据不充分；2015 年 Y 市院承办的覃某财贩卖毒品案，对犯罪嫌疑人的主体身份证据缺乏关键证人的辨认，导致证据不充分。

2. 证据发生变化，导致不符合起诉条件。2011 年 Y 区院承办的李某贩卖毒品案是共同犯罪案件，李某不认罪，另 2 名同案犯和购买毒品者均指认李某参与贩毒，做了辨认笔录，承办人认为没有对李某的身份进行核实，绰号对不上，没有产生怀疑。在法院审理阶段，2 名同案犯当庭否认李某是与他们共同贩卖毒品的人。

3. 犯罪事实并非被告人所为。2015 年 R 县院承办的苏某天贩卖毒品案，在法院审理阶段苏某天虽自愿认罪，但承办法官对本案证人陆某（毒品购买者）的作案时间产生疑问，经过补充侦查后发现本案证人陆某因贩卖毒品罪在苏某天作案期间，其仍在看守所服刑，因此苏某天的犯罪事实不存在。

4. 取证不合法，导致事实不清、证据不足。2010 年 L 县院承办的刘某寿绑架案，对被害人当时不能辨认出嫌疑人，事隔一年多后又能辨认出嫌疑人的辨认笔录没有提出疑问，且辨认笔录存在无签名、盖印等瑕疵；嫌疑人所作供述共两次，一次不认罪，一次认罪，承办人只采用了认罪供述，忽视了不认罪的供述，对嫌疑人被带出看守所讯问没有进行核实。法院排除非法证据后，导致事实不清、证据不足被撤回起诉。

5. 检法认识存在分歧，导致撤回起诉。主要有两种情形：（1）对案件事实认定不一致，如2016年X县院徐某林故意伤害案、2010年Y市院牟某等5人故意伤害案中法检对正当防卫的认定均产生分歧，法院无法作出有罪判决。2016年B县院承办的朱某贵职务侵占案，因对本案企业的性质认定意见不一致，法院建议撤回起诉。（2）法律适用不一致，如2014年L县院承办的曾某兴玩忽职守案，因最高检与最高法对玩忽职守罪的立案标准不一，导致撤回起诉。

6. 犯罪情节轻微。如2017年F区院办理的3件非法买卖枪支罪，因无法提取到枪支物证，法院认为未提取到枪支则不能认定非法买卖枪支既遂，这与检察院审查意见不一致，法检认识产生分歧，此3件非法买卖枪支案只能认定为未遂，犯罪情节轻微，导致撤回起诉。

7. 法律法规、司法解释发生变化。如2016年F区院办理的梁某挪用公款罪、受贿罪，受贿金额2万元、挪用公款金额27292元，因司法解释发生变化，达不到最低犯罪数额①，导致不应当追究被告人刑事责任；2015年Y区院办理的吴谋伟、梁某川掩饰、隐瞒犯罪所得案，涉案财物为一辆电动车，经该市价格认证中心鉴定，该被盗电动车价值人民币2309元，因司法解释对该罪立案标准发生变化，达不到立案标准②，导致撤回起诉。

二、撤回起诉制度的实践障碍

Y市检察机关2010年以来撤回起诉案件14件19人，均符合现代法律规定，但从该市撤回起诉案件的现状分析可知，该类案件的办案质量普遍较低，究其原因主客观上均存在一定的问题。在规范司法、倡导人权保障的现代司法背景下，撤回起诉制度在实体和程序上均需要进一步加强完善。笔者将撤回起诉制度的实践障碍从纵向到横向进行了梳理。

---

① 根据最高人民法院、最高人民检察院《关于办理贪污贿赂刑事案件适用法律若干问题的解释》（2016年4月18日施行）受贿罪入罪标准为3万元以上，挪用公款罪入罪标准为3万元以上。

② 根据最高人民法院《关于审理掩饰、隐瞒犯罪所得、犯罪所得收益刑事案件适用法律若干问题的解释》（2015年6月1日起施行），该罪入罪数额标准调整为3000元至10000元以上。

（一）顶层设计缺失，统筹协调难

1979 年的《刑事诉讼法》有关于检察院撤回起诉的相关规定，①1997 年的《刑事诉讼法》废除了该规定，现行 2012 年修订的《刑事诉讼法》并未规定检察院撤回起诉的相关条款，撤回起诉制度现有的依据主要是"两高"的司法解释，包括《人民检察院刑事诉讼规则（试行）》第 459 条、《关于适用〈中华人民共和国刑事诉讼法〉的解释》（法释〔2012〕21 号，以下简称最高法《解释》）等，主要对实质性的撤回起诉权做了相应规定；最高人民检察院《关于公诉案件撤回起诉若干问题的指导意见》（〔2007〕高检诉发 18 号，以下简称最高检《意见》）主要对程序性的撤回起诉权做了相应规定。现行法律撤回起诉制度缺失，"两高"司法解释关于撤回起诉的规定不完善且两个机构的规定也不统一。这一立法现状一方面导致司法实践中撤回起诉缺乏可执行的标准和具体操作程序，直接影响了刑事司法的效率和程序不规范；另一方面也导致了撤回起诉权的滥用，以撤回起诉取代"无罪"案件，侵害了当事人的合法权益。可见，完善撤回起诉制度是当下司法改革背景下人权保障的必然要求，更是司法改革的应有之义。

撤回起诉制度的法律性质不明。撤回起诉是程序性司法行为还是实体性司法行为，在实践中并不清晰。如撤回起诉后是否还需要再作出不起诉的决定等，这是现有法律对撤回起诉制度规定的误解，②需要在立法上加以明确。在程序上，最高检《意见》对撤回起诉进行了较为妥适的规定，一定程度上弥补刑事诉讼法对撤回起诉规定的缺失，但对撤回起诉的法律认识仍不全面，存在盲区，如对撤回起诉滥用的约束不够、内部监督制约不足、合理救济机制缺失等。在法律层面上未能形成相互制约、相互监督的系统，难以统筹各方利益，使该制度规范化实施。

（二）检察机关内部权责不明晰

如图三所示 65% 的撤诉案件最后作存疑不起诉处理，这类案件撤回起诉的原因是事实不清、证据不足，但究其主观原因是下级检察机关在对案件事实、证据把握上不确定，最后请示上级检察机关，以上级检察机关意见为准导

---

① 1979 年刑事诉讼法第 108 条规定："人民法院对提起公诉的案件进行审查后，对于犯罪事实清楚、证据充分的，应当决定开庭审判；对于主要事实不清、证据不足的，可以退回人民检察院补充侦查；对于不需要判刑的，可以要求人民检察院撤回起诉。"

② 张建伟：《论公诉之撤回及其效力》，载《国家检察官学院学报》2012 年第 4 期。

致的。上下级检察机关是领导与被领导的关系，但过于依赖该领导关系，片面追求降低撤回起诉率，与全面落实司法责任制，强调办案检察官主体责任相违背。在司法责任制改革背景下，陈旧的执法理念、过时的内部工作指导机制应当革新，案件审查结果不能"一刀切"地以请示上级的意见为准，要在突出案件承办检察官主体地位的前提下，根据司改背景下检察权运行规律和现代管理规律，研究形成权责明确、运行高效、协作紧密、制约有力的检察业务管理体系，实现对撤回起诉这一司法活动的全面有效指导。

（三）检察官办案主体"把关不力"

检察官对案件的审查要秉持"事实清楚，证据确实充分"的标准，这一标准的把握一方面与检察官的业务水平有关，另一方面也与检察官的责任意识有关。

在业务水平上，作为相对独立行使司法办案决定权的检察官，要切实强化办案主体责任，进一步加强法律法规、司法解释、司法规范、典型案例等知识的学习积累，提高职业素养和专业素能。例如，在撤回起诉原因分析中，对证据达不到起诉标准的案件提起公诉，把握不好证据的动态变化导致最后证据不足，在案件证据审查过程中的"刻板印象""定向思维"，不注重证据瑕疵与矛盾，不注重综合分析能力。这些都需要检察官在实践中提升司法能力与水平，使得处理疑难、复杂案件的能力与改革相适应。

在责任意识上，每一个案件都代表着公平正义，应切实做到准确打击犯罪、不枉不纵。责任意识不强，一方面体现在犯罪事实并非被告人所为，因对证据审查不严导致在开庭审理过程中才发现，从而导致撤回起诉，另一方面体现在案件的审查起诉期限上，该类案件的审查起诉期限相对较长，除了案多人少的矛盾，主要是办案主体的拖延心理导致。法律文书制作也是司法规范的重要一环，但法律文书制作存在不规范、缺省、缺失等问题，这是检察官对自身要求不严、责任意识不强的一种表现。

（四）救济机制"空白化"

"无救济则无权利"。撤回起诉涉及公、检、法、当事人之间的关系，案件的撤回首先对被告人、被害人产生直接影响。撤回起诉的现有规范性依据是"两高"的司法解释，也只对撤回起诉的程序做了一系列规定，并未对被告人和被害人如何获得救济做相应的规定。如上所述法、检之间关系有失偏颇之时，为了规避审查起诉时限、无罪案件等情况，对案件作出撤回起诉的决定，忽视对被告人可能被再行起诉的风险，置被告人的合法权益于不顾，极为不公。被害人是刑事案件的直接受害者，案件被撤回起诉后，罪犯得不到严惩，其被侵害的权益就得不到保障，通常会采取上访等非法律途径表达诉求。构建撤回起诉的救济机制是维护当事人合法权益的重要保障，是撤回起诉制度的组成部分。从完善公、检、法互相制约的关系角度看，案件撤回起诉后，公安机关对作出不起诉决定的案件也应当赋予公安机关复核、复议的权力，这也是对撤回起诉的一种救济。

（五）检法、检警关系过于强调配合

刑事诉讼法规定，公、检、法是分工负责，互相配合，互相制约的关系，但在撤回起诉的实践中，公、检、法之间的关系重配合轻制约，阻碍了撤回起诉的规范化运行。

检察院与法院的配合、制约关系应体现在不同的方面，如对案件证据认定、法律适用就应当多沟通、协调统一，联席讨论对疑难、复杂案件、法律适用的最新情况，将两院办理案件适用的依据一致化。在因法检认识不一致导致撤回起诉的案件中，体现了该配合的重要性。检察院与法院在撤回起诉中难以体现制约的关系，一方面法院为了避免无罪判决的出现，另一方面检察院为了有罪判决，两机关通常会提前进行沟通，对可能作出无罪判决或证据不足等案件，一般法院会建议检察院撤回起诉，而检察院一般也会接受建议。此种法检关系"配合"得好实际上是对撤回起诉权的一种滥用。

检察院与公安机关的配合、制约关系也是配合多、制约少。在案件的办理中，检察院与公安之间需要互相配合，为形成良好的互助关系，方便日常工作的开展，检察机关便疏于对公安的侦查活动进行监督，这在撤回起诉案件的处理上体现较多，对建议侦查机关撤案的案件后续处理如何，检察机关往往持放任态度。因此，角色定位偏颇，撤回起诉的案件在证据或认识上大多存在问题，但作为审查起诉的检察机关一般都将注意力放在案件的处理结果上，而忽视了法律监督者的身份，对侦查机关配合多、监督制约少。

（六）监督机制不够有力

检察机关是法律监督机关，但如何对自我进行监督，提高内部监督效力是检察机关进行合理化设计的重要环节。内部监督包括自我监督和上下级监督，其中自我监督的效力最低，普遍存在形式主义，对工作的开展极为不利；上下级之间的监督，则容易出现"应付式"主义，监督工作形同虚设，只有自上而下完善配套机制并派专人实时跟踪，才能保证监督落实到位。引入外部监督方式，构建内外兼顾的监督机制，是法律监督机关对自我监督合理化的必然要求。

三、完善撤回起诉制度的构想

在司法改革的全面部署要求下,全面落实司法责任制,规范司法,公正司法,提高司法公信力,服务群众是一切司法活动的应有之义。撤回起诉是刑事案件在司法程序上重要的一个环节,它的规范与否彰显着刑事诉讼法的程序价值和人权保障功能,维护着检察机关的权威和司法形象。本文通过对 Y 市近几年来撤回起诉案件的深入剖析,及总结各有关地市在撤回起诉上的经验做法,发现撤回起诉制度在理论上尚存在争议,在实践中尚有待完善,存在的不足有主客观两方面的原因,客观体现为立法上的缺失,配套机制的不完善,导致撤回起诉在司法实践中缺乏统一可执行的标准和具体操作;主观上体现为办案责任主体的主观能动性不足,包括业务水平及责任意识。有鉴于此,笔者认为,完善撤回起诉制度,应当从以下几个方面着手:

(一) 确立立法与司法性衔接

撤回起诉制度缺乏立法上的依据,《刑事诉讼法》并未对撤回起诉制度作出规定,实践中仅根据"两高"司法解释操作,其实施缺乏法律的支持;另外,最高法和最高检的司法解释需进一步协调,最高法的《解释》规定由检察机关提出撤诉的申请,再由法院审查和作出是否准许撤诉的裁定,而最高检的《意见》则认为撤诉由检察机关自行决定,将决定书送达法院即可。在实践中,基于法检两院的关系,一般由法院向检察院提出撤回起诉的建议,检察院作出撤回起诉的决定,再将决定书送达法院,因程序规定本身的矛盾,使得实践操作层面出现较多混乱。因此加强撤回起诉制度的法律地位,从立法上明确撤回起诉的效力及程序,使法院和检察院在该制度的实践操作中有统一依据可循。

1. 明确撤回起诉的效力。撤回起诉的效力如何,决定着其后续处理行为该如何完善,如撤回起诉与不起诉相区别,其救济可以不起诉的相关规定参照执行还是需另行重新设计。因此需在立法上明确撤回起诉的效力,即撤回起诉是否有终结诉讼进程的效力,是否还能退回到审查起诉阶段,是否还需作不起诉决定。笔者认为,撤回起诉的效力应当与起诉相对应,具有终结诉讼进程的效力,但不等同于退回到审查起诉阶段,这是一个新的阶段,在该阶段不需再作出不起诉决定。

2. 明确撤回起诉的权力主体。撤回起诉是案件起诉到法院后,在法院审理过程中检察院欲撤回起诉的诉讼活动,在该阶段,法院是案件的主管者,检察院撤回起诉应当受到审判权的约束,向法院提出申请,由法院审查裁定。

3. 明确撤回起诉的适用范围。最高检《意见》第 3 条、第 5 条规定了撤回起诉的七种情形和不适用撤回起诉的六种情形,① 具体化了《人民检察院刑事诉讼规则(试行)》第 459 条中撤回起诉的条件,不包括补充侦查、补充起诉、追加起诉或者变更起诉,厘清了撤回起诉与追加起诉、变更起诉、中止起诉、终止起诉等诉讼活动的界限。笔者认为应当在立法上明确撤回起诉的情形,使立法与司法衔接,法、检适用标准统一。

4. 明确撤回起诉的程序。一是撤诉时间。最高检《意见》规定撤回起诉的时间是"提起公诉后,作出判决前",最高法《解释》规定的是"宣告判决前",在司法实践中,法院审理的大多数案件都是定期宣判而不是当庭宣判,而法院作出判决与宣告判决之间有一定的时间差。笔者认为,从法律权威性及节约司法的角度考虑,撤回起诉的时间结点应为法院"作出判决前",法院作

---

① 最高人民检察院《关于公诉案件撤回起诉若干问题的指导意见》第 3 条规定:"对于提起公诉的案件,发现下列情形之一的,人民检察院可以撤回起诉:(一)不存在犯罪事实的;(二)犯罪事实并非被告人所为的;(三)情节显著轻微、危害不大,不认为是犯罪的;(四)证据不足或证据发生变化,不符合起诉条件的;(五)被告人因未达到刑事责任年龄,不负刑事责任的;(六)被告人是精神病人,在不能辨认或者不能控制自己行为的时候造成危害结果,经法定程序鉴定确认,不负刑事责任的;(七)法律、司法解释发生变化导致不应当追究被告人刑事责任的;(八)其他不应当追究被告人刑事责任的。"第 5 条规定:"案件提起公诉后出现如下情况的,不得撤回起诉,应当依照有关规定分别作出处理:(一)人民检察院发现被告人的真实身份或者犯罪事实与起诉书中叙述的身份或者指控犯罪事实不符的,可以要求变更起诉;发现遗漏的同案犯罪嫌疑人或者罪行可以一并起诉和审理的,可以要求追加起诉;(二)人民法院在审理中发现新的犯罪事实,可能影响定罪量刑,建议人民检察院追加或变更起诉,人民检察院经审查同意的,应当提出追加或变更起诉;不同意的,应当要求人民法院就起诉指控的犯罪事实依法判决;(三)人民法院认为不属于其管辖或者改变管辖的,由人民法院决定将案件退回人民检察院,由原提起公诉的人民检察院移送有管辖权的人民检察院审查起诉;(四)公诉人符合回避条件的,由人民检察院作出变更公诉人的决定;(五)因被告人患精神病或者其他严重疾病以及被告人脱逃,致使案件在较长时间内无法继续审理的,由人民法院裁定中止审理;(六)对于犯罪已过追诉时效期限并且不是必须追诉的,经特赦令免除刑罚的,依照刑法告诉才处理的犯罪没有告诉或者撤回告诉的,或者被告人在宣告判决前死亡的,由人民法院裁定终止审理。"

出判决前，虽未宣判，但案件的审理程序已经结束，如果此时允许撤回起诉，前期进行的系列程序将无效，投入的人力、物力、精力等司法成本都将浪费。二是撤诉审查标准。在案件审理阶段，撤诉与否的决定权在法院，法院有权对检察院提出的撤回起诉进行审查并决定是否准许，但法院审查的标准是什么，在《刑事诉讼法》及最高法《解释》中均未作具体规定，法院均是酌情处理，甚至流于形式。法院的审查应"以事实为依据，以法律为准绳"，在完善立法的前提下强化对撤回起诉案件的审查力度。三是撤诉处理方式。法院准许案件撤回起诉后，按照最高检《意见》第11条规定①，检察院应当作出不起诉决定或退回侦查机关建议撤案或重新侦查，但具体未规定哪些应当作不起诉决定，哪些应当建议撤案或重新侦查。如前所述，如果撤回起诉有终结诉讼的效力，那么在法院准许撤回起诉后，公安机关及检察机关对被告人及相关涉案财物解除强制措施等。

（二）完善检察机关内部指导规则

为正确履行检察职权，保证检察机关严格按照法定程序办案，进一步提高撤回起诉案件的质量，结合检察机关的工作实际，应当自上而下完善系列指导规则。

1. 合理利用请示制度。请示是下级检察院向上级检察院汇报疑难复杂案件，请求给予一定的意见和处理方式。起诉前请示，属于对撤回起诉案件的事前预防。在实践中，案件请示中上级检察院的意见大多成为了下级检察院的决定，因此请示过的案件下级检察院的承办检察官对案件的审查就会有失偏颇，不全面不具体。在司法责任制全面落实的背景下，严格落实办案责任清单，案件起诉前的请示只能作为意见参考，检察官要对案件的审查意见承担终身责任，因此除法定程序、法定事由外，案件审查结果均由检察官自主决定。撤回起诉前请示，一方面是法定程序的要求，另一方面是检察机关履职统一的需要。

2. 构建撤回起诉常态评查机制。建立重点案件剖析机制，对剖析的每个案件都要从执法理念、具体做法、办案程序、实体审查等各个方面进行详尽论述，既要陈述办案的详细过程，又要总结办案中的经验和教训，还要谈到对所

---

① 最高人民检察院《关于公诉案件撤回起诉若干问题的指导意见》第1条规定："对于撤回起诉的案件，人民检察院应当在撤回起诉后七日内作出不起诉决定，或者书面说明理由将案卷退回侦查机关（部门）处理，并提出重新侦查或者撤销案件的建议。"

剖析案件的深刻认识，适应以审判为中心的诉讼制度改革，以促进办案质量不断提高。

（三）充分发挥办案主体能动性

办案主体包括独任检察官、检察官办案组，贯穿于案件的侦查、审查起诉、审理等一系列诉讼活动中。办案主体的能力水平、责任意识等对案件质量起着决定性作用。

1. 增强规范意识，主动深入把握业务要求。司法规范化要求办案主体不断增强业务学习，提高案件审查能力。除加强对基本法律如《刑事诉讼法》《人民检察院刑事诉讼规则（试行）》等学习外，法律、法规、司法解释的变化及地方性办案规定也会影响罪与非罪，以及具体的定罪量刑，办案主体应当高度关注、及时学习消化、运用，减少因新规定的施行导致案件达不到立案标准而撤回起诉。充分发挥检察官办案组的集体智慧，对疑难、复杂、社会影响较大的案件，通过办案组讨论、检察官联席会议研讨，严格把好案件审诉关。

2. 创新办案主体责任监督。加大对审查办案过程的监督，提升办案质量，必须对检察官在法律适用、办案程序、办案质量在系统上跟踪实施监督。检察官办案使用的统一业务系统，除了有案件管理部门的监督外，应当引入纪检部门在系统中的全程监督。例如苏州吴江《不规范司法行为约谈实施细则》创设了纪检监察监督平台与检察机关统一业务系统互联互通，① 对重要的廉政风险办案数据、法律文书的制作规范性、案件流程信息跟踪等进行实时抓取。对撤回起诉案件自动亮"红灯"预警，一旦发现不规范办案问题，立即采取约谈，提高了办案主体对规范化办案的重视。

3. 革新检察业务考评机制。现行检察业务的考评主要以追诉职能为主，未对追诉过程中的人权保障给予足够重视，因此在审查起诉时对证据的收集、审查、排除过程中就会有所侧重，客观公正就难以得到保障。检察业务的考评是对检察机关全面履行公平公正义务的全面评查，因此对案件提起公诉还是作不起诉决定不应当是检察业务考评的指标，而案件证据收集是否全面、提起公诉是否得当、法律效果和社会效果等也是检察业务考评需要重点考量的指标，只要客观公正地行使公诉权，都应当得到同等的评价。

---

① 《苏州吴江：运用科技手段强化监督执纪问责》，载检察机关内网 http://www.sd.pro/f/view－20130105110857779－401f7c5b3548481b90cc35bdc37ae611.html，2017 年 11 月 14 日访问。

(四) 构建撤回起诉的救济机制

在明确撤回起诉的效力之后,应当构建起撤回起诉的救济机制,而该救济机制应当包括诉讼关系里的被告人、被害人、公安机关等。

1. 被告人的救济。一是可以上诉的权利。法院作出的准许检察院撤回起诉的裁定,侵犯被告人的合法权益或产生不利的后果的,被告人应当享有上诉的权利。二是按照《国家赔偿法》和《关于刑事赔偿和非刑事司法赔偿案件立案工作的暂行规定》的有关规定,可以享有申请国家赔偿的权利。检察机关对于符合规定的案件,根据被告人的赔偿申请,应当依法作出国家赔偿的决定,依法保障其合法权益。

2. 被害人的救济。撤诉意味着不追究被告人的刑事责任,被害人的权利就得不到保障,检察机关、法院应当将撤回起诉决定书及准许撤回起诉的裁定送达被害人,被害人认为撤回起诉理由不当的可以提出申诉,并应当明确申诉的方式。

3. 公安机关的救济。案件撤回起诉即否定了公安机关的移送起诉意见,公安机关认为检察院撤回起诉后作不起诉决定不当的,可以向上级检察院提出复核、复议,由上级检察院审核。

(五) 全面履职,加强法律监督

撤回起诉是检察机关一项重要的公诉权能,如何行使撤回起诉权,应立足于检察机关的法律定位,理顺公、检、法之间的关系。

1. 对公安机关的引导与监督。一是要加强对公安的侦查取证,对于事实复杂、证据难收集、易变化的案件,检察机关的相关部门应当提前加强引导侦查取证,预判日后会产生的证据问题,及早补强,这是提高案件质量的有效措施。二是对公安机关移送的类似案件不能产生放松心理,对事实和证据的认定、审核不能放松标准,这是撤回起诉频发的常见原因,撤回起诉的往往是这类普通刑事案件。三是加强对证据合法性的审查,非法证据要坚决执行排除规则,瑕疵证据要及时补强使用。依法强化对公安机关的法律监督职责,监督手段多元化、监督时间全程化。

2. 与法院的沟通和监督。建立与法院就法律适用、证据采信、证明标准、相关案件事实认定标准等办案过程中经常易造成的分歧点进行沟通的常态化交流机制,减少此类原因造成的撤回起诉案件。对法院的裁判结果要及时进行审查,对于判决书出现的错误、遗漏及时提出纠正意见,视情况决定是否启动纠正程序。

（六）完善监督制约机制

撤回起诉的监督制约机制存在自我监督的矛盾，在完善自我监督程序的前提下，应引入外部监督，使撤回起诉的监督机制更加合理化。

1. 补强内部监督制约机制。为了严肃、慎重地行使检察权，实现司法资源的优化配置，应当充分发挥检察长、检察委员会在内部审核把关中的作用。根据《人民检察院刑事诉讼规则（试行）》第461条的规定，撤回起诉应当报经检察长或者检察委员会决定。防止检察官、公诉部门负责人、分管领导等个人滥用撤诉权。完善备案制度，有利于上级检察机关对下级检察机关的监督和制约。最高检《意见》第13条规定，"应当在撤回起诉后三十日内将撤回起诉案件分析报告，连同起诉意见书、起诉书、撤回起诉决定书等相关法律文书报上一级人民检察院公诉部门备案。"对于撤回起诉的案件要按时、按程序等要求上报。重大案件，如犯罪情节严重、社会影响较大还应当实行事先报批制度，这是为了使检察权在行使过程中上下级检察院能统一，因为在实践中法院准许检察院撤回起诉后，检察院还要作出不起诉或撤案的决定，如果公安机关要求复议、复核，而上级检察机关同意了复核意见而撤销下级检察院的不起诉决定，要求重新提起公诉，但法院根据司法解释，没有新的事实或新的证据不会重新受理该类案件，这会使得检察院处于尴尬境地。

2. 构建外部监督制约机制。法院司法审查职能的加强是检察机关撤回起诉权正确行使的重要外部监督，一方面法院应当完善审查审批制度，发挥合议庭、审判委员会等集体智慧对撤回起诉作出合理评判，避免法官等个人对撤诉审查权的滥用；另一方面法院的审查应当公开化，听取被告人、被害人、辩护人、委托代理人等其他诉讼参与人的意见，赋予当事人对撤回起诉提出异议的权利，避免损害当事人的权利。构建撤回起诉的听证程序，确保不因检察院撤回起诉而使被告人、被害人的合法权益受到侵害。该听证程序应由法院主持，检察院、被告人、被害人共同参与，围绕是否撤诉陈述、发表意见，法院在充分听取各方意见后，对检察院的撤回申请理由进行审查，并作出是否准许的裁定。

总之，撤回起诉制度体现了刑事诉讼程序和人权保障的价值，是司法活动中不可缺少的一部分。现有制度规定的欠缺，使得撤回起诉在实践中出现诸多弊端。本文立足于全面履行检察职能，贯彻规范司法、公正司法、服务群众的要求，针对实践中撤回起诉制度存在的问题，提出了大胆创想，从完善制度设计、规范办案程序、发挥主体能动性等方面对撤回起诉制度的完善进行了补充。

检察一体化与司法责任制关系之初探

◎张晓娜[*]

> **内容摘要**：检察一体化作为确定检察机关组织结构并指导检察官履行职责的重要机制，已被现代各国检察机关普遍接受。检察一体化在我国司法改革检察环节中发挥着重要的作用，有效地维护了检察权的正常运行。司法责任制通过赋予检察官实在的办案权限，提升检察官的独立性，能修正检察一体化贯彻落实的偏差，共同提升检察权的运行质效，最大程度发挥检察机关法律监督的功能。
>
> **关键词**：检察一体化；司法责任制；检察官独立

检察机关作为国家的法律监督机关，在维护社会公平正义、构建现代法治国家的历史进程中发挥着不可替代的重要作用。推动检察工作的全面发展，离不开创新，机制创新则首当其冲。检察一体化、司法责任制皆是司法改革检察环节中重要的工作创新机制。其两者之间既有统一之处，亦有分歧矛盾，如何正确解读两者的关系，促进检察权运行机制的健康发展，已成为当前司法界、学术界关注的一个焦点。

一、基本内涵及理论探讨

（一）检察一体化

检察官制度起源于法国，最初是为了改变法官集追诉、审判为一体的纠问制度，达到"追诉与审判相分离"目的而创设。检察权自始处于警察权、法官审判权两种国家权力之间承上启下的中枢位置。检察机关不仅要汇聚司法资源，形成合力追诉犯罪，还要规范警察、法官的法律适用，维护法制统一，保护被告人免受警察的恣意侵权、法官的随性擅断，更要防止发生检察官滥用权力侵害人权的司法风险。因此，为了保证检察权的正当行使，检察一体化机制

---

[*] 广西壮族自治区北海市海城区人民检察院办公室副主任。

应运而生。

1. 基本内涵。检察一体化是检察机关的一项重要的组织及活动原则，是指从最高人民检察院到省（自治区）、市（州）、区（县）四级检察机关作为一个不可分割的整体而存在，各级检察机关和全体检察官①相互协调、配合，形成一体。其一，检察系统内部上下级检察机关、上下级检察官是领导与被领导的关系。其二，检察机关具有系统整体性，每位检察官和每个检察机关均是全系统的组成部分，各级检察机关之间协调一致、相互配合，没有隶属关系的各级检察机关也有配合义务，检察官从事司法行为具有职务替代性。其三，检察机关对外独立行使检察权，不受外界因素的影响。②

2. 基础价值。"上下统一、横向协作、内部整合、总体统筹"十六字方针综合反映了检察一体化的基础价值。具体而言，通过强化上级检察机关、上级检察官（如检察长）的领导，保证检察机关不受其他系统、个人的干扰与影响；通过建立检察官职务继承、转移，加强职能部门的配合与协作，保证检察权的充分行使；通过对检察业务全程监控和全面管理，强化检务保障建设，充分发挥检察整体合力。③

（二）检察机关司法责任制

1. 基本内涵。司法责任，一般是指司法组织和司法人员在行使司法权的过程中，故意或过失违反法律规定所应承担的法律后果。对于何谓检察机关司法责任，目前尚没有统一、权威的说法。笔者认为根据司法责任的内涵可以延伸推导为：检察人员行使检察权过程中，故意或重大过失违反法律规定，所必须承担的法律责任。检察机关司法责任制度则是对如何认定并进一步追究过错主体司法责任的制度总和。

---

① 《检察官法》第2条规定："检察官是依法行使国家检察权的检察人员，包括最高人民检察院、地方各级人民检察院和军事检察院等专门人民检察院的检察长、副检察长、检察委员会委员、检察员和助理检察员。"然而自2016年起，检察改革中对检察人员实行分类管理，全面推行检察官员额制。检察人员据此被分为员额检察官、检察辅助人员以及司法行政人员。真正具有司法办案资格的仅有员额检察官，很显然，"检察官"的外延在司法实践中已从"检察人员"收缩为"员额检察官"。本文对"检察官"的定义也采用了司法实践中的理解之含义。

② 王淑贤：《中国检察学》，兰州大学出版社1988年版，第19页。

③ 蒋伟亮：《中国特色检察一体化机制的构建与保障》，载《江苏大学学报》2011年第1期。

2. 内在逻辑。最高人民检察院 2015 年出台《关于完善人民检察院司法责任制的若干意见》提出要完善司法责任制,要求检察官对其所承办的案件质量终身负责。笔者认为要达到司法责任制的目标,关键要重视检察主体制度、检察权运行机制、司法责任的评鉴与追究等方面的问题。只有界定权力主体,落实检察官办案主体地位,科学划分办案权限、采用与权限匹配的办案模式才能真正做到权责明晰相当;通过严格划分案件质量瑕疵与错案的标准、构建合理的司法责任评鉴机制,审慎追究检察官的司法责任,才能真正让司法责任制落地生根、行之有效。

二、检察一体化与司法责任制之统一

(一)追求目标相同

检察权是一项重要的国家权力,是检察官或检察机关所享有权力的总称。① 检察权的内容,是指检察机关或检察官所享有或行使的各项具体权能。检察权的性质到底为行政权、司法权,抑或是两者的结合体,一直是法学理论界探讨且争论不休的问题。笔者认为,不管检察权性质到底采用何种理论,检察权的权能为复合体是显而易见的,其具体分为检察领导职权、检察业务职权以及检察非业务职权。其中,检察业务职权包括检察批准和决定逮捕权、公诉权、法律监督等职权。② 上述不同的权能由检察机关内部不同的部门、不同的检察官行使。如何通过这些权能发挥控诉犯罪、保障人权、司法监督、权力制衡等检察功效,最终达到法律监督的目的,是司法改革检察环节的重要任务。检察一体化机制与检察司法责任制应需而生,它们均是为深化司法体制改革的创新机制成果,或言之,建立和完善此两种机制的根本目的均是为了保障检察机关依法独立行使检察权。③

(二)赋予检察官独立性

司法责任制追求权责明晰、权责相当。据此,其必然注重检察官的办案独立性,对承办案件检察官"放权、授权"。从表面上看,此举必然会削弱部门

---

① 邓思清:《检察权研究》,北京大学出版社 2007 年版,第 1 页。
② 邓思清:《检察权内部配置与检察机关内设机构改革》,载《国家检察官学院学报》2013 年第 2 期。
③ 除非特别说明,否则本文以下所探讨的"检察权"都仅指具有司法属性的检察业务职权。

负责人、检察长、检委会、上级检察机关的指令权力度，打破检察一体化在司法实践中原有层级森严的权限生态模式，以致两种机制发生矛盾冲突，但其实不然。实际上，检察一体化的复合性内涵容易遮蔽和异化检察官独立的真正要旨。

检察制度内部指令权、上命下从等内容是检察一体化的重要根据，但不能仅仅将检察一体化理解为单纯强调检察官之间的绝对遵从的上命下从关系或严格的等级性要求，其原意更在于使每一个检察院、每一个检察官在检察整体系统中具有各自的岗位职责、各自的独立职能，从而发挥每个检察院、每个岗位和每个人的积极性、主动性。①

首先，检察一体化要求检察机关整体对外独立行使检察权，不受任何外界因素的干涉。整体的独立性归根结底仍在于具体承办案件检察官的独立性。若个体迫于内外压力而违法或违规办案，那么整体又谈何能够保持独立性？其次，司法办案不能一味恪守套路、一成不变。为了应对司法实践中可能出现的证据采信、法律适用、诉讼程序等各种情况，承办检察官必须具有一定的自由裁量权，以能在第一时间解决问题。所以，赋予检察官相对独立的司法办案权，也是检察一体化正常运行所需。为此，在赋予检察官独立性的问题上，两种机制具有异曲同工之处。

三、检察一体化与司法责任制之冲突

（一）检察官独立程度之差异

如前所述，检察一体化与司法责任制均赋予检察官独立性，但值得注意的是，在这两种语境下，检察官之独立程度存在客观上的差异。司法责任制强调的是检察官个体的独立。"谁办案谁负责"，这意味着检察官能独立自主决定案件，非因法定事由，不受任何他人的干扰。例如，检察官应拥有较大程度的公诉自由裁量权，由其决定是否对犯罪嫌疑人作相对不起诉处理，或是否认定法院判决属于适用法律错误、量刑畸轻，继而提起抗诉。毕竟检察官需要对案件担负终身责任，若其办案权力受限或不完整，如何能体现出其自主独立性，如何能实现权责一致？检察一体化虽然也赋予检察官一定的独立性，但其落脚点在于整体独立性，对内则强烈要求下级检察机关接受上级检察机关的领导、下级检察官接受上级检察官的领导，以致个体检察官权限的独立程度较低。司

---

① 张智辉：《试论检察一体化的基本特征》，载《人民检察》2007年第8期。

法改革前，刑事案件的办理采用传统"承办人承办＋部门负责人审核＋检察长（检委会）审批决定"三级审批模式，案件的最终决定权在最高层级的检察人员手中。司法改革后，尽管采用扁平化的办案模式替代三级行政审批模式，但仍无法完全解除个体检察官办案权力所受到的限制。如在审查逮捕阶段，根据难易复杂程度，案件可分为一般及重大疑难复杂两种，检察官的自主决定权限仅限于一般案件，而重大疑难复杂案件则须由检察长（副检察长）决定。再如，在审查起诉阶段，检察官能决定一般案件的起诉及附带民事诉讼，但决定不起诉、决定撤回起诉、决定提出抗诉、提请抗诉则需由检察长（副检察长）决定。①

（二）上命下从执行力度之差异

最高人民检察院于 2007 年颁布的重要规范性文件②中多次重申了下级检察机关要服从上级人民检察院的决定，并要向上级检察机关对相关案件进行请示报告、报备、审批，这充分体现了检察一体化机制中上命下从的严格性。这既是对检察官统一执行法律的刚性约束，又是防止检察权滥用的内在要求。在司法责任制的语境下，检察官可以对上级检察官的错误决定提出异议，相较于检察一体化中近乎苛刻的对上级指令的无条件执行，这是一个飞跃。尽管上级检察官的指令，检察官仍要执行，例如检察长（副检察长）继续维持该错误决定，检察官应当执行，但承担法律后果的并非是检察官。③ 从责任后果的设计可知，司法责任制更侧重于检察官的独立性，继而削弱了上命下从的执行力度。

四、司法责任制与检察一体化机制之融合

民主集中制是我国各权力机关必须采用的组织活动原则，检察机关也不例外。检察一体化所呈现出的检察长负责制、检委会集体决策、下级检察机关执行上级检察机关的决定等状态是民主集中制在司法领域的具体反映。司法责任制是司法体制改革的"牛鼻子"，对其他各项司法改革均有牵引和统领作用。在我国目前的司法环境下，健全和完善司法责任制除了强调责任的界定评析和

---

① 全国各地做法不一，本文以广西检察机关出台的相关文件内容为引用范例。

② 最高人民检察院于 2007 年颁布的重要规范性文件《关于加强上级人民检察院对下级人民检察院工作领导的意见》。

③ 引自 2017 年 4 月《广西壮族自治区检察机关完善司法责任制实施办法》。

严格追究之外，更首要的还应明确检察官独立行使职权的空间，厘清个体检察官与上级检察官、上级检察机关的权力责任归属。或言之，司法责任制的核心要义体现为检察官之独立性。从理论路径探索，可推导出检察官应有完整独立性的应然结论，然而目前在司法实践中，检察官的独立性却是相对的、有条件的、非全面的。因此，如何立足国情，将检察官的独立性与检察一体化相互融合，具有重大的现实意义。

（一）确立检察官办案主体地位

1. 优化办案组织。1980 年最高人民检察院在以处、科为办案单位的基础上确立了"三级审批制"检察办案模式。该办案模式在过去法律制度不健全、法治建设不规范、检察官业务素质不够高的历史条件下，发挥了保证检察执法水平、维持社会稳定的重要历史作用。但由于其鲜明的行政色彩掩盖了检察权司法属性，以致该模式被质疑不符合司法办案规律的要求而饱受诟病。2013 年年底，最高人民检察院开展主任检察官办案责任制改革，要建立权责明确、协作紧密、制约有力、运行高效的办案组织模式。2015 年，最高人民检察院又提出要完善司法责任制，明确实行独任检察官或检察官办案组的办案组织形式。笔者认为独任检察官或检察官办案组的办案组织形式能有效去除行政化，符合司法现状，满足实践需求。

简单案件由独任检察官承办，其能自主决定案件，之后文书由检察长（副检察长）签发，此举既能保证检察官的独立性，又由上级检察官对下级检察官的滥权误断予以防范，发挥了检察一体化的作用。对于重大、疑难、复杂案件，则由检察官以团队形式承办。主要是此类案件往往牵连范围广、专业知识强、卷宗材料多，检察官因其知识结构存在短板、时间精力不足等因素而难以单独应付，容易导致案件出现质量瑕疵，甚至造成冤假错案。例如，部分传销案件的涉案金额巨大、涉案人数众多，在短短的 7 天内检察官要厘清全部的犯罪组织结构、每一名犯罪嫌疑人的资金来往等犯罪事实并对证据予以核实评断，并作出是否批准逮捕的决定，绝非易事。

2. 理顺主任检察官与其他检察官的关系。若要充分彰显办案组织的独立性，必须进一步理顺主任检察官与其他检察官的关系。通常，相比一般没有职级的检察官，检察长、部门主要负责人等参加检察官办案组的，应担任主任检察官，即办案组的负责人。

有学者认为，为了平衡检察一体化与检察官独立之关系，需要赋予主任检察官监督指挥权，但该权限指令必须后置。① 即主任检察官意见发表必须排在全组检察官之后，以防其他检察官受其上位职级影响而不能作出公正的决定。若主任检察官与其他人的意见不符，其他检察官必须服从主任检察官的终局性意见。笔者认为，融合检察一体化与司法责任制的核心关键在于如何把握好赋予检察官独立的度。每一位检察官都具备办案的亲历性条件，都应自主独立决定是否采信证据、认定事实、适用法律。然而办案组中的检察官对案件事实或罪名存有分歧意见也是难免的事实。在检察官意见存在相互矛盾的情况下，主任检察官不应按其职级顺序高就必然对案件具有最后决定权，而应贯彻民主集中制，以少数服从多数的方式得出结论。若出现意见比数相同的情况，则应采用主任检察官的意见。当然，办案组也应尽可能由单数的检察官组成。若检察长担任主任检察官的，则应直接采纳检察长的意见，毕竟一方面检察长有权对案件进行审核，此举可以节约司法资源；另一方面体现出检察一体化中检察长对检察权的施行及监督。但需要注意的是，持分歧意见的检察官应在卷宗中注明自己的独立观点。若检察长非为主任检察官，其不同意检察官办案组意见，可以要求检察官复核或提请检察委员会讨论决定。经检察委员会作出的决定，检察官办案组应该遵照执行，这也是检察一体化中整体性的体现，最大限度地防止检察权滥用。相应地，根据司法责任"权责一致"的原则，谁对案件作出终局性的决定，谁承担案件质量责任。

3. 建立检察官办案责任制。检察官办案责任制，是指检察官对自己权限范围内的案件依法独立行使决定权，并承担相应办案责任的一种制度，② 其是司法责任制的重要内容。某种程度上而言，其是检察官办案的"护身符"，能让检察官最大程度地依法独立行使检察权。面对上级检察机关、上级检察官的不合理指令时也能挺起腰板说"不"。检察官办案责任制并不是纯粹为了追究检察官的司法责任而设立，其根本目标是为了实现社会主义的法律价值。因此，不能仅侧重于如何追责，也要把握好责任豁免和司法职业保障的度。在错案责任追究的问题上，严格落实检察官只对因其故意、重大过失造成的错案才承担责任的原则。细化案件评鉴标准，完善评鉴程序，明确司法豁免和免责事

---

① 张栋：《主任检察官制度改革应理顺"一体化"与"独立性"之关系》，载《检察理论与实践》2014年第5期。

② 邓思清：《我国检察一体保障制度的完善》，载《国家检察官学院学报》2016年第2期。

由，才能保障检察官依法独立履职。

(二) 有效规制上级指令权

司法责任制改革坚持放权与强化监督制约并重，通过制定权力清单的方式，授予检察官一定权限的同时，继续保留了上级检察机关、检察长一定程度的指令权限，用于加强对检察官办案活动的监督，确保放权不放任，这是建立权力、责任、监督三位一体检察权运行机制的关键，与检察工作的质效休戚相关。笔者认为，依托检察一体化对检察官独立"用权"进行监督，要注重对指令权的适度调控。

1. 指令权必须符合法定主义与客观主义的根本准则。一般只有当案件具有重大社会影响、高度政治敏感性、重大、疑难复杂时，上级检察机关才应适用指令权。而且指令必须在指令发出者法定的自由裁量权限范畴之内，且具有可执行性。若该指令本质上就是错误的、违法的，超越了上级检察机关、上级检察官的职责权限，那么其实际是以"检察一体化"之名行不法之事。若检察官认为指令有错误的，应提出异议；认为指令明显违法的，应拒绝执行。相应地，检察官执行存有异议的指令，检察官不承担责任，但其执行明显违法的指令，则应承担相应的司法责任。

2. 不得利用指令权的方式任意剥夺检察官职务或转移权限。[①] 检察官的独立以其检察权限范围及内容为载体，即检察官的独立仅限于对其所承办案件作出意见决定的范畴之内，并非能扩张到所有司法属性的检察业务。反言之，在检察官独立的特定范围内，若非出现检察官徇私枉法、滥用职权、怠于履职等影响案件公正办理的情形，上级检察官不能随意以指令权的方式将案件重新指定他人办理或收归自己办理。当然，若属于复杂、疑难、新型案件或存在其他客观因素需要由特定检察官办理的，可以在分案之初就指定人员或通过职务收取与权限转移替换原不能胜任的检察官。

3. 指令权要适用书面公开的程序规范。目前检察实践中，口头指令的现象还未得以杜绝。为了规范指令权的行使方式，应推行书面指令主义。上级检察机关、上级检察官不能以口头通知、电话指示、传真信息等方式发出指令，

---

① 职务转移是指检察首长可将特定程序中的检察官换下，而由其他检察官履行职务。职务收取是指检察首长换下原检察官，由自己来履行特定程序中的检察职权。引自张栋：《主任检察官制度改革应理顺"一体化"与"独立性"之关系》，载《检察理论与实践》2014 年第 5 期。

而应以规范的法律文书作为指令方式，并将文书同步放入案件卷宗，由案件管理部门对案件开展全方位、全过程的动态监管。同时允许在必要的时候，检察官可以公开上级的指令内容。书面指令既有助于促使上级检察机关、上级检察官谨慎使用该权力，预防违法干预办案，也可以让检察官明晰指令内容，防止误传引发办案责任事故，亦能明晰案件责任，增强检察官的办案责任心。

（三）增强检察机关的整体独立

检察官与检察机关是相互依存的关系，没有检察官，检察机关则徒有虚名；没有检察机关，检察官则不复存在。若要增强检察官的司法独立性，切实落实司法责任制，就必须增强检察机关的整体独立性，贯彻检察一体形成合力，共同抵御外来干涉。目前我国正在探索进行上级检察机关对下级检察机关提名、省级以下检察机关人财物统一管理的改革，笔者认为这对于减少地方干预检察业务是大有裨益的。另外，除了宏观层面的统筹设计，也应关注检察官身份保障等中观事项。构建科学、合理的员额检察官制度，经依法选任的检察官，非因法定事由、非经法定程序不得将其随意调动、转岗或免职。

总之，法治中国的建设离不开司法的作用，检察权的司法属性在全面推进依法治国的新形势下尤显重要。只有不断深化检察体制改革，优化检察职权配置，赋予检察官司法独立性，充分落实司法责任，提升检察机关司法公信力，构建科学、有效、合理的检察权运行机制，才能为全社会提供更强大的检察保障，让每一位群众切切实实感受到公平正义。

检委会专业化制度完善探究

◎ 卢赛环*

> **内容摘要**：完善检察委员会专业化制度是进一步落实司法责任制的重要内容。检察委员会专业化建设应以检察委员会的职能定位为立足点，根据司法责任制对检察委员会组织机构、决策模式、追责体系的新要求，构建更为合理的组织机构，加强检察委员会决策模式的民主性和司法性融合，形成检察委员会的决策责任体系。
>
> **关键词**：检察委员会；专业化制度；司法责任制

检察委员会（以下简称检委会）是检察机关内部最高业务决策机构，其主要职能是对重大疑难案件和重大事项的决策、指导和监督。检委会制度对保证法律的正确执行、充分履行检察机关法律监督职能起着重要作用。长期以来，检委会制度无论在实践中还是在理论上一直都存在争议[1]，但在新一轮以落实司法责任制为核心的司法改革浪潮中，这种争论已经逐渐消匿。随着最高人民检察院《关于完善人民检察院司法责任制的若干意见》（以下简称《若干意见》）的发布实施，检委会司法主体的职能地位得以确定，对司法责任制下如何完善检委会运行机制作出了原则性规定，落实高检院《若干意见》，加强检委会专业化制度建设成为下一步深化司法改革的重要内容。[2] 在司法改革背

---

* 广西壮族自治区南宁市人民检察院法律政策研究室副主任。

[1] 夏正林、胡立东：《论司法责任制下的检察委员会制度改革》，载《法治社会》2017年第1期。

[2] 最高人民检察院《关于完善人民检察院司法责任制的若干意见》出台后，目前有的地方对检委会制度改革进行了探索，一些省份如云南、河北、内蒙古、湖南、重庆等以规范性文件对检委会制度进行修改和完善，但是内容和文件形式差异较大。由于目前《人民检察院检察委员会议事和工作规则》《人民检察院检察委员会组织条例》尚未修改，一些省自治区未根据改革要求制定具体的规范性文件。检委会制度改革是进一步落实司法责任制改革的必然要求。

景下，本文拟对检委会专业化制度如何完善进行探究，以期对当前的司法改革深入推进有所裨益。

一、司法责任制下检委会专业化建设的新内涵和新要求

当前，无论是学界还是检察机关内部，对检委会专业化建设还没有形成统一、清晰的定义。笔者认为，检委会专业化建设，要以法律法规对检委会的职能定位为基础，以实现检委会的功能为目标，根据检委会本质特点和工作的发展规律，完善检委会构成和运行的专业化制度，确保其依法、正确、有效和及时地履行职责。当前司法责任制改革背景下的检委会专业化建设，要以高检院的《若干意见》为指导思想，立足于检委会的职能定位，以专业化方向和要求来细化检委会的组织结构、决策模式、责任体系。

（一）检委会专业化建设必须做好职能定位

职能定位决定检委会的性质、功能和任务，是把握检委会专业化建设内容的基础和立足点。议案和议事是检委会作为检察机关最高业务决策机构所具有的双重职能。从高检院《若干意见》规定看，检委会的职能定位除了保留原有的基本功能外，还应体现司法责任制的新要求。

一是明确检委会作为司法主体的性质。在司法责任制下，确立检察官为基本办案单元，但检委会仍保留了对重大案件和其他重大问题的决定权。当然，检委会这种司法决策组织是相对独立于检察官的一种特殊的司法主体①，这种决策权属于司法办案职能，是一种对法律适用的办案行为，所以必须遵循司法规律，按照法定的规则和程序进行客观判断，体现司法属性特征。

二是深化检委会的指导和监督功能②。这是适应司法责任制的必然要求。因为"司法责任制改革以突出检察官办案主体地位为核心，强调的是检察官的个体决定权"③。原来由检察长和检委会决策的大量办案决定权赋予检察官，

---

① 参见刘和海：《关于检委会决策专业化建设及改进问题研究》，载《2016检察官"阅百种刊物，读百家文献"征文活动优秀论文集》，第246页。

② 检委会的功能应当包括业务指导和内部监督，虽然这一点在本轮司法改革前学界已有共识，《人民检察院检察委员会议事和工作规则》对检委会审议议题的列举也表明了检委会对业务指导的功能定位，但直到最高人民检察院《关于完善人民检察院司法责任制的若干意见》第一次以正式文件规定的形式给予确认。

③ 邹开红：《司法改革背景下检察委员会制度改革研究》，载《河南社会科学》2015年第10期。

在这种情况下，检委会的个案决策功能的发挥会有所收缩。而且，司法责任制要求在突出检察官办案主体地位的同时，需要加强对检察官办理案件的监督制约，这种监督制约不仅是对检察官办案效果和业绩的评价，还包括检察长和检委会对检察官办理的案件可以发挥主动监督和决策作用。

（二）检委会专业化应以"主体化"组织结构建设为基础

突出"主体化"组织结构建设，是检委会作为业务决策机关的职能定位在司法责任制下的必然体现。司法责任制的重心是解决具体办案中权力主体问题。[①] 我国检察机关实行检察长负责制和集体民主决策相结合的领导体制，在这种领导体制下，一方面检察办案职权整体赋予检察院，检察长作为"法定代表人"统一行使检察权，检察长是完整掌握检察权的唯一主体，通过委托副检察长、部门负责人和案件承办人，形成三个层级审查把关，以保障检察权的运行。另一方面检委会是检察机关内部实行民主集中制的业务领导集体。[②] 实行司法责任制后，突出检察官办案主体地位，检察长大量的司法办案权下放授权检察官，同时检委会仍然是独立的司法主体，以集体组织的形式履行司法职能，只不过检委会这种司法主体跟单个检察官不同，它是由"享有决定权的检察长、检委会和拥有承办权的检察官共同组成的办案组织，检察官、检察长、检委会作为办案组织的不同层级而存在"[③]，其中各层级承担的职能是不同的。而且作为检察机关最高的业务决策机构，组成委员应当比一般的检察官具备更深厚的法律知识、拥有更丰富的业务经验、具有更高的专业化水平，才能保证正确履职。

（三）检委会专业化应以决策的民主化和司法化为重点

检委会决策和检察官决策的根本区别在于决策模式不同。检委会作为检察机关的最高决策机构，实行民主集中制原则的决策模式，兼具群体决策和个体决策的优势，能有效防止单一首长制的独断专行，抵制内部和外部各种不当干预，有效发挥集体智慧。由于当前司法责任制下突出强调检察官的主体地位，

---

① 阮志海、易海辉：《落实中央司法体制改革精神，完善人民检察院司法责任制》，载《人民检察》2015 年第 21 期。

② 宋尚华：《检察委员会制度的运行模式和完善建议》，载《人民检察》2015 年第 19 期。

③ 周理松、沈红波：《办案责任制改革背景下检察委员会与检察官关系的定位》，载《人民检察》2015 年第 16 期。

所以有观点认为"司法责任制从根本上否定了检委会作为业务决策机构,尤其是对个案决策的功能定位"①。笔者认为,民主集中制原则是我国宪法所规定的国家机构必须遵循的组织原则,正如张文显教授所指出的"以少数服从多数为重要标志的司法民主是我国司法制度的基石,也是在推进司法责任制改革时必须坚守的底线"②,所以高检院的《若干意见》明确把提高检委会工作民主化作为健全检委会运行机制的一个重要方面。但是应当指出的是,在强调坚持检委会民主化的同时,应突出抓好检委会司法化,这也是当前司法责任制改革的必然要求,因为检委会决策是一种适用法律的司法行为,必须尊重司法规律,强调亲历性与判断性,按照法定程序审议案件,作出基于亲历的、专业的、客观的判断与决定。

(四)检委会专业化应以完整的追责体系为保障

检委会作为业务决策机构在行使司法权力时必须以责任确定和承担为保障。在现代民主法治国家,国家公权力是人民赋予的,在运行时需要遵循的一个重要原则是权责统一(有权必有责),即法律在赋予公共权力行使者以职权的同时,实际上也赋予公权者相应的责任和义务③。所以,权责统一是任何权力正确运行的基本规律,司法权力的运行尤其应遵循这一规律。以建立公正高效权威的社会主义司法制度为目标的司法体制改革,其核心就是要建立符合司法规律的办案责任制,做到权责统一,对司法权力的运行予以监督,对司法者的过错失职行为要问责。高检院的《若干意见》确立了"谁办案谁负责,谁决定谁负责"的司法办案问责原则,也是检委会在行使业务决策权时要遵循的。所以应当建立对检委会委员进行责任确认和追究的追责体系,规定检委会委员在违法违纪时应承担的不利后果,以增强委员的责任意识,促使其正确行使司法权、认真履行职责,不触犯责任底线,保证检委会公正、科学决策。

二、检委会专业化建设面临的主要问题

检委会制度从建制以来,在60多年的发展历程中,其职能定位、工作原

---

① 夏正林、胡立东:《论司法责任制下的检察委员会制度改革》,载《法治社会》2017年第1期。

② 张文显:《论司法责任制》,载《中州学刊》2017年第1期。

③ 孙应征、刘桃荣:《检察机关司法责任制的理论基础与功能定位》,载《人民检察》2015年第20期。

则、功能和任务不断发展完善，职能作用进一步发挥，在保证我国检察权正确行使方面起到了重要作用。但是，从严格意义上来说，"检委会的改革仅仅停留在对检委会的各项规章制度进行修修补补上，至于检委会改革和专业化建设的关键问题尚未真正触及。"① 在职能行使、组织结构、运行模式、决策责任确定等方面仍存在一些问题，不适应司法责任制改革的需要，在一定程度上制约了检委会的有效运作和功能的实现。

（一）检委会的职能行使存在一定偏差

检委会在长期运作中存在与其职能不相适应的两个方面的问题。一是检委会个案决策权限不明。《人民检察院检察委员会议事和工作规则》设定的检委会议案范围为具有重大社会影响或者重大意见分歧的案件，以及根据法律及其他规定应当提请检委会决定的案件。由于上述规定过于宽泛和原则，在实践中不好把握。二是检委会的宏观指导作用发挥不够充分。各地基层检察院检委会普遍存在审议案件多、重大事项偏少的问题，没有足够的精力对检察工作中全局性、方向性的问题进行研究。② 贵州省作为全国首轮司改试点单位，对全省2015年的检委会工作进行了一次调研，发现全省司改试点院的检委会会议议题以议案为主，约占81%。而且这种现象在全国检察机关具有一定的普遍性。③ 造成这种现象的主要原因是未能清晰划分检委会、检察长、主管副检察长和检察官的权力，对于何为重大、疑难、复杂案件，法律没有明确界定。

（二）检委会的组织构成未能体现专业化属性

检委会虽然具有较强的职业专属性，但在现行的检委会制度中并没有得到充分体现。主要表现为委员配置过于行政化。2008年修订的《人民检察院检察委员会组织条例》规定检委会委员应当具备检察官资格，检委会由本院的检察长、副检察长、检察委员会专职委员及有关内设机构的负责人组成。实践中，"各地不同程度出现了委员结构行政化和论资排辈的现象，形成因位任职

---

① 刘和海：《关于检委会决策专业化建设及改进问题研究》，载《2016检察官"阅百种刊物，读百家文献"征文活动优秀论文集》，第243页。
② 邹开红：《司法改革背景下检察委员会制度改革研究》，载《河南社会科学》2015年第10期。
③ 杨承志、樊京京、范思力：《司法责任制改革中的检察委员会运行机制》，载《中国检察官》2016年第3期。

的局面，出现一些委员的素质难以匹配其职务的情况"。① 在这种情况下非领导的专业型业务骨干很难进入检委会。司法责任制改革后，高检院的《若干意见》规定检委会由检察长、副检察长、专职委员和部分资深检察员组成，内设机构负责人的身份不再是准入条件，淡化了行政性色彩，但由于没有把检察官身份作为检委会组成人员的必要条件，所以没能体现出专业属性要求。另外委员的选任、考核、激励、淘汰机制也不健全，委员没有任期限定，检委会委员一旦获得任命，除非重大变故（如违法违纪）或特殊情况（如工作调动、退休），否则就会是终身任命。加之没有建立起系统的学习培训制度，委员素质参差不齐，业务水平难以保证。

（三）检委会决策模式上的民主性、司法性不足

主要有两种情况：一是程序上对案件的亲历性不足。检委会委员对要决议案件的了解，不是通过审阅案卷，而是通过阅看承办人会前提交的案件汇报材料，开会时再听取承办人汇报。很多时候由于一次会议讨论的案件有好几个，也受限于汇报人的汇报内容，所以委员往往没能直接深入了解案件的事实和证据，缺乏对案件的亲历性。二是决策的民主性不够。主要表现在案件讨论参与人员的范围不够广，检委会开会讨论往往只是检委会委员和业务部门负责人参与，没有来自正反两方面及专家和专业人员的意见，未能体现出中立性、平等性、对等性、对抗性等司法性特征，加之时间短，难以充分交流意见、平等辩论，难免受到案件承办人的意见影响，甚至有可能作出错误决策。

（四）检委会责任体系不完善

"长期以来，检委会在实践中存在的最大问题就是权责不对应。"② 主要体现在：一是没有制定对检委会委员履职进行监督考核的制度。有的检察院规定由检委会办事机构对检委会委员履职情况进行评价，但由于检委办本身地位较低，力量薄弱，根本无法有效履行监督职责，无法对检委会委员的履职情况进行记载和评估。二是追究问责机制有所缺失。高检院在2007年公布的《检察人员执法过错责任追究条例》对检委会集体讨论造成执法过错的责任承担做了规定，但是对于具体应承担何种责任、责任划分及比例、追究责任的程序等

---

① 邹开红：《司法改革背景下检察委员会制度改革研究》，载《河南社会科学》2015年第10期。

② 夏正林、胡立东：《论司法责任制下的检察委员会制度改革》，载《法治社会》2017年第1期。

操作层面的问题，均未作出明确规定。所以，在实践中检委会虽然在名义上承担集体责任，但结果往往是无人承担责任，一旦出现检委会履职过错造成冤假错案，实际上难以进行有效的责任追究。

三、检委会专业化制度完善路径

当前，通过全面推行检察官办案责任制、检察人员分类管理、员额制改革、内设机构改革，全国检察机关面上的司法责任制改革基本完成。[①] 推进司法改革向纵深发展，需要在前期改革成果的基础上进一步完善包括检委会制度在内的改革配套制度建设。针对检委会工作中存在的问题，根据司法责任制的新要求，笔者认为检委会的专业化建设应从如下四个方面进行。

（一）根据专业化要求明确检委会的职能定位

检委会专业化要通过其职能履行表现出来，针对实践中长期存在的个案决策权限不明和宏观指导功能弱化的现象，需要在具体的制度层面上细化与完善。

一是合理划分检察长、检委会和检察官的职责权限。根据各类检察职权运行的特点，如权力是否为终局性、强制性，不同层级检察院的职权配置等情况，合理设置检察长、检委会和检察官的职责权限。明确检委会的职责权限主要是对于重大、复杂、疑难案件和可能影响其他执法司法机关判决、裁定、决定的诉讼监督案件，对于事实不复杂、案情较为简单的一般案件，可以通过授权检察官自行作出决定。

二是科学界定检委会审议案件范围。对重大、复杂、疑难案件的具体界定，应结合实际情况从案件来源、案件性质、涉案数额、案件类型、涉案人员情况、案件涉及面、社会影响等方面进行综合评判，可以采取正面列举和反面限制两方面规定相结合的界定方法。

三是加强分管领导、部门负责人、检委会办事机构对议案提请的把关作用。司法责任制下为了防止某些检察官可能为了分散或规避个人责任，而随意将案件提交检委会讨论的情况，应当做好议案上会前的审查工作。首先应强化业务部门负责人的审核作用，对是否属于议案范围提出审核意见。其次是强化检委会办事机构的审查把关作用，将检委会办事机构的程序审查流程适当提前

[①] 王治国、郑博超、谢文英、王丽丽：《深入贯彻党的十九大精神全面深化司法改革坚定不移走中国特色社会主义法治道路》，载《检察日报》2017年11月2日，第1版。

到主管副检察长审批前，审查的内容不仅是议案材料是否齐备，还应进行实体审查，对于不属于检委会议事范围的议案提出不予提交检委会审议的意见。

四是加强检委会的宏观指导和监督作用。一方面，调整检委会的职能工作重心，由讨论案件为主转变为注重研究不同类型案件规律和法律政策适用标准，发布指导案例指导办案工作，以及总结检察工作经验、研究新情况、解决新问题等。另一方面，发挥检委会监督作用，对本院执法办案内部监督工作情况定期进行汇总研究，针对存在的问题提出整改措施，定期向检委会报告，对普遍性、倾向性问题及时进行通报。开展监督的情况应当记入检察官司法档案。

（二）科学合理构建专业化的检委会组织机构

结合当前的检察人员分类管理改革，应把检委会委员的职业化纳入分类管理，实现检委会委员的职业化发展。把检委会委员纳入一定的类别系统，进行标准化、规范化、制度化运作，并建立相应的配套制度。

一是健全检委会委员的准入制度。根据检委会司法主体的性质，检委会委员首先应具有员额检察官身份资格，具备相应的任职条件，包括较高的法律水平、良好的职业道德、较强的司法能力等，以专业化标准设立检委会委员的任职资格条件。"不能让不具有检察官身份或不胜任检察官工作的人员占据委员职位，也不能将检委会委员作为超越检察官的特殊存在。"① 应修改完善《人民检察院组织法》《人民检察院检察委员会组织条例》，对检委会委员的选任标准、资格、条件作出明确规定。

二是充分发挥检委会专职委员的特殊作用。对检委会专职委员选任应设立严格的选任标准和任职条件，从政治素质、法律知识、业务能力和办案经验等方面进行考察，尤其要突出其办案经验、同行认可度和法学理论水平，以保证选拔出优秀的资深检察官担任专职委员。通过专职委员的精英化带动提升全体检委会委员的专业化水准。

三是加强检委会委员的专业培训。坚持检委会定期学习制度，组织开展专门培训，及时学习新颁布的法律法规、司法解释，掌握和了解与检察工作相关的政治、法律、经济、科技等相关知识，不断提升委员专业素养和理论水平。

四是完善检委会委员的选任和退出机制。建立检委会委员竞争选拔机制，

---

① 邹开红：《司法改革背景下检察委员会制度改革研究》，载《河南社会科学》2015年第10期。

对委员的选任设置一定的考试、考核、测评程序，消除将检委会委员作为职级待遇、身份荣誉的现象。明确检委会委员的具体任期，以及任期届满后重新进行选拔、任命的具体办法。建立检委会委员的退出机制，对检察长、副检察长、专职委员不担任现职以后的免职或续任作出规定，明确检委会委员如出现任期届满经考核为不称职、严重违法违纪，不再具有检察官身份的免职程序等。

（三）以民主性和司法性融合要求，推进检委会决策模式的专业化

检委会的决策运行机制牵涉诸多环节和要素，程序较为复杂，是一个系统庞杂的运行机制。① 民主性和司法性融合的决策模式应落实在议案审查和会议讨论决定这两个关键环节。

一是强化对议案的亲历性审查监督。在规范检委会议题的基础上，对于进入检委会决策程序案件进行"精准审查"②，可以运用电子检务科技信息化成果，建立网络阅卷系统，以电子材料形式给各位检委会委员阅卷预研，引入检委会会议视频提审和多媒体证据展示，便于委员在会前全面客观了解议案内容。开会讨论时运用多媒体示证技术直观清晰地展示案件事实证据。探索检委会委员参与旁听远程讯问，通过同步直播庭审加强检委会委员审议案件的亲历性。

二是建立检委会决策辅助组织。成立由法学专家和其他相关领域专家组成的专家咨询小组，充分发挥他们的专业辅助作用。在检察机关内部挑选业务精通、执法公正的办案骨干组成专业研究小组，对检委会讨论的案件进行分析研讨和专题调研，为检委会科学决策提供参考。以进一步保证案件质量，强化检委会的司法属性、提高检委会议事议案的质量和效率。

三是健全检委会列席制度。通过制定具有可操作性的列席制度规定，适当扩大检委会会议列席人员范围，增强决策的民主性。根据议题的情况，除了检委办人员及与案件有关的部门单位人员外，还可以邀请人民监督员、对案件提供专业咨询的专家、专业研究小组的业务骨干、上级检察院领导等人员参加，

---

① 刘昌强：《检察委员会制度研究》，中国检察出版社2013年版，第30页。

② 这是借鉴我国台湾地区检察界提出的精准司法的做法，在此基础上，以精密细致的方式对检委会议案进行审查。既克服了亲自审查全案证据的时间紧迫性，又能保证正确全面把握证据事实。参见闵丰锦：《回归司法属性：检察委员会议案职能之完善》，载《黑龙江省政法管理干部学院学报》2015年第5期。

这样既有利于加强决策的民主性，还可以加大对下级检察院的业务指导。

四是探索引进议案辩论制度。"论辩程序引入检委会决策机制是诉讼民主化和程序正义的客观要求，也是检委会制度改革的价值所向。"① 对于有重大分歧的案件，可以根据对议案的不同意见分成正方和反方，由检委会主持人来主持，先由各方推举主要发言人，就分歧问题、犯罪认定、法律适用等疑难问题展开充分论辩，各方其他委员均可以进行补充说明，也可以在论辩后改变原有观点。通过辩论可以在兼听则明的基础上正确决策，凸显检委会的司法属性。

（四）完善检委会决策责任体系

检委会决策责任体系的完善是落实司法责任制的关键和保障，需要通过具体的制度设置来体现。

一是完善案件发表和记录制度。为了避免部分检委会委员讨论案件时主动性、积极性、独立性不强，随大流应声附和，盲目听取比自己行政级别高的委员意见的现象，应要求检委会委员在讨论中不能仅作同意与否的简单表态，应当清晰表明意见，充分阐明理由。检委办必须将各委员的讨论意见客观全面地记录在案，尤其存在分歧的观点和建议更应详尽记录，确保委员履职过程有迹可循、追究责任有据可依。

二是健全检委会的监督考核机制。把检委会委员履职的情况纳入检察官业绩考核的范畴，由检委办对每位委员参与委员会的开会次数、发表意见的内容质量以及有无违反检委会制度等情形进行统计，建立委员履职档案。定期通报统计考核结果并作为检委会委员晋职晋级及是否连任的重要依据。

三是细化检委会责任认定方法和要求。细化检委会委员履职过错的认定标准、认定程序、责任形式、责任措施等相关制度。建立包括立案、调查、处理、救济等程序的问责程序，对责任认定应当坚持主客观相结合的原则，责任形式应注意区分纪律责任、民事责任和刑事责任的类型，责任措施应区分经济类、行为类、资格类等不同方面。②

四是明确检委会错案责任的承担分配。检委会是由检察长、检委会和拥有

---

① 李盼盼：《论检察委员会职能发挥的完善——检委会运作四大问题及解决路径》，载《黑龙江省政法管理干部学院学报》2013年第6期。

② 邹开红：《司法改革背景下检察委员会制度改革研究》，载《河南社会科学》2015年第10期。

承办权的检察官共同组成的办案组织，对错误决策的追究要注意区分承办检察官和检委会的责任。承办检察官对提交检委会讨论案件的事实证据、法律程序负责，如果由于承办检察官未如实汇报案情、遗漏、隐瞒相关事实、证据或情节，导致检委会作出错误决策的，检察官应承担全部责任。如果承办检察官对案件事实证据已进行全面客观汇报，但检委会作出错误决策的，由导致错误决定作出的检委会多数委员承担责任。

群众路线与法治思维关系的弥合及其提升

◎ 刘元见*

> **内容摘要**：群众路线是抽象思维、理念思维，是"软思维"，法治思维是规则思维、制度思维，是"硬思维"。在近年来检察机关司法改革的重点区域——推进案件管理机制中应如何贯彻和创新"枫桥经验"，通过软硬兼施深度挖掘案件管理职能，尤为重要且日益突出。
>
> **关键词**：枫桥经验；案件管理；法治思维；群众路线

检察机关的案件管理，是依照法律规定和程序，对案件质量和办案效率进行督促、规范、保障、控制的内部管理活动，是检察机关进一步规范执法行为，推动检察工作科学发展的重要举措，是检察改革的重要内容。运用法治思维是司法机关履行职权的基本思维方式，而群众路线的贯彻则是人民检察院中"人民"应有之义。在检察机关大力推进案件管理改革中应如何寻求法治思维和群众路线的契合点，以及在此基础上如何健全完善案件管理职能并创新其方式方法，特别是如何坚持和发展"枫桥经验"方式、手段、范围和目标，以人民群众对社会平安和维权需求为导向，是摆在案件管理工作决策者和参与者面前亟须解决的重大现实问题。

一、案件管理工作中的法治思维与群众路线关系

（一）法治思维与群众路线在基本概念上的相互包含和渗透

所谓法治思维，就是在行使案件管理职权中，按照法治需要、法治要求、法治原则以及法律规范，以保护人民权利和尊重保障人权，以实现社会公平正义与稳定和谐为出发点来分析判断处理案件管理问题的思维方式[①]，它包含的

---

* 广西壮族自治区人民检察院案件监督管理处检察官助理。
① 黄虎：《浅析运用法治思维和法治方式实践群众路线》，载共产党员网，2013年10月28日访问。

人民主权思维、公正与效率并重的思维是群众路线倡导和期盼的目标。群众路线的基本内涵是一切为了群众，一切依靠群众，从群众中来，到群众中去。核心内容是实现好、维护好、发展好最广大人民根本利益，案件管理在维护司法公正、提高办案质量和效率上创新发挥职能作用，即是走群众路线应有之义。可见，群众路线的实质是民主。民主与法治都是人类社会文明的重要标志，两者是既相互制约又相互促进的统一体，民主是法治的前提和内容，法治是民主的保障和形式。当前案件管理工作仍要紧紧抓住群众工作这条主线，不断提高新形势下群众工作能力和水平，解决好人民群众最关心最直接最现实的各类司法需求和权益，深入研究新形势下群众工作的特点和规律，创新群众工作方式方法，更好地联系群众、服务群众，是坚持和发展"枫桥经验"的出发点和落脚点。

（二）法治思维与群众路线在政治高度上的相互支撑和影响

群众路线是共产党人的生命线、传家宝，而法治思维则是共产党人的新方法、新优势。在建设社会主义法治国家新的历史条件下，法治思维赋予了群众路线以新的时代内涵。不落实人民的法定权利，群众路线就会从根本上丧失对人民的说服力、感召力和凝聚力。群众路线是法治思维的逻辑起点，法治思维是群众路线的必然归宿，法律是人民意志的体现，二者相互依存、辩证统一。检察院是人民检察院，检察工作的人民性，要求检察机关必须坚持群众路线，认真践行全心全意为人民服务的根本宗旨。① 群众路线是党的根本路线，把严格执法与热情服务结合起来，是落实检察机关人民性本质属性的必然要求，是检察机关工作政治性的活动原则。案件管理就是在新形势下人民群众司法需求而推动检察机关改革创新的一个重大为民举措。这就要把群众路线和法治方式结合起来，运用法治思维和法治方式预防化解社会矛盾，是坚持和发展"枫桥经验"的必然要求。作为国家法律监督机关，检察机关要始终坚持社会主义法治原则，带头严格依法办事，推进形成办事依法、遇事找法、解决问题用法、化解矛盾靠法的法治环境。要进一步提高自身严格公正文明规范执法水平，深入开展对冤假错案、久押不决、违法减刑假释暂予监外执行、办关系案人情案金钱案的专项治理，研究解决影响司法公正、制约司法能力的深层次问题，防止因自身执法不严、执法不当引发社会矛盾。要把法治精神贯穿于执法

---

① 曾页九：《在检察工作中认真践行马克思主义群众观》，载《江西日报》2011年12月12日第B03版。

办案和矛盾化解工作全过程,既要依法公正解决群众合理诉求,增强群众对司法的信心,又要始终把握和坚守法律底线,维护法律的权威和尊严。同时,要重视释法说理、法制宣传教育等工作,引导当事人和广大人民群众把法律作为指导和规范自身执法活动的基本行为准则,自觉通过正当法律程序解决矛盾纠纷、运用法律手段维护自身权益。案件管理部门要积极推进建立健全统一进口、分类管理的运行机制和与其他政法部门相互协调、流转顺畅的衔接机制,推动健全对检察建议、抗诉的受理、办理、反馈机制,尽快修改完善终结办法,努力实现诉访分离、案结事了的目标。

(三)法治思维与群众路线在法律上的相互兼容和补充

《宪法》第 27 条规定,一切国家机关和国家工作人员必须依靠人民的支持,经常保持同人民的密切联系,倾听人民的意见和建议,接受人民的监督,努力为人民服务。我国的国家性质决定了检察机关的性质,必须坚持群众路线、立检为公、执法为民。《人民检察院组织法》第 7 条规定,人民检察院在工作中必须坚持实事求是,贯彻执行群众路线,倾听群众意见,接受群众监督。《刑事诉讼法》第 6 条规定,人民法院、人民检察院和公安机关进行刑事诉讼,必须依靠群众。专门机关与群众相结合原则在《刑事诉讼法》第 50 条、第 82 条等规定中均有具体体现,即必须保证一切与案件有关或者了解案情的公民,有客观、充分地提供证据的条件,除特殊情况外,并且可以吸收他们协助调查。案件管理工作作为新的检察业务,在《人民检察院刑事诉讼规则(试行)》中也有专章(第十五章)规定,也一样受到群众路线的指引,并在法律法规的范围内创新开展。

二、以贯彻群众路线促进管理、监督、服务、参谋四项基本职能活动规范开展

《最高人民检察院案件管理暂行办法》明确了案件管理部门在案件管理中主要承担管理、监督、服务、参谋四项基本职能[①],发挥好组织者、协调者、监督者、参谋者的作用,始终把服务于依法公正高效办案、服务于领导科学决策、服务于人民群众作为案件管理工作的出发点和落脚点,把规范执法行为、

---

① 参照 2012 年 2 月 29 日发布实施的《最高人民检察院案件管理暂行办法》第 2 条规定:"最高人民检察院案件管理办公室是专门负责案件管理的综合性业务部门,主要承担案件管理、监督、服务、参谋职能。"

提高办案质量和效率作为工作目标。

（一）以实现规范流程管理提高司法程序的高效运转

全程规范流程管理要求将所受理的案件置于案件管理部门的监管范围，从案件进入检察机关到案件办结离开检察机关，全部办理活动都纳入统一的审查和管理，防止出现管理上的空档和盲区，是对检察机关各个部门、各类案件的接收、办理、流转全过程的管理，并针对性地建立健全案件流程管理规则和运行模式。《人民检察院刑事诉讼规则（试行）》有关统一受理的规定，有关案件管理部门对检察机关办理的案件实行全程、动态流程监控有关规定，有关案件管理部门负责接收公安机关、人民法院法律文书和负责结案审查的规定，均体现了全程管理的要求。一要发挥专业管理的作用，提高综合管理能效。切实减少传统模式下案件流转烦琐、司法内耗加大、工作扯皮增多等问题，与实体审查工作的衔接和配合得到加强，减少工作摩擦和诉讼耗费，实现诉讼的经济性。二要发挥宏观管理作用，弥补法律监督漏洞。检察机关法律监督职能涵盖了整个刑事诉讼过程，作为某一案件办理的进程是一个整体，但各环节的监督工作却是各管一块，易发生法律监督工作上的脱节和漏洞，案件管理机构恰好可以有效弥补上述缺陷。三要发挥纵向管理作用，推进检察一体化。通过统一信息化案件管理系统，加大上级院对下级院的领导和案管业务指导，体现"上下统一"；增进院际之间在案管工作上的交流，取长补短，体现"交流协作"；加强本院内部各部门之间在案管资源上的有效整合，坚实案件管理机制的基础性工作，体现"内部整合"；在案件管理工作中注重发现某一时期、某一地区具有普遍性和倾向性的问题，认真分析，督促整改，促进整体执法水平的提升，体现"总体统筹"。

（二）以完善监督手段为抓手提高案件质量

一要确立科学轮案机制。由案件管理部门按照随机循环的统一分案、调整规则和程序直接将案件交承办人，以有效从源头上避免人为因素干扰派案，进而影响案件处理问题的发生，也避免了检察官间忙闲不均、"能者多劳"等传统弊病，有利于提高案件的分流效率。对于个别特殊案件，如有重大影响、按照规定需要回避的，办案部门可以作出内部调整，但必须将调整情况报案件管理部门。① 二要健全预警功能。根据最高人民检察院关于"把化解矛盾贯穿于

---

① 罗昌平、顾文虎：《检察机关案件管理的构成与创新》，载《法学》2010年第5期。

执法办案的始终，把排查、预防和化解矛盾纳入执法办案每个环节"的要求，在案件管理系统中要建立风险评估预警管理模块，以案卡形式为承办人提供操作界面，承办人要对办案中可能出现的风险情况进行评估，对办案过程中遇到的阶段性、倾向性、特殊性问题进行预警提示，对各个办案环节、各承办人的办案情况进行同步跟踪监督，对临近办案期限的提醒承办人及时结案，做到矛盾风险早发现、早防范、早化解，为执法办案活动构筑起风险防控的"防火墙"。三要重视评查督察手段。案件管理部门要能够超然、独立、依法对案件从实体和程序上审查评判，把好案件质量关口，属于一种"平面监督"，弥补分管副检察长、部门负责人、承办人之间"线性监督"和纪检监察、案件质量评查小组"个案监督"的不足，使检察机关内部监督呈现"点、线、面"完美组合，使案件质量管理由静态变为动态，由松散变为集中，由事后监督变为事前、事中监督，从而提高案件质量标准。①

（三）以规范便民服务为追求促进案件管理亲和力

1. 案件受理大厅作为门面要"敞亮"。要树立及时就地解决问题的"枫桥经验"导向，积极探索建立"一站式"等综合性受理接待中心。案件受理大厅的设立具有促进检察权公开、顺应司法透明化趋势的现实意义。要充分利用案件管理大厅提供高效、便捷的诉讼便民服务，为辩护人、诉讼代理人行使查阅、摘抄和复制案卷材料等刑事诉讼权利提供便利，为公安、法院等机关送收案件提供便利。有条件的地方可探索推动信息化建设不断发展迈向更新的领域，如建立政法信息平台（公、检、法、司案件信息共享的网络平台）。在促进为民执法、便民司法深入开展上多出台新举措，如手机查询功能的深度挖掘、网上听证、案件管理、预防查询、控申举报与民行刑事查询整合为一的"大窗口"的设立等，以便更有效地保障人民群众对执法活动的参与权、知情权、表达权和监督权，以公开促公正、赢公信，切实提高检察工作的群众满意度。

2. 律师接待要规范而热情。一要建立相关工作制度明确案件管理部门律师接待的职责范围。细化和规范审查、办理程序，理顺和各业务部门的工作边界和职责范围，使新刑事诉讼法相关规定具有操作性。二要完善配套服务设施。对外公布联系电话，保证在工作时间内有专人负责接听，开通网上预约功

---

① 陈聪等：《检察机关执法活动内部监督制约制度研究》，载张智辉主编：《中国检察》（第8卷），北京大学出版社2005年版，第129页。

能,为律师办理各项手续提供便利。三要建立律师接待工作台账,真实记录该项工作,指定专人负责阅卷预约、联系、接待、登记等工作,保证案卷材料安全。四要树立以人为本的群众路线工作理念。在接到律师来电、来访阅卷预约后,及时与案件承办人联系并确定阅卷时间,对外地律师临时提出阅卷的,尽可能当场安排阅卷接待,从而提高阅卷接待效率。五要注重服务效果。主动向律师和律师事务所分别发放《律师接待反馈表》和《征求意见表》,从而加以改进。

（四）充分发挥参谋作用提升案件管理职能价值

案件管理部门将办案部门情况进行统筹汇总,形成功能强大、种类齐全的办案信息资源库,根据系统自动生成的各类专项指标、特殊指标、效率指标加以量化综合,为案件研判、案件评查、检委会监督等工作提供准确全面的信息支持。通过数据统计、比较分析,研判检察业务工作取得的成绩和查找存在的问题,提出进一步推进业务工作的对策建议,进行科学、合理的预测判断①,为决定检察工作重大事项提供前瞻性建议、意见,为上级检察院和党委、人大宏观决策提供有力参考。

三、以规范内部监督拓展案件管理监督的深度和广度

对检察权的监督制约主要来自内部和外部两个方面,内部监督指检察机关自我监督制约,外部则靠党委的领导、人大的监督以及公安机关、人民法院和社会监督(包括舆论、当事人、律师的监督)。内部监督与外部监督都有各自的优势,但由于检察职能体系本身较为复杂,外部监督制约往往无法深入、细致地介入检察机关办理的具体案件,存在相当的局限性。即使如公安、法院及律师本身是刑事诉讼的参与者,虽然对检察机关的执法行为有着天然的制约作用,但由于自身的角色定位,无法深入检察权行使的全过程,尤其是无法对检察机关内部执法决策过程进行监督,因此实践中内部监督制约往往比外部监督制约显示出较大的优势。各级检察机关要牢固树立监督者必须接受监督的观念,要把内部监督放在与执法监督同等重要的位置来抓,用比监督别人更严格的要求来监督自己,等等。抓住领导权、决策权、执法权这三个重点,形成对执法办案活动"横向到边,纵向到底"的监督体制,在全体干警参与的广泛

---

① 史海东:《检察机关案件管理理论创新和机制构建》,载《中国刑事法杂志》2011年第2期。

性和全面性上下功夫，把内部监督工作纳入领导班子和领导干部党风廉政建设责任制和检察机关惩治和预防腐败体系建设之中，与各项业务工作同部署、同检查、同考核，使内部监督工作的机制更加健全。

这里的监督要注意"规范"而非"加强"。"规范"的意义在于一方面要对法律监督权进行必要的"瘦身"，将那些不符合司法规律的权能予以合理剔除；另一方面也要不断强化其应有的权能。事实上，只有规范检察机关的法律监督权，防止法律监督权的滥用或泛化，才可能有效防止法律监督权的虚化。同时，在实体和程序上进行监督审查，及时发现和纠正违反办案程序和办案制度的行为，确保案件得到正确处理，才有可能在根本上稳固检察机关是"国家的法律监督机关"这一宪法定位。

四、以扩大和增进群众参与度促进案件质量管理规范性

案件质量是检察工作的核心，是司法公正的生命线，是规范自身执法行为的需要，是满足人民群众期待的需要。广义上的案件质量管理机制一般包括办案流程管理机制、案件质量考评机制、办案质量预警机制、案件考核奖惩机制等四个子系统，这里着重阐述案件质量考评（其他内容都是围绕这项机制而展开）。办案质量评查机制是对检察机关开展的执法活动效果和办案过程中对案件事实、证据的认定、案件的定性处理、诉讼监督等活动的合法性、规范性、正确性、实效性进行组织管理和考核评价机制的总称，对其合法性要特别关注，包括主体合法和程序合法。有针对性地确定案件质量评查内容，不能占用诉讼时间，更不能造成超期办案，切实做到办案质量评查标准化、程序化、高效化，克服评查指标缺乏科学性（缺乏全面性、协调性、长效性）、考评方式简单（有考无评、重期末轻期间、考评程序单一）、考评侧重偏差（重内部考核、轻外部考核，重法律标准考核、轻执法效果考核，重硬指标考核重实体法考核、轻程序法考核）、考评内容违反司法规律、考评工作缺乏有效监督、考评结果应用不足等弊病。

当前，要把评查重点放在影响司法公信力的重大程序和实体问题上来，特别是要把办案效果作为重要评查标准，努力破解就案办案、机械司法等问题，促进检察工作更好地落实党和国家司法政策，促进办案人员更加注重做好矛盾化解和社会关系修复。同时，要建立健全群众评判检察工作机制，提升检察机关群众满意度和社会公信力。完全关起门来自评的做法并不符合考评理论的要

求，毕竟检察工作做得好不好直接关系到民众的切身利益和公信力的高低。[①]这就要加强与上级机关、公安、法院、人大、政协、案发单位、当事人、群众的沟通联系，直接拉近检察机关与公众的距离，真正体现"人民检察院"的"人民"特色。通过民意调查、公众满意度、群众测评等方式反映的工作效果和情况的指标，将作为修订下一阶段目标计划和改进工作的重要依据之一。

五、以规范创新姿态深入开展案件信息公开工作

案件信息公开是检察机关接受社会监督、服务人民群众的重要途径，也是案管部门统筹、推动业务部门开展工作的重要领域。案件信息公开工作虽然已经全面开展并取得良好的社会效果，但还要继续巩固深化。一是在广度上下功夫，解决该公开不公开的问题。对于应当公开的起诉书、不起诉决定书等法律文书，应当全面公开，只有这样才能充分发挥社会监督作用，倒逼规范司法行为。对该公开不公开的，要及时监督纠正，必要时可开展集中的专项监督检查。二是在时效上下功夫。对于案件程序性信息，要及时导入外网，通过登录查询和微信推送等方式，及时告知相关人员。对应当公开的文书要及时公开，进一步完善相关规定和软件设计，提高公开的及时性。三是在规范上下功夫。一些地方为了凑数而将一些醉驾、普通盗窃等轻微犯罪也作为重要案件信息发布，社会效果不好，也不利于当事人权益保护，对此应予纠正。另外，法律文书公开的不规范问题也不少，要加强审核把关和培训指导。四是继续推进案件信息公开创新工作。有序扩大公开范围，优化公开的方式方法。要继续深化律师预约、律师接待、律师阅卷等工作，加强与相关部门沟通，切实保障律师执业权利。

六、以平等协作理念在案件管理职责规范上准确处理几种关系

（一）案件管理工作中管理与服务的关系

正确处理好案件管理工作中的管理与服务的关系，两者应该是相辅相成、有机统一的。一方面，服务是案管部门的重要职能，案件管理就是为实现理性、平和、文明、规范执法办案服务的，就是为领导决策参谋服务的，就是为人民群众服务的。服务是履行监督管理职能的切入点和载体，离开服务，案件

---

① 刘元见：《开拓创新检察绩效考评机制以提升检察公信力之理论与实践探究》，载《法律与社会》2011年第3期。

管理监督就成了空中楼阁。另一方面，服务与管理职能往往是不能完全分开的。一项工作常常同时体现多项职能特征。比如，统一受理、预警提示，既是管理，也是服务，而且受理或者预警的有关数据还能为领导决策提供参谋。实践中，有些地方的案件管理部门被大量的事务性工作所困扰，腾不出应有的时间去开展流程管理、案件质量管理等工作，导致管理监督职能乏力，背离了设置案件管理部门的初衷和本意，这种情形必须避免。

（二）案件管理与其他业务部门的关系

要树立既规范分工各负其责，又平等协调和互相配合的群众观念。一要准确把握案件管理的度，做到不失职、不越位，也就是如何正确处理案件管理与案件办理的关系问题。案件办理是检察权的行使，有专门的行使主体和运行程序，不能随意干涉和介入。案件管理是检察机关内部为保障检察权的规范、高效运行而采取的内部监督控制机制，是管理权的行使。案件管理是为保障案件办理工作能够规范、顺畅运行服务的，不能以管理为名影响甚至干扰正常的案件办理工作。但案管部门的工作并非"案件管理工作"的全部，各业务部门仍然应根据业务便利承担一部分事务性工作。案件管理部门与其他业务部门之间既非取代或叠加关系，也非领导和被领导关系。要围绕案件管理部门的职能定位、案件管理改革的工作目标和案件集中管理的运行机制，制定切实可行的实施办法，细化案件集中管理范围、具体程序，明确案件管理部门和有关业务部门工作的业务衔接方式、案件运转流程，明确相互之间的权利义务关系，从而有效理顺案件管理部门和其他业务部门的关系，真正使案件集中管理的价值体现在每一起案件、每一件业务的办理中。

（三）案件管理与纪检监察部门的监督关系

纪检监察部门（包括检务督察）的监督重点是执法人员的纪律作风、检察工作纪律的遵守情况和检察干警违法违纪的调查处理，对检察权内部运行的质量关注较少，且一般为事后监督。[①] 而案件管理部门既能通过流程对检察人员在办案中是否严格执行法定程序和检察机关的有关规定进行同步监测、实时监控，又能通过绩效考核进行事后案件评查，属于事中、事后监督。但案件管理部门对违法违纪行为的这种事中、事后监督的效力如同监控探头，只具有发现和示警功能，无权进行实质性的调查处理，应当移交纪检监察部门。二者在

---

① 向泽选：《案件管理：强化内部监督的又一抓手》，载《检察日报》2012年1月11日，第3版。

监督内容、阶段和权力性质方面都有所不同，这就既要厘清各自监督职责和侧重又相互支持配合，建立健全与相关业务部门之间的定期通报、沟通协调机制，共同提升内部监督管理的整体效能和水平，共同维护执法办案的公正性和检察队伍的纯洁性。

七、以规范履职行为和培养群众观念为保障提高案管人员素能

当前，要把思想政治建设摆在首位，全面学习党的十九大精神，深入开展"不忘初心、牢记使命"主题教育，筑牢"四个意识"，强化"四个自信"，加强党性修养，提高政治站位，坚守忠诚本色，自觉用习近平新时代中国特色社会主义思想武装头脑、指导实践、推动工作。要强化纪律作风建设，严格执行中央八项规定和实施细则，严格执行各项纪律规定，力戒形式主义、官僚主义，坚决防止表态多调门高、行动少落实差现象，坚决遏制和杜绝案管人员违法违纪问题发生。积极争取支持，多途径、多渠道发现、选拔高素质业务骨干充实案管队伍，特别是要根据以案定额和以岗定额相结合的原则，结合实际配备相应的员额检察官；积极探索购买社会化服务方式，努力将案管正式干警从事务性工作中解放出来，最大限度地缓解事多人少的突出矛盾。同时，要避免以临时聘用人员代替正式干警履行监管职责的不规范做法。要针对员额制改革后部分同志思想动摇等状况，开展谈心谈话活动，凝聚改革正能量，确保思想不乱、工作不断、队伍不散。要以能力建设为主线，大力推进学习型、创新型案管队伍建设，通过集中培训、网络教学、岗位练兵、以考代训、业务竞赛等多种形式，大力提升案管人员综合思维能力、业务监管能力、业务分析写作能力，增强改革创新能力和狠抓落实能力，加快培养一批专家型和专门型案管人才，全力打造一支有理想有情怀、敢于拼搏、善做善成的案管队伍，为案管工作长远发展打下坚实的人才基础。

同时，以执法规范化建设为重点，引导案管人员和其他执法人员学规范、用规范、抓养成，以法治文化引领执法规范化建设。突出重点岗位和关键环节，通过细化执法标准、严密执法程序、加强执法监督、完善执法考评，把各种规范要求融入执法办案流程、岗位职责和办案质量标准之中，并通过健全和落实检察人员执法档案、案件评查、执法过错问责、执法规范执行情况监督检查等制度，促进规范养成。要不断加强基层基础工作，着力把矛盾化解在基层。加强下访巡访、联合接访等工作，加强与信访、综治和其他政法部门的通力协作，形成信访联治、矛盾联调、工作联动的机制，及时为群众解决实际问题，防止矛盾升级、信访上行，更加充分发挥基层检察室在联系群众、化解矛盾等方面的职能作用。要大力加强群众工作的实践锻炼，提高掌握群众心理、使用群众语言、疏导群众情绪、处理群众诉求等能力，努力建设一支乐于在基层、善于预防化解社会矛盾的高素质检察队伍。要大兴调查研究之风，调查研究的力度在较大程度上影响案管工作发展的速度和深度，多层面、多角度为案件管理工作积累经验，积极谋划和探索推进案件管理工作的新思路、新方法、新途径，要更加注重收集、研究、解决案件管理工作中的新情况、新问题。通过调查研究，培养深入实际，依靠群众，使工作更接近客观实际的工作作风，从而实现司法为民，在新时代法治建设征程中贯彻发扬"枫桥经验"，把我们党全心全益为人民服务的根本宗旨落到实处。

[调查分析]

2014—2016年广西检察机关强制医疗执行检察情况分析

◎梁志勇*

> **内容摘要**：通过对广西全区检察机关2014—2016年强制医疗执行检察情况进行调研，发现强制医疗执行检察工作呈现的特点，分析存在的问题和原因，并提出进一步促进强制医疗执行监督工作的意见和建议，即应设立全区统一的强制医疗执行场所；尽快制定相关配套文件和细则；建立健全工作信息通报、共享机制；建立健全经费保障、投入机制；采取积极措施应对医学专业知识不足的问题；加大检察监督工作力度；积极构建精神病患者社会管理的立体防控体系。
>
> **关键词**：强制医疗；检察监督；诊断评估

为全面、准确掌握全区检察机关开展强制医疗执行检察工作情况，促进刑事执行检察工作的深入开展，广西壮族自治区人民检察院监所检察处对全区检察机关2014—2016年强制医疗执行检察情况开展了一次全面的调研。

一、强制医疗执行检察工作的基本情况

（一）年度分布情况

2014—2016年，全区法院共对108名被申请人作出强制医疗决定。其中，2014年37人，占总人数的34.26%；2015年36人，占总人数的33.33%；2016年35人，占总人数的32.41%。

（二）被强制医疗人性别、年龄占比情况

从性别角度看，男性人员为96人，占总人数的88.89%；女性人员为12人，占总人数的11.11%。从年龄段看，年龄30岁以下的26人，占总人数的24.07%，其中年龄最小的仅19岁；31～40岁的共47人，占总人数的

---

* 广西壮族自治区人民检察院监所检察处副处长。

43.52%；41~50岁的共25人，占总人数的23.15%；51~60岁的共6人，占总人数的5.56%；61岁以上的共4人，占总人数的3.70%，其中，年龄最大的81岁，已在强制医疗执行期间死亡。

（三）涉案行为的基本情况

实施故意杀人行为的共53人，占总人数的49.07%；实施故意伤害行为的共47人，占总人数的43.52%；实施其他行为的共8人（包括放火5人、失火1人、妨害公务1人、故意毁坏财物1人），占总人数的7.41%。

（四）人员地区分布情况

2014—2016年，被决定强制医疗超过10人以上的地区共有4个，分别是百色、桂林、玉林、贵港，这4个市被决定强制医疗人数共55人，占总人数的50.92%，其中百色市位居全区最高，为17人；5人以上10人以下的地区共有6个，分别是北海、河池、崇左、南宁、梧州、钦州，这6个市被决定强制医疗人数共44人，占总人数的40.74%；不足5人的地区共有5个，分别是柳州、贺州、来宾、防城港、宁铁，这5个市被决定强制医疗人数共9人，占总人数的8.33%，其中防城港、宁铁为0人。

二、强制医疗执行检察工作呈现的基本特点

经调研显示，强制医疗执行检察工作呈现出以下基本特征：一是实施行为暴力倾向明显，具有明显的人身攻击性。在被强制医疗的108名人员中，因实施故意杀人和故意伤害行为的共有100人，占总人数的92.59%。二是被强制医疗人为青中年、男性占绝大多数。从年龄分析，50岁以下的共有98人，占总人数的90.74%；从性别分析，男性占比达到88.89%。三是人员具有一定的地区分布性。被强制医疗人主要分布在百色、桂林、玉林、贵港4市，其中百色市位居全区最高，为17人；这4个市的被强制医疗总人数超过全区总人数的一半。四是年度被决定强制医疗人数基本平稳。三年来，每年被法院决定强制医疗人数基本持平，分别是37人、36人、35人，年均为36人。

三、强制医疗执行检察工作存在的问题

（一）未按法定程序决定强制医疗

在调研中发现，个别地区公安机关违反刑事诉讼法规定程序决定强制医疗。如某市公安局2015年4月在办理莫某某涉嫌故意杀人案过程中，在经南宁市第五人民医院司法鉴定所出具司法鉴定意见书证明莫某某无刑事责任能力

后，桂平市公安局没有依照刑诉法规定程序提出强制医疗意见、移送检察机关提出申请和人民法院作出决定，于同年5月擅自决定将莫某某送至精神病医院执行强制医疗；某地公安机关在办案过程中，也曾将3名无刑事责任能力的涉案精神病人擅自决定送社会福利医院执行强制医疗。

（二）采取临时保护性约束措施不规范

根据刑诉法规定，公安机关可以对实施暴力行为的精神病人采取临时保护性约束措施，但在实际中存在不规范问题，主要表现在：一是临时保护性约束措施执行场所不统一。如河池市在调研中发现，有的是在精神病医院执行，有的是在公安看守所执行。二是采取临时保护性约束措施时间长短不一。刑诉法没有对采取临时保护性约束措施时间进行明确、统一的规定，从河池市2014—2016年三年间所办理的8人来看，采取临时保护性约束措施时间最短的为19天，最长的将近6个月。三是采取临时保护性约束措施后没有及时通知人民检察院。《人民检察院刑事诉讼规则（试行）》中明确规定，人民检察院对临时保护性约束措施执行进行法律监督。据统计，在全区108名被强制医疗人员中，公安机关曾对95人采取过临时保护性约束措施，但通知检察机关的仅有23人，占95人当中的24.21%。如崇左市2014—2016年三年期间共对8人作出强制医疗决定，公安机关均采取了临时保护性约束措施，但均没有通知检察机关，致使检察机关无法及时进行法律监督。

（三）交付执行不规范或违法

1. 被强制医疗人交付方面。主要表现为：一是不依法交付执行。如南宁市某县法院2016年5月对因实施故意杀人行为的雷某某作出强制医疗决定，并依法向公安机关送达了相关法律文书，公安机关因执行费用问题不交付执行，直至检察机关提出纠正违法意见后，公安机关才于2017年3月将被强制医疗人交付执行。二是交付执行时间长短不一。相关法律没有对公安机关交付执行的期限作出明确规定。从调研反映的情况来看，各地交付执行的期限长短不一，其中在收到交付执行通知书当天就交付执行的占大部分，也有部分案件在数天乃至数月后才交付执行，如某市王某某因实施故意伤害致死被决定强制医疗案，法院于2014年6月18日向公安机关送达决定书和执行通知书，公安机关于2015年5月11日才将被强制医疗人交付执行，交付执行期限长达将近11个月。三是变造名义交付执行。法律规定，公安机关是强制医疗交付执行的主体。但在实际交付执行工作中，多数医疗机构顾虑承担监管的法定职责，常以不是政府指定的法定强制医疗执行机构为由，拒绝接收和诊治公安机关按法定程序交付执行的被强制医疗人,而要求以被强制医疗人家属送医的名义收治,公安机关为顺利交付,也常以家属送医的名义交付执行。如某市3名被强制医疗人员,均是采用家属送医的名义,医疗机构才愿意接收和治疗,以规避作为法定强制医疗执行机构应承担的法定监管和诊治职责。

2. 法律文书送达方面。主要表现为:一是不依法送达执行法律文书。如被申请人胡某某因实施绑架行为,先后被公安机关送广西区人民医院一分院、南宁市第五人民医院住院治疗,2013年10月上林县法院对其作出决定强制医疗后,并未将强制医疗决定书、执行通知书送达公安机关,致使医院无法掌握其属于被强制医疗人这一身份。二是法院送达交付执行法律文书不及时。按照相关法律规定,人民法院应当在作出强制医疗决定后5日内向公安机关送达决定书和交付执行通知书。调研中发现,个别地区法院存在不及时送达强制医疗决定书和交付执行通知书的情况,超过规定时间从数天到数月不等。如唐某某因实施故意伤害行为被强制医疗案,法院于2016年10月12日作出强制医疗决定,2017年1月16日才向公安机关送达决定书和执行通知书,整整超过法定时间3个月。

(四)没有设立统一、明确的强制医疗所

目前广西壮族自治区和各市、县均没有设置统一、明确的强制医疗所,各级政府也未明确指定医疗机构作为替代执行场所。目前强制医疗执行场所均由各地办案单位根据情况自行选定,主要有以下几类代执行场所:一是公立医疗机构,包括各市、县人民医院、精神病院。如南宁市第五医院、横县精神病院、百色市第二人民医院、靖西精神病院等,此类情况占大部分。二是民政部门开办和管理的社会福利机构、养老院。如桂林市社会福利医院、柳州市社会福利医院等。三是私人设立和管理的精神医疗机构。如贵港桂平市上珠精神病医院、玉林市亚山精神病院、钟山县陶氏爱心医院等。由于代为执行场所五花八门、各式多样,给强制医疗执行和检察监督带来深层次问题,主要体现在两个方面:一方面是难以落实强制执行的各项监管要求。强制医疗执行具有准刑罚执行的司法属性。代为执行机构在开展工作中,往往侧重对被强制医疗人的诊治,依法监管、强制执行意识不强,实践中普遍将被强制医疗人与普通精神病人安排同房同住,处遇和管理措施相同,难以体现执行的强制性。另一方面是影响检察机关监督职能的履行。由于执行场所的随意性、非法定性,造成监督对象的不确定、不稳定,给检察机关刑事执行检察部门开展日常监督工作带来很大困难,特别是对强制医疗决定异地交付执行的,监督工作更是难以开展；此外，部分执行机构否认属于法定强制医疗执行机构，常以保护病情隐私为由，拒绝接受检察机关的法律监督。

（五）诊疗、监管活动违法或不规范

一是医疗机构违法释放被强制医疗人员。实践中，医疗机构侧重诊断治疗，对强制医疗执行的法律规定知之甚少，导致监管违法问题产生。如南宁市检察机关在开展监督工作中发现，被强制医疗人周某某在横县精神病医院执行强制医疗期间，医院认为其病情痊愈达到了出院标准，在征得家属同意接收后，未按法定程序提出解除强制医疗申请，医院于 2016 年 3 月就擅自为其办理了出院手续，将其予以释放。二是监管安全隐患问题突出。如桂林市社会福利医院因床位紧张、医护人员少等原因，安排 14 名被强制执行人员与 200 余名普通精神病人在同一病区同治疗、同管理，存在严重监管安全隐患。三是强制医疗执行存在着"一执到底"的做法。法院在强制医疗决定书中并没有明确强制医疗执行期限，对强制医疗决定应该执行多长时间，各地做法并不一致。实践中，"一执到底"的做法较为普遍。2014—2016 年全区被决定强制医疗的 108 名人员中，除 2 名在执行过程中因病死亡和 7 名经法院依法作出解除强制医疗决定外，截至目前，其余的被强制医疗执行人仍在各类医疗机构执行强制医疗。

（六）开展定期诊断评估工作不规范、不全面

诊断评估结果是提出解除强制医疗申请和法院作出解除决定的重要依据，因此开展定期诊断评估工作十分重要。从调研掌握的情况来看，目前存在以下几个方面的问题：一是开展诊断评估工作比率较低。2014—2016 年，全区共对 108 名人员执行强制医疗，但仅对其中的 25 名人员开展过诊断评估工作，诊断评估率仅为 23.15%，尚有 3/4 的被强制医疗人员未获得诊断评估，开展诊断评估工作比率较低。二是工作开展不平衡。梧州市医疗机构开展诊断评估比率较高，诊断评估率为 100%，其次为桂林、南宁市，诊断评估率分别为 83.33%、71.43%，其他地区的医疗机构几乎没有开展相应的诊断评估工作。三是诊断评估工作没有做到及时、定期开展。南宁市对近三年来交付执行的 7 名被强制医疗人员，均是在交付执行满 1 年后才开展首次诊断评估。据统计，2014—2016 年三年内，对曾开展诊断评估的全区 25 名被强制医疗执行人中，绝大多数只获得过 1 次诊断评估，获得过 2 次以上诊断评估的人员只占少数，法律关于定期诊断评估的规定难以落实、执行。四是没有成立专业、法定的诊断评估机构。特别是私立的医疗机构和县级公立医疗机构，因专业技术力量相

对薄弱、管理工作不尽规范和经费投入不足,基本都没有成立专门的机构开展诊断评估工作。五是诊断评估结果准确性、权威性不高。如来宾市医疗机构的定期诊断评估仅由医院组织相关人员进行,工作流程、程序不甚规范,由此得出的诊断评估结果往往主观色彩较强,权威性、可信度较低。

(七)申请解除程序启动难

相关法律规定,对已不具备人身危险性,不需要继续强制医疗的,应当及时提出解除意见。但在实践工作中,提出解除强制医疗申请普遍存在"决定容易,解除难"的问题,主要归咎于以下三个方面的原因:一是医疗机构不愿意提出解除申请。强制医疗机构顾虑承担责任或者因为诊治费用纠纷等原因,往往不愿意、不积极、不主动提出解除申请。如桂林灌阳县被强制医疗人潘某某经医院诊断评估,认为符合解除强制医疗条件,但医院顾虑承担后续管理等相关责任而不愿意向法院提出解除申请,推诿解除强制医疗申请应由患者家属或当地司法机关提出,致使该被强制医疗人目前仍未获解除强制医疗;又如,南宁市目前正在执行的6名被强制医疗人,医院已垫付医疗费20余万元,公安、法院因在医疗费用上互相推诿,导致医院在追讨垫付医疗费用无果的情况下,对评估和申请解除存在不积极、不配合态度。二是被强制医疗人不能提出解除申请。被强制医疗人因精神疾病,其意思难以正确表达或人身自由受限等原因,常常很少或是不会提出解除申请。三是被强制医疗人近亲属不愿意提出申请解除。由于精神疾病的易发性、反复性,被强制医疗人出院后,存在再次实施暴力行为的安全隐患,需要家属做好监护和管理工作。由于对精神病人普遍存在较强的恐惧心理,顾虑作为监护人承担出院后续管理工作会背上较重的负担、包袱,因此近亲属不愿意提出解除申请。桂林市近三年被执行强制医疗14名人员,除1名是家属主动提出解除申请外,其余13名人员的家属均未提出解除申请。南宁市被强制医疗人刘某某因实施故意杀人被执行强制医疗,虽经诊断评估符合解除强制医疗条件,但考虑到其解除强制医疗后,无监护人督促按时服药,会导致病情反复而可能再次实施暴力行为,目前尚未作出解除决定。

(八)检察监督工作存在薄弱环节

一是巡回检察的时间间隔不规范。现全区对强制医疗执行监督均是采取巡回检察的方式开展。在监督工作中,存在着巡回检察间隔时间不统一、不规范等问题。其中,每个月巡回检察一次的占大多数,时间短的为半个月一次,时间更长的三四个月一次。如北海市个别基层检察院,巡回检察间隔时间长达半年或 1 年，有的甚至对强制医疗执行从没有开展过检察监督。二是监督力量薄弱。2012 年刑诉法修改后，刑事执行检察新增包括强制医疗执行检察在内等八项职能，但人员配备却没有相应增配。目前，强制医疗执行检察没有配备专门的人员，监督力量基本是从传统的监所检察业务力量中抽挤出来，日常强制医疗执行检察工作只能是兼顾性地开展，检察工作难以深入、规范开展。这种情况在没有设置刑事执行检察部门的市辖区检察院尤为突出。三是存在监督盲区、死角。强制医疗执行中的一些重要环节和内容，如对临时保护性约束措施执行、公安机关交付强制医疗执行、强制医疗机构开展定期诊断评估和提出解除强制医疗申请等环节和内容的检察监督，因多方面原因，检察机关存在着监督职能发挥不全面、监督力度不够或没有履行职责等问题。如南宁市闭某某因实施故意伤害行为被决定强制医疗，2015 年 7 月交付南宁市第五人民医院执行强制医疗，但直至 2016 年 8 月法院对其解除强制医疗进行宣传报道时，兴宁区检察院才了解到辖区内有此案件。

四、存在问题原因分析

（一）相关配套文件、细则不全面或操作性不强

作为新增职能，强制医疗执行检察工作已开展 3 年多，但相关配套法规、文件、细则较少，导致工作进展缓慢、成效不明确。例如：在交付执行方面，仅明确交付执行主体是公安机关，而没有明确公安机关交付执行的期限；在监管、治疗方面，对于强制医疗机构如何进行安全监管、会见探视和诊疗等工作，没有予以明确；在开展定期诊断评估方面，刑诉法仅规定"强制医疗机构应当定期对被强制医疗的人进行诊断评估"，至于什么时间开展首次评估及开展评估的次数、间隔时间都没有具体的规定，此外有关诊疗疗程、疗效和诊断评估的机构、标准、量化指标等，也都缺少具体、明确的规定；在提出解除强制医疗申请方面，法律没有对申请解除强制医疗的条件和程序作出明确的规定，此外对强制医疗机构、被强制医疗的人或者近亲属相互推诿不愿意提出解除申请的应该如何处理，也没有予以明确；在检察监督方面，虽然高检院 2016 年 5 月制定印发了《人民检察院强制医疗执行检察办法（试行）》，但某些程序和内容规定仍过于原则、操作性不强，相关规定还有待进一步具体。

（二）经费承担的主体不明确

桂林市 2014—2016 年被强制医疗的 14 名人员住院费用，除部分按新农合的规定核报外，其余费用尚拖欠且数额巨大；南宁市目前正在执行的 6 名被强

制医疗人员，医院已垫付医疗费20余万元。究其原因，与经费承担主体不明确有着直接的关系，如以强制医疗执行过程中的监管和治疗环节为例，存在着各方均不愿意承担经费的情况：一是家属不愿承担。家属认为，强制医疗属于公权力，法院的强制医疗决定带有准司法裁判、准刑罚的属性，家属难以接受当事人在被法院决定强制医疗执行、限制人身自由的同时还需个人垫付费用，因此不愿意主动缴纳住院费、伙食费和日常生活开支等费用。二是政府民政、财政部门划拨经费于法无据。如果被强制医疗人员属于"三无人员"或者其监护人无支付能力的，可以依照有关规定申请民政救济拨款；但如果不属于上述情况的，因无相关的法规依据，民政、财政部门无法拨付相应的监管、治疗等经费。三是医疗机构自行垫付经费能力有限。随着被强制医疗人员日益增多，医院承担的医疗费用等相关开支也逐年增加，长期由医疗机构垫付监管、治疗等费用难以长久维持。

（三）工作信息获取不全面、不及时

一是各职能单位之间没有建立健全有效的工作信息通报、共享机制。公安、检察、法院和强制医疗机构之间没有建立相应的工作机制，导致工作信息获取不及时或难以获取，影响工作及时、有效开展，甚至导致违法问题的产生。如百色市那坡县法院2013年12月对因实施故意杀人的苏某某决定强制医疗，因苏某某在公安机关提出强制医疗意见前已送往南宁市第五人民医院接受治疗，鉴于此种情况，法院并未向公安机关送达强制医疗执行通知书，致使医院没有准确掌握苏某某属于被强制医疗人这一情况，仅按普通病人予以管理，其病情好转后，在未经法院解除强制医疗决定的情况下，医院直接通知公安机关将苏某某接领出院，检察机关亦无法掌握相关情况，致使法律监督缺位。二是检察机关内部刑事执行检察、案管和公诉等部门没有建立信息互通机制。在实践中，法院作出强制医疗决定后，部分检察机关刑事执行检察部门除收到法院的《强制医疗决定书》外，很少能收到检察机关内部其他部门转送的有关文书和工作信息，影响了刑事执行检察部门信息获取、档案建立，导致监督空白、缺位。

（四）相关执法人员缺乏医学专业知识

强制医疗执行检察，既涉及法律知识，也涉及医学知识。实践中，检察人员对相关法律规定相对熟悉，而医学知识则相对缺乏，司法精神病学专门知识更是知之甚少。在开展检察监督工作中，仅靠通过与医生谈话、观看病人日常表现等简单的、非专业方法、手段了解基本情况，而对医疗机构的诊疗方法、步骤和数据分析过程、结论是否科学严谨等无法进行深入的、专业的评价和监督，因而导致实际监督工作往往浮于表面、针对性不强、成效不明显。

五、进一步促进强制医疗执行监督工作的意见和建议

（一）设立全区统一的强制医疗执行场所

根据公安部有关规定，承担强制医疗执行职责的机构是公安机关强制医疗所（安康医院）。公安部要求，截至2012年年底，没有设置安康医院的省份，必须至少设立一所安康医院；2013年公安部《关于加强和改进安康医院有关工作的通知》，要求加快推进安康医院改制工作、规范和统一机构名称，统一将安康医院改为强制医疗所，截至2016年年底，全国现有专门的强制医疗所（安康医院）共26个，目前全区尚无统一、专门的强制医疗执行场所。根据现实工作的需要和贯彻落实公安部的要求，借鉴外省的做法，建议在南宁市设立自治区强制医疗所，统一负责全区强制医疗执行工作；自治区检察院对自治区强制医疗所执行强制医疗活动进行法律监督，实行派驻检察；强制医疗执行所需经费由自治区财政统一划拨。在自治区强制医疗所未正式建成、投入使用之前，由各市级人民政府统一指定一所公立医疗机构作为强制医疗执行场所，负责本辖区强制医疗执行工作，在医院内划定单独的病区，对被强制医疗人依照法律规定实行统一的监管和诊治；过渡性执行机构所需执行经费由市级财政统一划拨，检察监督工作由市级检察院刑事执行检察部门负责，实行巡回检察。

（二）尽快制定相关配套文件和细则

针对相关配套文件、细则缺乏或操作性不强的问题，建议制定以下几个方面配套文件、细则：一是关于临时保护性约束措施的规定。对临时保护性约束措施的适用情节、期限、执行场所和信息通报予以明确规定。二是关于交付执行期限的规定。明确公安机关交付执行期限以收到法院决定书和交付执行通知后一个月内交付执行。三是关于强制医疗诊断评估和提出解除申请的规定。建议由自治区卫计委牵头，自治区检察院、高级法院、公安厅共同参与制定《广西强制医疗诊断评估和申请解除实施办法》，对开展诊断评估的组织机构、评估人员资质，首次诊断评估的时间、间隔、次数和相关诊断标准，提出解除强制医疗申请的条件、程序等作出明确规定。同时，明确规定强制医疗机构作为第一排序提出解除强制医疗的申请主体，以防止出现相互推诿不愿意提出解除申请的问题。

（三）建立健全工作信息通报、共享机制

一是建立、健全各职能单位之间工作信息通报、协调机制。公安机关、检察机关、人民法院和卫生行政部门、医疗机构等职能部门，通过定期召开联席会议、确立信息联络员、个案通报反馈等多种方式，建立健全协调、联络机制，及时互通工作信息。如公安机关在向检察机关移送强制医疗意见书的同时，对已采取临时保护性约束措施的，应及时向检察机关告知并移送相关文书；法院作出强制医疗决定、向公安机关送达交付执行通知书时应通报检察机关；检察机关要及时将检察监督情况反馈给公安机关和人民法院。二是建立健全检察机关内部工作信息通报、反馈机制。案件监督管理部门、公诉部门要及时将强制医疗决定相关文书移送刑事执行检察部门，刑事执行检察部门收到案件相关材料后要认真开展检察监督工作，及时建立检察台账并反馈相关工作信息。三是积极推进信息联网工作。建议公安机关、检察机关、人民法院和医疗行政部门、医疗机构等职能单位成立信息联网工作机构，建立网上协作办案平台，积极稳妥地推进强制医疗信息联网工作，借助信息化手段开展协同办案工作。

（四）建立健全经费保障、投入机制

强制医疗执行承担监管和治疗的双重目的和任务，与刑罚执行相比，需要更多的经费和资金投入，建议建立强制医疗经费保障、投入机制。对强制医疗的经费保障，明确以政府财政承担为主、以新农合和城镇医疗保险为辅的保障机制来加以解决。在开展具体办案工作中，司法机关可根据办案工作需要申请追加办案经费；在强制医疗执行过程中，可由强制医疗执行机构先行垫付相关医疗费用，在解除强制医疗决定后，由医疗机构统一向同级财政部门、社保部门核算。

（五）采取积极措施应对医学专业知识不足的问题

针对专业知识不足导致监督不深入、针对性不强的问题，建议从以下几个方面采取措施：一是加强与检察技术部门的协同配合，弥补专业技术力量不足。适时邀请检察技术部门指派具有司法精神病知识的法医参与检察监督工作，对医疗机构的日常诊疗、诊断评估和提出解除申请等活动依法开展检察监督，增强监督的针对性和专业性。二是抓好对刑事执行检察人员专门知识培训。根据检察监督工作需要，定期组织刑事执行检察专门业务培训，重点培训检察人员精神卫生专业知识，尽快提高检察人员的精神卫生知识水平。三是适时配备具有精神卫生病学专门知识的人员到刑事执行检察队伍，合理优化队伍的人员结构。

（六）加大检察监督工作力度

一是强化监督意识。要从敢于担当和认真履职的高度，克服畏难情绪和等靠观望思想，提高工作的主动性和自觉性。二是规范检察监督方式。由普通医疗机构代为执行的，建议采取巡回检察的方式开展检察监督工作，巡回检察次数每月不少于1次；在设立公安强制医疗所后，采取派驻检察方式开展检察监督，在强制医疗所设置派驻检察室，派驻检察时间每月不少于16个工作日。三是积极推进强制医疗执行同步监督。对强制医疗的临时约束性保护措施执行、交付执行、监管、诊断、治疗、评估、解除等各环节实行同步监督。有条件的地方可以采取与强制医疗机构监控联网、信息联网的方式，实行动态同步监督、全程留痕，提升强制医疗执行监督信息化水平。四是突出检察监督重点。以保障被强制医疗人的人权为切入点，对提出强制医疗解除申请和重大事故进行重点监督，提出解除强制医疗申请前，要依法、规范组织开展诊断评估工作，并将诊断评估结果作为提出解除强制医疗申请的重要依据。

（七）积极构建精神病患者社会管理的立体防控体系

针对精神病患者实施暴力案件逐年增多的情况，要动员社会各方力量，积极构建立体防控体系，做到应收尽收、应治尽治、应管尽管，努力防控被强制医疗人出院后暴力行为的再次发生。一是公安机关、司法行政机关要将解除强制医疗人员纳入重点人口进行管理。建立相应的工作档案、台账，采取积极、有效的社会防控管理措施，及时发现、妥善处置安全隐患和事故苗头，切实防止危害社会暴力行为的再次发生。二是充分发挥基层组织、社会志愿者等社会力量的作用。通过定期回访、实地考察等方式督促监护人履行监护职责，帮扶解决生活、医疗等方面存在的实际困难。三是辖区政府要落实专项经费，指定相应的公立医疗机构，负责对辖区内解除强制医疗人员进行定期回访和精神卫生方面的健康检查，对出现精神卫生方面疾患的人员，要及早给予诊治。

关于未成年被害人遭性侵害犯罪的实证研究
——以H市J区检察院办理性侵未成年人案件为样本

◎马晓晨* 韦国义** 龙晓慧***

> **内容摘要**：性侵未成年人犯罪是一类严重侵害未成人人身法益的犯罪，性犯罪给未成年被害人带来的伤害远远大于其他类型的犯罪。通过分析H市J区检察院所办理的未成年人遭受性侵害的案件特点可知，目前未成年被害人的权益保护存在诸多缺陷和难点，解决这个难题的对策是，树立对未成年被害人"特殊保护、优先保护"的司法理念，建立"一次询问"办案规则和泄露隐私追责机制，赋予未成年被害人精神损害求偿权并完善未成年被害人司法救助制度，建立法律援助、心理疏导一体化综合救助机制，着力加强对未成年被害人权益的同等保护，努力推进审判中心背景下刑事被告人和被害人的权利天平的平衡。
>
> **关键词**：性侵害；未成年被害人；司法保护

性犯罪是一种严重违背人性伦理、侮辱人格尊严的性暴力掠夺行为，性犯罪侵害的是人类最为私密且有关根本尊严的法益。一直以来，性侵害犯罪都是刑事理论与实务研究界关注的热点问题。性犯罪被害人作为刑事被害人中的一个特殊群体，其在心理上受到的伤害远远大于身体和物质上受到的损害，并且是不可逆的。不同于成年被害人，性犯罪被害人中的未成年人，因其自身身体、心智等各方面发展尚未成熟，自我防卫意识不够和自我保护能力低下，心理受到的创伤不易察觉，难以量化，在相当长的一段时间表现出惶恐、焦虑、羞耻，导致注意力无法集中、学习成绩急速下滑、精神萎靡不振、举止行为失常，被性侵后可能怀孕或感染性病等，引发"创伤后压力症候群"（Posttrau-

---

* 广西壮族自治区河池市金城江区人民检察院党组书记、检察长。
** 广西壮族自治区河池市金城江区人民检察院党组成员、副检察长。
*** 广西壮族自治区河池市金城江区人民检察院办公室干部。

matic Stress Disorder)①，更有甚者由被害人转化为了加害人，严重的还会自残或轻生。为更好地保护和救助未成年人，预防和减少未成年人遭受性侵害犯罪，本文从未成年被害人的角度，选取H市J区检察院办理性侵未成年人的22个案件、23名被害人为样本进行统计分析，案件样本选取的时间跨度为2007年1月至2017年10月，重点考察研究未成年人遭受性侵害刑事案件的特点，透析未成年被害人保护制度机制的缺陷，有针对性地提出对策和建议。需要说明的是，本文对"性侵害案件"的界定参照《关于依法惩治性侵害未成人犯罪的意见》及《刑法修正案（九）》中对性侵未成年人犯罪的界定标准，具体罪名包括强奸罪、强制猥亵、侮辱妇女罪、猥亵儿童罪、强迫卖淫罪、组织卖淫罪、引诱、容留、介绍卖淫罪、引诱幼女卖淫罪，等等。

一、未成年人遭受性侵害刑事案件的特点

（一）性侵被害人年龄趋于低龄化

需要说明的是，本文研究的被害人均为未成年人，所以表中被害人年龄均未超过18岁。从表1的统计情况看，被害人最小的为5岁，最大的为17岁，并且从表中得知5~17岁每个年龄段都有未成年被害人。值得引起重视的是，14周岁以下（包括14岁）的被害人占比为76%（16人）。14周岁以下的未成年幼女由于普遍缺乏安全意识和性保护意识，被性侵害后一般无法及时被他人察觉，如覃某某（男，39岁，企业职工）猥亵儿童案，在2009年6月至2011年9月，先后多次采用抚摸被害人杨某某（2001年4月28日出生，案发时10岁）的阴部、让杨某某用嘴巴吸自己的生殖器方法猥亵杨某某。

表1：被害人年龄分布表

年龄（岁）	频率	百分比（%）
5	1	4.34
6	3	13.04
7	1	4.35

---

① PTSD是一种精神障碍术语，是指被害人在经历强烈的心理伤害体验后，所呈现的一种精神障碍症状，该症状很明显而且会持续一个月以上，使被害人充满痛苦。

续表

年龄（岁）	频率	百分比（%）
8	1	4.35
9	1	4.35
10	2	8.70
11	1	4.35
12	2	8.70
13	4	17.39
14	1	4.35
15	3	13.04
16	2	8.70
17	1	4.35
合计	23	100

（二）半数以上的被害人具备对加害行为的认知

被害人的认知特征是指被害人是否认识到自己正在遭受加害人所实施的行为为性侵行为。如果被害人对加害行为具备认知，那么被害人在遭受加害行为时应该表现出呼喊、挣扎、反抗、试图逃脱等排斥行为[①]，反之则会任由加害人侵害，让犯罪行为得逞。从图1中可得知，有16人对加害行为的性质具备认知，占比69.57%，7人对加害行为的性质不具备认知，占比30.43%，结合被害人年龄可知，9岁以下的被害人基本对加害行为的性质不具备认知。

---

① 酒醉或被下迷药等不能反抗的状态应视为具备认知，被害人具有轻度精神发育迟滞等特殊情形的，视为不具备认知。

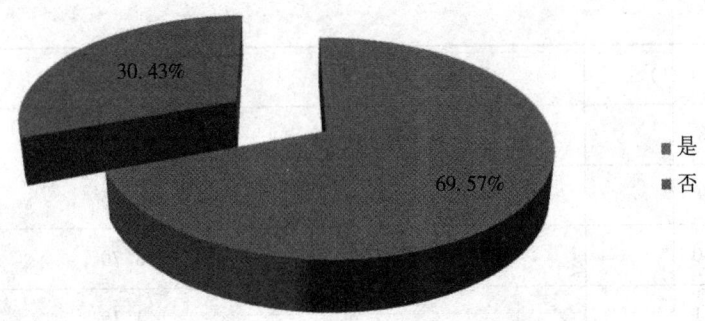

图1：被害人对加害行为是否具备一定认知图

（三）熟人作案和陌生人作案比例趋同，监护管理教育缺位

从表2数据得知，有11名被害人与加害人相识，有12名被害人与加害人不相识。从比例上看，相识的人作案比例为47.6%，不相识的人作案比例为52.4%。一方面说明熟人作案的还是有一定的比例，熟人作案常常利用"熟人关系"如父母和子女关系、邻里关系、老乡关系、朋友同学关系，假借被害人对熟人的信任进而放松对加害人的警惕性、戒备心，加害于未成年被害人，犯罪行为较易得逞，且有些单次作案不易被察觉，从而多次侵害。我国《关于贯彻执行〈中华人民共和国民法通则〉若干问题的意见（试行）》第10条规定，监护人应当保护被监护人的身体健康，照顾被监护人的生活，对被监护人进行管理和教育。从样本案例中，有26.09%的被害人遭受同学、朋友的性侵害，这说明监护人对其子女的交友生活疏于管理。17.4%的未成年人在其家中遭受性侵害，这更说明监护人在自己家中都不能保护好子女。更有甚者，监护人竟然违反规定性侵被监护人（被告人蒙某某在3个月内试图30多次强奸其女儿），监护人角色显然已经异化了。另一方面也说明了未成年被害人年龄小，对未知的人和事物好奇警惕性不高，给陌生人作案提供了机会，故陌生人作案的比例也比较高。

表2：被害人与加害人的相识关系情况表

相识与否	关系	人数	百分比（%）
是	亲生父母	1	47.6
	邻居	3	
	学校同学	1	
	校外结交的朋友	3	
	网络中认识的朋友	2	
	被告人是被害人父母或亲戚认识的人	1	
否	陌生人	12	52.4
	合计	23	100

（四）强奸是主要加害行为类型，欺骗和暴力方法较为常用

从表3至表4统计数据可知，这22件样本案例中的加害行为类型主要有强奸、猥亵、强迫卖淫，其中强奸占73.91%，说明了强奸是主要加害行为类型。就被害人遭受侵害的方法来说，有引诱、欺骗、暴力、胁迫、利用被害人失去意识。单独因欺骗而遭侵害的有5人（21.74%），单独因暴力遭受侵害的有3人（13.04%），三成左右的被害人因欺骗、暴力遭受侵害的比例较高，说明欺骗和暴力的方法较为常用。

表3：遭受性侵害的行为类型表

行为类型	被害人人数	百分比（%）
强奸	17	73.91
猥亵	5	21.74
强迫卖淫	1	4.35
合计	23	100

表4：被害人遭受侵害的方式表

被害人遭受侵害的方式	人数	百分比（%）
引诱	1	4.35
欺骗	5	21.74
暴力	3	13.04
胁迫	1	4.35
引诱、欺骗	2	8.69
引诱、胁迫	1	4.35
欺骗、暴力	1	4.35
暴力、胁迫	4	17.39
欺骗、暴力、胁迫	2	8.70
利用被害人失去意识	3	13.04
合计	23	100

（五）被害人被侵害的程度较深

笔者从加害人的人数、加害的次数、加害行为的特殊形态三个角度分析未成年被害人被侵害的程度状况，一般而言多人加害的要甚于单人加害，两三次甚至多次被侵害的程度要甚于一次被侵害，既遂的要甚于未遂的，那么从表5至表9的统计数据分析得知，就加害人数而言，虽然大部分被害人仅受到单独侵害，但仍有17%左右的被害人受到共同犯罪人侵害；就加害次数而言，虽然大多数被害人仅受到一次侵害，但仍有两成左右的被害人受到一次以上的侵害；就犯罪行为的形态而言，半数以上的加害行为是既遂的，少数加害行为是未遂。综合来看，未成年被害人被侵害的程度还是比较深的。

表5：是否遭受多名被告人侵害表

是否遭受多名被告人侵害	被害人人数	百分比（%）
是	4	17.39
否	19	82.61
合计	23	100

表6：实施侵害的被告人人数表

被告人人数	被害人人数	百分比（%）
1	19	82.61
2	1	4.35
3	2	8.69
4	1	4.35
合计	23	100

表7：是否遭受多次加害行为表

是或否	被害人人数	百分比（%）
是	5	21.74
否	18	78.26
合计	23	100

表8：遭侵害行为的次数表

次数	被害人人数	百分比（%）
1	18	78.26
2	1	4.35
3	2	8.696
多次（不明）	2	8.696
合计	23	100

表9：加害行为的特殊形态表

犯罪行为特殊形态	被害人人数	百分比（%）
既遂	15	65.22
未遂	7	30.43
中止	0	0
共同犯罪中，有的人既遂、有的人未遂	1	4.35
合计	23	100

（六）被害人被加害后普遍赔偿不到位

从表10至表11来看，仅有极少数被害人提起附带民事诉讼，在这3名提起附带民事诉讼的被害人中，1名被害人提出了医疗费、后续治疗费、精神损失费的附带民事诉讼请求，但法院仅支持赔偿医疗费用2149.17元；1名被害人的附带民事诉讼请求未涉及赔偿数额，只是请求法院判决其与被告脱离父女关系，并从原户口簿中分离出来另立户口簿，让其随母亲生活；另1名被害人数据缺失具体不详。此外，有4名被害人虽未提出附带民事诉讼请求但在法院的主持调解下，达成了5000~80000元不等的赔偿数额，被告人也因此得到被害人谅解。由此可见，大多数被害人没有经济赔偿，更别提精神损害赔偿，结合具体案情可知，部分被害人在被害后不同程度地存在精神恍惚、厌学、自闭甚至怀孕等情况，这一系列的性侵后果带来的后续治疗、护理费用都没有得到解决。

表10：是否附带民事诉讼请求表

是否附带民事诉讼	被害人人数	百分比（%）
是	3	13.04
否	20	86.96
合计	23	100

表11：得到赔偿的数额表

得到赔偿数额	被害人人数	百分比（%）
3000元以下	1	25
3000~10000元	2	50
10000元以上	1	25

二、性侵害案件中未成年被害人权利保护的难点分析

（一）缺乏独立专门的法律规范保护体系

从立法情况看，对未成人被害人权利保护的法律条文散见在《刑事诉讼法》《预防未成年人犯罪法》《未成年人保护法》《妇女权益保障法》等一些法律中，其中，我国《刑法》中关于性犯罪的规定共有15个条文，针对犯罪

对象是未成年人的涉及 10 条 11 个罪名①,而刑法保护重点对象是未满 14 周岁的未成年人,对已满 14 周岁不满 18 周岁这一年龄段的未成年人保护力度显然不够。2012 年,我国对《刑事诉讼法》作出了修改,在立法上加强了对犯罪嫌疑人和被告人权利的保护,但是专门针对未成年被害人权利特殊保护的规定相对犯罪嫌疑人、被告人来说还是较少。而《预防未成年人犯罪法》《未成年人保护法》只是一些原则性规定,缺乏针对性强、可操作的具体指导。可见目前缺少专门针对未成年刑事被害人的合法权益保护的立法,缺乏性侵未成年人犯罪的独立的法律规范体系。

(二)在诉讼程序中不同程度地存在"二次伤害"

所谓的"二次伤害"是指因为犯罪事件的发生,影响到被害人的人际关系,如其亲友、同事的态度,甚至在追求司法制度还其公道的过程中,遭受到来自司法制度中如警察书记官、检察官、法官等不友善且责难被害的态度等,使被害人在精神上、社会评价上亦受伤害。②例如在侦查环节,为了查明案件事实真相,被害人有意无意地被当作破案的工具,办案人员不得不以审慎、严谨甚至怀疑的眼光来看待被害人的陈述,反复多次询问被害人案件经过,时常有简单粗暴的询问方式,让身体、心灵和情感上遭受刺激尚未愈合的被害人不得不再次甚至多次回忆和描述自己被侵害的过程,加重了其精神上的苦痛;在审查起诉环节,未明确对办理性犯罪案件的人员资格如性别方面的要求;在庭审环节,特别是当下审判中心主义要求贯彻的直接言词原则的背景下,针对一些重大案件或被告人有可能被判处无期徒刑、死刑的案例,未成年被害人出庭作证有利于查明案情的这一例外情况,在未成年被害人的出庭作证规则不明的情况下,未成年被害人一旦亲自出庭质证,会超出未成年被害人心理承受能力,且极易造成"二次伤害";在案件信息公开的背景下,起诉文书、裁判文

---

① 11 个罪名分别是:第 236 条强奸罪,第 237 条第 1 款强制猥亵、侮辱妇女罪、第 2 款猥亵儿童罪,第 240 条拐卖妇女、儿童罪(第 1 款第 3 项"奸淫被拐卖的妇女的"、第(四)项"诱骗、强迫被拐卖的妇女卖淫或者将被拐卖的妇女卖给他人迫使其卖淫的"),第 241 条第 2 款强奸罪(收买被拐卖的妇女,强行与其发生性关系的),第 300 条第 3 款强奸罪(利用迷信等强奸妇女),第 301 条第 2 款引诱未成年人聚众淫乱罪,第 358 条组织卖淫罪、强迫卖淫罪,第 359 条第 1 款引诱、容留、介绍卖淫罪,第 2 款引诱幼女卖淫罪,第 364 条第 1 款传播淫秽物品罪,第 365 条组织淫秽表演罪。

② 袁锦凡:《刑事诉讼对性犯罪被害人的保护研究》,西南政法大学 2010 年博士学位论文。

书网上公开已是必然趋势，但对于性侵案件未形成保护未成年被害人隐私信息的统一标准。

（三）被害人的精神损害赔偿及经济救助制度缺位

根据样本统计数据得知，少有未成年被害人提起刑事附带民事诉讼，究其原因，《刑法》明确规定了精神损害赔偿不纳入刑事被害人赔偿的范围，《刑事诉讼法》对提起附带民事诉讼设置了前提条件①，且最高人民法院《关于适用〈中华人民共和国刑事诉讼法〉的解释》第138条第2款规定："因受到犯罪侵犯，提起附带民事诉讼或单独提起民事诉讼要求赔偿精神损失的，人民法院不予受理"，故被害人只有在遭受物质损失或人身损害时才能以刑事附带民事诉讼的方式提起损害赔偿诉讼，而精神损害的赔偿诉求是得不到支持的。在性侵案件的司法实践中，除非被害人身体遭受伤害或死亡，其他情况几乎难以认定物质损失程度，如猥亵和侮辱这种侵害方式，但却足以造成被害人精神状态失常的精神伤害，并且持续时间长，被害人要提起精神损害赔偿往往不得不等待刑事判决下达后再另行提起民事诉讼。另外，赔偿的顺利与否取决于被告人的经济状况和执行能力，实践中，被告人常常因经济困难而无力赔偿，加之我国未单独确立未成年被害人国家补偿的制度规定，《关于开展刑事被害人救助工作的若干意见》和《关于建立完善国家司法救助制度的意见（试行）》将未成年被害人与普通救助者同等对待，并未得到特殊照顾，严苛的救助条件让救助金不能全部惠及遭遇性侵害的未成年人。

（四）后续心理救助机制缺失

被害人在遭遇性侵害后，通常极易出现应激性的相关障碍，如创伤后应激障碍（PSTD，又称延迟性心因反应），甚至人格障碍，如不能及时进行心理干预救助，这种被害后遗症将呈现出注意力不能集中、焦虑、失眠、抑郁、妄想甚至是与异性交往困难、性冷淡等心理反应。在统计的样本数据中，23名被害人均不同程度出现了悲伤、羞愧、恐惧、仇恨、报复等心理反应，并且案发后均未得到专业的心理辅导和救助。究其原因，主要有两方面：一是立法空白。目前我国未建立针对未成年刑事被害人的救助制度，因于法无据，各地开展心理救助工作不均衡。二是专业人才缺乏。就H市J区检察院专门办理未

---

① 《刑事诉讼法》第99条规定："被害人由于被告人的犯罪行为而遭受物质损失的，在刑事诉讼过程中，有权提起附带民事诉讼；被害人死亡或者丧失行为能力的，被害人的法定代理人、近亲属有权提起附带民事诉讼。"

成年人刑事案件的办案人员而言,主要以法律专业人才为主,均没有心理咨询师的资质,缺乏开展未成年人心理干预救助工作的专业人才。

三、完善检察环节保护性侵未成年被害人工作制度的对策和建议

(一) 树立对未成年被害人"特殊保护、优先保护"的司法理念

衡量一个国家法治建设程度和法治文明程度的重要标志之一是能否拥有一套比较健全的未成年人司法制度。惩罚犯罪与保障人权并重是现代刑事司法理念内涵的基本内容。从司法理念层面观察,相较于我国对涉罪未成年人注重强调"教育、感化、挽救"的司法保护理念,对未成年被害人"同等保护"的表述过于简单笼统,且缺乏相应可操作的制度落实,在强化对犯罪嫌疑人、刑事被告人的人权保障的同时,对刑事被害人尤其是未成年被害人的关注力度和保护力度严重不足。特别是办理性侵案件,考虑到尽快帮助未成年被害人在学习和生活上恢复到正轨,应当树立"特殊保护、优先保护"的司法理念,即应当给予未成年被害人最大限度的保护,把对未成年被害人的保护置于涉罪未成年之上。"特殊保护"的理念是基于联合国《儿童权利公约》所确立的"儿童利益最大化原则",即未成年人因其心智不成熟的特点决定了检察机关应当特殊保护未成年人。而"优先保护"的理念则是基于未成年被害人在整个诉讼程序中的地位而言,因为作为未成年人一部分的未成年刑事被害人,本身就处于弱势地位,成为被害人后,其更为特殊,在弱势群体中更为弱势,应当获得更多的救助和保障,所以从保护力度而言,要强于对涉罪未成年人的挽救,体现在具体的法律制度上,就是要顺应从保护被告人权利的一元化转换到同时保护被害人权利的二元化发展趋势,专门专章制定《未成年刑事被害人保护法》《未成年刑事被害人补偿法》,集中规定保护未成年被害人的法条罪名,扩大《刑法》《刑事诉讼法》中未成年被害人所享有知情权、隐私权、法律援助、心理辅导等诉讼权利范围,加大现行刑罚对惩治侵犯未成年人罪犯的力度,以达到震慑犯罪的目的。

(二) 建立"一次询问"办案规则和泄露隐私追责机制

借鉴我国香港地区对强奸案被害人实行"一站式调查取证"原则,确立针对性侵案未成年被害人的"一次询问"办案规则,即自刑事诉讼发动之时,避免对性犯罪中未成年被害人在侦查、审查起诉、庭审审判各环节就相同事项的反复询问和不当询问,防止一人多次、多人多次询问。并执行"四个合适"工作法,即确定合适的人员、选择合适的时间、选择合适的场所、采取合适的

方式。合适的人员即性侵未成年人案由专业素质高、业务能力强、熟悉未成年人身心特点的检察干警负责，如被害人是女性，应当由女性检察官办理。合适的时间，即在询问未成年被害人时，事先应了解被害人的学习、生活规律，避开其上学、休息或不合适询问的时间，避免影响正常的学习生活安排。合适的地点，即询问前要征求未成年人及其法定代理人、近亲属的意见，再确定询问的地点，尽可能避开未成年人所就读的学校、住宿区和生活区。有条件的地方可以借鉴我国香港地区的"家居录音室"建立"温馨询问室"，即屋内模拟正常的家居环境，选取适合未成年人心理特点的色彩装饰营造轻松、温馨的氛围，缓解未成年人恐惧紧张的心理压力，一次性完成询问、检查、提取等工作。合适的方式，即在询问中采取舒缓的语气，尤其面对女性未成年被害人，询问过程要全面、详细并努力做到一次成功，询问的同时要进行同步录音录像，固定好口供证据。在前往未成年被害人及其家属所在学校、单位、居住地调查取证过程中，还要避免开警车、穿警服等可能会影响被害人名誉、暴露隐私的方式。对于涉及未成年被害人的法律文书应当列为不公开文书范围，避免有可能通过公开的法律文书中犯罪事实的部分内容（如案发时间和地点、被害人住址等）推测出未成人的身份信息。与此同时，应建立泄露隐私追责机制，加强对办案人员有效的法律约束，才能真正保证"一次询问"办案规则不打折扣地得到落实。

（三）赋予未成年被害人精神损害求偿权并完善未成年被害人司法救助制度

正如笔者在前文分析所述，性侵案中未成年被害人的心理遭受的伤害和苦痛及其长远的影响是不容小觑的，尤其是低龄的受害人，这种精神痛苦可能会随着受害人认识的加深而不断增强，性犯罪中的受害人付出的代价甚至超过了法律对犯罪人的处罚。因为刑罚一般是有期限的，而受害人所遭受的精神痛苦往往是伴随终生的，所以仅仅对被告人课以刑罚是不足以实现保护未成年被害人这一目标。顺应国际上赋予被害人在刑事附带民事诉讼中提起精神损害赔偿的立法趋势，实现效率和公平的诉讼立法宗旨，可考虑先在未成年被害人案件中着手开展立法工作，赋予未成年被害人精神损害求偿权。在现有法律规定下，可以考虑通过将被害人的精神损害折算为可统计的直接物质损失，如被害人的心理伤害可根据医院出具的精神疾病诊断要求赔偿，即主张心理治疗的费用等。① 同时颁布相应的司法解释，明确性侵案件刑事附带民事诉讼中的精神损害赔偿金的最低数额。

鉴于在司法实践中因被告人的经济困难，精神损害赔偿金的执行具备一定难度，故有必要建立完善未成年刑事被害人司法救助制度，具体而言：一是扩大司法救助对象范围。建议《关于建立完善国家司法救助制度的意见（试行）》将未成年被害人纳入司法救助对象。二是限定司法救助前提条件。就性侵案件而言，获得司法救助的前提条件可设定为：被害人因性犯罪行为导致人身权受到严重伤害，重伤或者致死；生活困难；不能从被告人及其家属处得到赔偿，或得到的赔偿不足以弥补性侵害造成的损失。三是救助金额的幅度。应当限定在性侵造成的人身损害和精神损害之下，但略高于普通被害人救助的金额。四是救助程序。启动救助程序有两条途径：其一是可由被害人及其近亲属主动提出；其二是确实符合条件的但不知道享有此权利的，检察院可以告知或建议其提出申请。建议开设司法救助"绿色通道"，突出体现对未成年被害人保护的及时和快捷。

（四）建立法律援助、心理疏导一体化综合救助机制

针对法律未明确规定未成年被害人指定代理制度，作为检察机关可根据未成年被害人情况商请当地法律援助中心，及时成立未成年被害人法律援助工作小组，打破"未成年被害人只有在经济困难时才能申请法律援助"的限制条件，更好地保护未成年被害人的权利。例如，当未成年被害人家庭经济条件困难而无力负担代理费用，或没有监护人或监护人为加害人的情况，只要经本人申请或监护人申请，法律援助工作小组就应当指定律师参与案件诉讼，并督促代理律师提供专业的法律咨询援助服务，负责帮助其收集证据、代理被害人进行控告和申诉、帮助未成年被害人提起附带民事诉讼及获得相应赔偿。在提供法律援助的同时，检察机关还要密切关注未成年被害人的心理变化状况。检察机关应是未成年被害人心理救助主体单位之一，在审查起诉阶段，检察官会直接接触到未成年被害人，距离性侵行为发生时间不是很久，对被害人及时开展心理疏导、心灵抚慰工作具备一定优势，另外为了核实案情和证据，检察官可能还会询问被害人遭受性侵害的具体细节，在接触、观察未成年被害人心理状态的同时及时评估、判断是否有必要向被害人提供心理干预救助，根据损害评

---

① 佟丽华：《司法新规：依法惩治性侵害未成年人犯罪》，载《中国青年社会科学》2015 年第 6 期。

估等级制定救助方案,实行"一人一档",全程记录救助过程,轻度损害的被害人可由检察机关内部具备心理辅导咨询资质的检察官进行简单疏导,对于受到重度损害者,检察机关可与医院、学校或专业心理咨询机构合作,聘请专业的心理咨询师开展个案治疗,具体费用由检察机关承担。在检察机关移送审查起诉后,建议检察机关未检部门与当地共青团团委、妇联、关心下一代工作委员会、未成年人保护公益组织等联合对未成年被害人进行一对一跟踪帮扶、定期回访,密切、长期关注未成年被害人的精神状况,共同关心其后续的学习、生活境况,努力帮助其走出心理阴影,回归正常人生轨道。

  未成年人是祖国的未来、民族的希望,是中国特色社会主义事业的建设者和接班人,未成年人的健康成长关乎国运兴衰、民族昌盛。对未成年人的司法保护应全面均衡,我们不仅要对性侵未成年人的犯罪行为科以严刑,同时也要高度重视维护未成年被害人的合法权益并关注其身心健康状况,构建一个独立完整的具有中国特色的未成年被害人法律体系和"一站式"系统的综合司法保护机制,为未成年人的健康成长营造良好的法治环境。

检察机关指导性案例实践效力调查分析
——以 N 市检察机关为样本

◎黎 明* 吴 东**

> **内容摘要**：经样本调研发现，检察机关指导性案例实务引用数量不多、参照效力不强，实践效果不佳。指导性案例准造法功能弱化、参照应用机制缺失、应用标准不确立、管理机制不健全是主要原因。增强指导性案例实践效力，需确立它的准司法解释功能定位并强化制度性效力供给，在源头上完成准造法功能构建，健全实务应用机制，建立类似案件对比标准及参照方法，利用人工智能提供指导性案例应用服务。
>
> **关键词**：检察机关；案例指导；实践效力；实证调查

案例是宝贵的司法资源，案例指导制度是我国一项创新的司法实务应用制度。检察机关指导性案例实践应用对指导检察官正确适用法律、统一司法尺度、实现"同案件同处理"具有重要意义。随着司法体制改革深入推进，司法责任制进一步落实，检察官在办案中独立性增强，应用指导性案例解决"同案件同处理"的自由裁量空间扩大。为了促进检察官依法公正办案，有必要开展指导性案例应用情况调查。据此，笔者运用地方采样调查分析法，以 N 市检察机关为样本，研究指导性案例的应用效果、面临的问题和制约因素，提出改进建议，为完善检察机关指导性案例制度提供地方性实证支持。

一、检察机关指导性案例效力实践样本分析

"指导性案例效力是案例指导制度构建的核心。"[①] 挖掘和应用检察机关指导性案例，对统一司法标准、提高司法质量具有重要价值，有必要对其实践应

---

* 广西壮族自治区南宁市人民检察院法律政策研究室主任。
** 广西壮族自治区南宁市人民检察院法律政策研究室检察官助理。
① 牟绿叶：《论指导性案例的效力》，载《当代法学》2014 年第 1 期。

用效力进行研究。

（一）调查的案例范围

截至 2017 年 10 月，最高人民检察院发布九批指导性案例共 38 件。笔者根据情况，选取一定的案例进行实践应用情况调查。

1. 评估案例范围。选取最高人民检察院发布的第一批至第七批指导性案例共 27 件。其中，普通刑事案例 13 件、职务犯罪案例 7 件、刑事申诉案例 2 件、不批准逮捕案例 1 件、核准或不核准追诉案例 4 件。

2. 不评估公益诉讼案例 5 件。由于公益诉讼案例发布于 2016 年 5 月 30 日，正值全国部分省区进行检察机关提起公益诉讼制度改革试点，N 市检察机关属于非试点地区。2017 年 7 月，检察机关提起公益诉讼制度改革才在全国铺开，故该批案例不列入调查范围。

3. 不评估破坏计算机信息系统案例 6 件。2017 年 10 月 12 日，最高人民检察院发布包括李丙龙破坏计算机信息系统案等第九批指导性案例，由于新近性强，实践效果在短期内不易形成，故不列入调查范围。

（二）案例得到实践应用的判断依据

根据最高人民检察院《关于案例指导工作的规定》第 3 条的规定，① 检察机关指导性案例的效力，存在两种柔性的制度性供给：一种是检察官在办案时参照指导性案例适用法律，形成参照效力；另一种是检察官参照指导性案例适用法律，仅在法律文书中引述指导性案例作为释法说理的根据，形成释法说理效力。这种制度设计还导致了检察官对指导性案例"可参可不参"，出现参照而不说明、不引述的做法，成为隐性援引。

有研究者发现，法官参照指导性案例有三种方式：一是参照并于判决书中载明；二是参照但于判决书中不记载，外人可判断此种参照；三是参照但不在判决书中记载，外人无法判断此种参照。② 隐性援引方式能够使指导性案例发挥效果效力，产生实践效果，是检察机关指导性案例实践应用的真实状态，甚至可能是实践应用的主要方式。为此，笔者从参照效力和释法效力两方面，评估检察机关指导性案例实践效果。

---

① 最高人民检察院《关于案例指导工作的规定》第 3 条规定："人民检察院参照指导性案例办理案件，可以引述相关指导性案例作为释法说理的根据。"

② 向力：《从鲜见参照到常规参照——基于指导性案例参照情况的实证分析》，载《法商研究》2016 年第 5 期。

（三）素材来源、实证样本与采集方法

由于检察机关指导性案例应用情况分散在各院各业务部门，没有列入常规的业务统计，难以通过统计分析方法获得结果。检察机关法律文书网上公开数量少，而且不能进行文内要素检索，难以进行大数据分析。因此，本文实证调查采用地方样本分析法，选取案件量较大、案件类型较丰富的 N 市检察机关作为实证样本，采取发放调查问卷和个别访谈等方式展开调查研究，勾绘出检察官群体对案例指导制度的趋向性认知与愿景。

本文的素材来源包括三种：一是摘取指导性案例的案情要素和适用的法律条文，交由案件管理系统自动检索生成指导性案例的类似案件及参照应用情况；二是通过问卷调查和采访方式，获得检察官参照指导性案例情况、应用管理情况等素材；三是通过文献摘录，获取相关素材进行对比分析。

（四）实证分析情况

1. 显性援引的情况调查。笔者利用 N 市案件管理数据库现存的上百万份法律文书（包括内部文书），调查指导性案例显性援引情况。经向 N 市两级检察院 383 名员额检察官开展问卷调查，结果显示这些检察官在办案中，没有参照、引用引述过检察指导性案例，也没有对承办案件与指导性案例进行类似性对比。

与相关资料对比，可以佐证这一情况的真实性。学者以"北大法宝—司法案例库"的 3000 多万份裁判法律文书作为研究素材，发现最高人民检察院发布的 23 个刑事指导性案例，截至 2015 年 12 月 31 日尚未发现被应用于司法实践。[①] 最高人民检察院在 2016 年和 2017 年没有推出新措施，这种状况不会有大的变化。

抽查刑事申诉指导性案例 2 个（检例第 25 号和检例第 26 号）的应用情况，也证实 N 市检察机关的案例实践真实状况。笔者实地调查，通过查阅相关档案，证实自这两个指导性案例发布之日至 2017 年 6 月的一年间，N 市检察院办结刑事申诉案 43 件，12 个基层检察院办结刑事申诉案 58 件，都没有引用指导性案例。

2. 隐性援引的情况调查。检察官参照指导性案例适用法律，但不说明、不引述，这种隐性援引情况很难统计。确定其是否存在于实践，需要找出类似

[①] 北京大学法制信息中心指导性案例研究组：《"两高"刑事指导性案例的司法应用年度报告》（2015），北大法律网 2016 年 1 月 21 日发布。

案例与相应的指导性案例对比，并采访案件承办人获得确认。这项实证难度大，查找指导性案例的类似案件遇到对比技术难题。

笔者采用问卷调查法和抽样调查。问卷调查结果为：N市检察机关383名员额检察官没有在办案时参照指导性案例适用法律，包括在案件结案时没有对照"两高"指导性案例，在检委会讨论案件时、业务部门领导和院领导审批的案件，都没有引用"两高"指导性案例。笔者在访谈中，有部分检察官回忆，他们参照过指导性案例办理实务案件，但这种"参照"没有写入法律文书。

3. 不参照、不援引的情况调查。笔者通过调查访谈方式，选取部分业务部门检察官作为采访对象，了解承办人不参照、不援引指导性案例的情况及原因。

在采访批捕岗一名从事批捕工作十多年的检察官时，他说本部门在案件审查报告、批捕或不批捕文书、不批捕理由说明中，都不引用"两高"指导性案例，部门讨论案件时也没提过指导性案例；以成文法、业务规则（如审查逮捕案件质量标准等）能够处理的案件，就没必要引用指导性案例，而且援引操作还会增加检察官工作量。[①] 参照案例就多干了一件事，大家不乐意多干。

批捕部门办案说理的对象主要是公安机关，拿法条、规则去说能说通才重要。批捕部门没有组织学习"两高"发布的指导性案例，上级业务部门也没有开会下文件专门部署参照指导性案例的工作。在目前的制度框架和实务环境中，是否参照指导性案例，全看检察官的个人自觉意识。

（五）实证分析结论

以上实证说明，除第八批和第九批检察机关指导性案例实践效力不宜过早定论外，其他指导性案例实践效力偏低。检察实践中出现隐性援引指导性案例的操作，实际上是把指导性案件的"参照效力"降格为"参考效力"。既不参照又不援引指导性案例，是在一定程度上对指导性案例的淡漠。样本实证调查的综合结果是：处于发展初期的检察机关案例指导制度，指导性案例应用效力

[①] 例如，检例第27号指导性案例为排除非法证据后的证据审查判断，批捕部门基于节省资源考虑，一般不启动排除非法证据的程序，案件承办人直截了当不采信非法证据，其他证据按证据规则处理，这样办案便捷高效。又如，涉及追诉时限的案件，超过追诉时效的案件都要层报高检院审批，不追诉的话依法办理就行了。

的制度性供给不足，应用数量较少，实践效果不佳。

二、提升指导性案例实践应用效力面临的问题

形成实践效力是建立检察机关指导性案例制度的预期目的。笔者从实证角度，就检察官引用指导性案例遇到的问题开展问卷调查研究，发现其实践效力整体偏低，指导性案例没有获得"准司法解释"的地位。

（一）指导性案例参照方法缺失

检察机关指导性案例制度实施时间不长，从 2015 年发布第五批指导性案例开始，增加案例编发的要素，编发的文本质量和应用力有所提升，但指导性案例编发文本的参照应用说明仍不足。"参照应用是案例指导制度的关键与依归。"①

依照规定，检察机关指导性案例的参照结果是"引述相关指导性案例作为释法说理根据"。参照对象是案例，而参照内容和参照方法，至今没有形成统一的认识和规则。通过问卷调查，在一线办案的 20 名检察官，认为应该案件事实与法条合参的占 45%，认为应该参照案例的构成要件的占 40%，认为应该参照案例的核心事实或参照案例适用的法条的占 15%。这说明，检察官对于如何参照指导性案件存在分歧，意见不统一。编发文本没有说明案例要旨是不是参照内容，是检察实务引用指导性案例数量偏少的原因之一，导致法律文书说理制度与案例编发制度没有形成良好对接。

（二）类似案件的对比缺少统一标准

指导性案例的类似案件认定标准不确立，遇到对比技术缺失或不成熟的障碍，类似案例的对比方法至今仍未形成业内共识和实务规则。笔者走访 5 个基层检察院，检察官反映，他们不是不想引用指导性案例，而是难以判断案件跟指导性案例类似，业内缺乏参照方法指引的共识，办案中存在参照错误的风险，不如不引用。通过对 N 市两级检察院申诉案件与刑事申诉指导性案例进行类似性对比，发现辨识案件类似性多依赖经验。这些经验仍为个体知识，没有上升为司法群体的专业规则，很难获得司法职业共同体成员的认同。

（三）缺乏案例法观念和引用案例的习惯

问卷调查显示：N 市检察机关 383 名员额检察官回答，在办案中都没有与

---

① 左卫民、陈明国：《中国特色案例指导制度研究》，北京大学出版社 2014 年版，第 112 页。

指导性案例进行类似性对比，在办案中也没有律师向检察官提出过要参照法院和检察院的指导性案例适用法律。在访谈中，某员额检察官表示，他在办案的时候都"阅读"检察机关指导性案例，如果指导性案件的处理结果能够"支持"他的意见，他在汇报案件时会提及相关指导性案例，但不会在内部文书和法律文书中记载，这样做的案件数量记不清了。

　　检察官是推进案例指导制度发展的重要力量，树立案例法观念非常重要。学者研究发现，"检察官引用指导性案例较少，形式较单一"①，说明检察官"习惯从法条和分析、演绎、推理三段论中寻求结论，尚未形成参照案例的习惯"②。改革前，行政化审批制并不欢迎指导性案例。某检察官曾说，"在办案遇到意见冲突时，虽然对案例也参考，但基本都是听领导的。"③ 实行司法责任制改革后，检察官独立依法办案责任机制形成，指导性案例的查询与引用将成为检察官实务的必经环节。如何将指导性案例有效融入新办案模式，需要一个适应和转变的过程。

三、检察机关指导性案例实践效力的制约因素

　　走在成文法边沿的检察机关指导性案例，其实践效力呈现出整体偏低的状态，是多方面因素综合作用的结果。其中，根本因素是制度性效力供给不足，成为制约这项制度实施效果的瓶颈。

　　（一）指导性案例效力级别偏低和应用力不足

　　指导性案例具有的参照效力属于制度性效力，④ 这种制度的效力供给，在检法两院并不相同。检察机关指导性案例应用于"法律文书的释法说理"，审判指导性案例应用于"适用法律的参照"，两者应用机制及参照效力出现差异，造成检察机关指导性案例参照效力的制度性供给不足，主要体现为三个方面：

---

　　① 郭叶、孙妹：《指导性案例大数据分析——最高人民法院指导性案例司法应用年度报告（2016）》，载《中国应用法学》2017年第4期。

　　② 李涛、范玉：《刑事指导性案例的生成、适用障碍以及制度突破》，载《法律适用》2017年第4期。

　　③ 秦宗文、严正华：《刑事案例指导运行实证研究》，载《法制与社会发展》2015年第4期。

　　④ 曹志勋：《论指导性案例的参照效力及其裁判技术》，载《比较法学研究》2016年第6期。

一是指导性案例的制度应用效力方面。检察指导性案例制度对办理类似案件是否参照没有明确规定，只要求检察官释法说理时"可以引述"，不是"应当引述"。审判指导性案例制度则要求法官办理类似案件"应当参照"，其参照效力高于检察机关指导性案例。可见，检察机关指导性案例的功能，虽然制度文本写的是"参照"，而实践仅作为检察官适用法律的"参考"，只有劝导性质，没有形成准强制性的参照效力，没有达到准司法解释定位的制度性效力供给预期。调查显示，大多数受访者选择了"没有强制要求，可参可不参，干脆不参照"和"没有人要求参照指导性案例"两个选项，也证明了检察指导性案例参照效力偏低。

二是指导性案例的释法说理效力方面。审判案例指导制度要求"应当说明"，而检察机关案例指导制度仅要求"可以引述"，效力级别低于法院的审判指导性案例。在司法理性平和原则下，释法说理成为一种司法专业规范的时候，办案引用指导性案例才能成为检察官司法办案的职业自觉。

三是指导性案例的应用效力。造法型指导性案例具有准法源效力，释法型指导性案例只具有参考效力，宣法型指导性案例不具有适用效力。[1] 在检察指导性案例中，性质上类似于司法解释中"批复"的造法型指导性案例偏少。正因为如此，现行的案例指导制度，倾向于把指导性案例作为法律文书释法说理的选择性依据，使得应用效力弱化。

（二）缺乏健全的案例应用机制和管理机制

实践中，检察官办案缺乏指导性案例应用审查机制，没有要求检察官制作内部法律文书时，应当说明指导性案例引用情况，也没有要求检察官进行指导性案例类似性对比操作。在司法监督管理规范方面，N市两级检察院运用升级后的统一业务应用系统，开展网上案件受理、案件分配、案件办理等工作，实现办案日常管理和检察官履职情况可视化、可量化。

实地调查证实，N市两级检察院案件管理部门并没有在统一业务应用系统中增加指导性案例应用情况监测与统计功能，没有将指导性案例应用情况列入司法监督管理项目进行考核，其运用系统自动化统计指导性案例引用的数量为零。侦监、公诉、反贪等业务部门也没有自行统计指导性案例的应用情况。这说明，N市两级检察院没有对应用指导性案例实施管理。

---

[1] 鲁资琳：《指导性案例同质化处理的困境与突破》，载《法学》2017年第1期。

(三) 缺乏案例实务应用配套机制

由于检察机关指导性案例实践应用没有形成完整的专业化规范体系，运行机制有关规定较为原则和粗疏，造成相关配套制度衔接不畅。例如，目前检察机关尚未建立当事人申请参照指导性案例的回应机制，最高人民检察院于2017年7月修订并印发的《关于加强检察法律文书说理工作的意见》，也未对检察官引述指导性案例进行释法说理作出规定。检察机关案例指导制度与法律文书说理制度、业务操作制度相脱节，说明案例指导制度没有成功嵌入成文法应用体系。此外，根据调查结果显示，检察官引用审判案例数量极少，说明检察机关没有主动对接审判案例应用机制，没有形成检察官应用"两高"指导性案例的专业操作规范，法律职业共同体的案例指导应用处于分割状态。

(四) 人工智能辅助系统服务尚未形成

调查证实，N市检察院法律综合信息网已经植入检察院内网，可以从该信息网站中便捷查询到"两高"发布的所有指导性案例。但是，由于指导性案例的类似案件推送服务尚未形成，类似案件数据库尚未建立，检察机关应用指导性案例的技术手段相对落后。

调查中看到，在落实司法责任制过程中，N市两级检察院案多人少、检察官及检察辅助人员不足的现状较为突出，如果没有人工智能系统作为依托，为检察官应用指导性案例提供智能化、便利化服务，识别类似案件和引用指导性案例、引述指导性案例进行释法说理，仍会成为检察官办案时需要额外承担的一项工作。

四、增强检察机关指导性案例实践效力的破冰之道

指导性案例的生命在于应用，其应用效力是案例指导制度构建的核心。指导性案例效力由弱到强，需要由事实性效力向制度性效力转型。检察机关指导性案例实践应用，要体现"应当查询，应当参照，应当回应"的制度性效力，增强案例应用效力和实践效果，实现指导性案例应用与管理创新发展并进入常态化。

(一) 扩大指导性案例应用的效力范围

检察机关应扩大指导性案例应用的效力范围，增强制度性效力供给，进一步拓展案例指导制度的发展空间。

一是拓展指导性案例的业务覆盖面。法律监督是检察机关的主责主业，没有足够数量的法律监督指导性案例，难以构建检察案例裁判规则体系，无法形

成检察机关案例法应用资源优势。应结合检察业务特点及工作需要,尽快遴选出民事诉讼监督、行政诉讼监督、行政违法检察、行政强制措施检察等方面的指导性案例。①

二是确定指导性案例的准司法解释法律地位。要以准司法解释的效力地位和造法的功能定位,协调好指导性案例与司法解释的关系。一方面,增强造法型指导性案例的编发质量,废止已经进入指导性案例体系的释法型、宣法型案件,并阻止这两种类型案例进入。另一方面,针对实践中检察案例要旨不如裁判规则简明实用的问题,编发指导性案例时,可以把"要旨"改为"裁判规则"或"司法规则",开宗明义地确定裁判规则的内容,避免歧义与误解。

三是明确参照指导性案例的应用形式。检察官应用指导性案例,首先是参照,进而是引述。参照案例裁判规则而适用法律,是应用指导性案例的基本途径。引述指导性案例作为释法说理的根据,是解释适用法律理由时应用案例的一种形式。两者用途不同,前者为办案中"参照适用",是案例应用的重点;后者为适用法律后"释法引述",是参照的延伸与收尾。因此,在应用指导性案例办理案件时,应当导入"当参当引"的适用方式。

(二)建立指导性案例参照应用标准和专业化操作规范

司法实践不仅需要案例法知识,还需要建立完备、规范的案例应用专门方法,赋予指导性案例一定的刚性约束力。

一是确定指导性案例查询操作及参照方法。明确检察官办理案件应当查询"两高"指导性案例,并进行类似性对比和判断;参照或不参照指导性案例应予说明。还应确定指导性案例的参照方法,即明确案例要旨具有司法规则功能,参照案例必须遵循其裁判规则,超越指导裁判规则的参照无效。

二是建立指导性案例参照应用标准。有学者认为,应明确识别类似案件的标准,从基本案情与适用法律两方面,将本案与指导性案例进行对比和确定。② 笔者认为,还应进一步明确程序案例参照标准,当案件程序性事实与指导要旨所归纳的规则条件相符,即可参照适用指导性案例引用的法律条款,不受指导性案例的实体性事实及案件性质影响。

三是建立引述指导性案例的操作规范。审判指导性案例在司法实践中出现

---

① 王玄玮:《检察案例指导制度运行状况分析》,载《人民检察》2017 年第 5 期。
② 王杏飞:《指导性案例效力的最新发展》,载《中国社会科学报》2016 年 4 月 20 日第 5 版。

各种不同的引述方式，缺乏规范性，检察机关不方便参考。检察官引述指导性案例时，应当讲明案例编号、案件与案例的类似性判断以及裁判规则。

（三）健全指导性案例的实践应用机制

增强检察机关指导性参照效力的刚性，将"可参可引"的效力提升到更高的应用效力级别，形成"当参当引"与"可参可引"共存的实务参照效力样态。

一是明确检察官应优先参照指导性案例。"司法先例具有天然正当的法源地位。"① 指导性案例的裁判规则是司法解释的补充，其具有准司法解释的效力。当检察业务规则与指导性案例裁判规则同时存在时，要求检察官应当优先参照指导性案例，按照案例的裁判规则办理案件。

二是规范文书释法引述指导性案例。明确重点法律文书释法说理应当引述参照的指导性案例，增强说理效果。参照指导性案例作出决定的案件，制作的法律文书属于最高人民检察院《关于加强检察法律文书说理工作的意见》中说理重点范围的，检察官应当引述指导性案例进行释法说理。其他法律文书，可由检察官根据具体情况选择是否引述。

三是规范指导性案例应用请求的回应。明确律师、当事人建议检察官参照指导性案例适用法律时，检察官应在法律文书中作出回应。这方面，要借鉴吸收审判案例指导制度的相关规定，还可以借鉴德国的做法，规定检察官办理类似案件作出与指导性案例不同的决定时，应当向检察长报告，并说明理由。②

（四）加强指导性案例的应用管理工作

指导性案例应用管理属于司法管理范畴，具有不同于成文法应用管理的要求。要把指导性案例应用管理作为一项相对独立的案件管理单元，健全指导性案例实务应用与管理机制，形成较为完备的指导性案例资料管理和应用管理规范。

具体做法有：一是明确检察业务部门的指导性案例知识管理和资料管理要求，建立指导性案例资料库。二是明确将指导性案例应用情况纳入统一业务应用系统管理，设置是否参照"两高"指导性案例的填写选项，参照指导性案例的，还要注明案例号。三是明确入编最高人民检察院指导性案例的作者，应获得业绩考评加分评价和适当奖励。四是全市两级检察院应定期评估指导性案

---

① 泮伟江：《论指导性案例的效力》，载《清华法学》2016年第1期。
② 刘宝霞：《检察案例指导制度构建》，载《法学杂志》2012年第10期。

例实务应用情况，并向上一级检察机关报告。五是引导和规范检察官应用审判指导性案例的实务操作，构建法律职业群体的指导性案例应用专业规范体系。六是建立指导性案例公开发布和查询制度，向检察官和社会公众开放，便于查找和使用。

（五）发挥人工智能在指导性案例应用中的作用

人工智能作为一项影响广泛而深远的革新技术，冲击法律人所坚持的观念和价值，影响法律推理基本模式，改变法律服务基本方式。检察机关应强化指导性案例的信息化检索功能，将人工智能应用于案例指导工作，利用人工智能系统提供案件对比、指导案例推送、类似案例推送的智能化便利服务。

具体做法有：一是建立指导性案例要旨（裁判规则）及其适用法律、司法解释和业务规则的数据库，形成指导性案例法律适用方法即参照适用规则的推送服务。二是为每个指导性案例建立类似案件数据库，形成指导性案例和实务类似案件的推送服务，使检察官在案例指导效力范围内适用法律。三是建立应用指导性案例数据库和推荐指导性案例数据库，明确应用指导性案例办理的案件，应当在检察综合信息网上公开。

综上所述，经实证分析，处于初期阶段的检察机关案例指导制度，其指导性案例以显性援引和隐性援引方式在实践中应用，显性援引数量不多且效果不理想，隐性援引数量和效果考证难度大。而且，检察机关援引审判指导性案例缺乏政策指引和操作规范。在庞杂的成文法应用体系中，增强检察机关指导性案例的实践效力和应用效果，需增加法律监督指导性案例数量并提高其编发质量，改善源头效力供给，形成指导性案例功能供应与应用机制，建立实务案件与指导性案例类似性对比标准，建立检察官"应当查询，应当对比，应当参照，应当引述"以及"应当回应当事人"的实务规范，健全指导性案例应用管理制度并引入人工智能服务。同时，注重与法院审判案例指导制度的良性衔接，规范检察官应用审判指导性案例，促使检察官与法官、律师携手，以法律职业共同体的使命担当，在新时代推进我国案例应用制度的繁荣发展。

检察机关引入律师接访的调查报告
——以 A 市实践为样本

◎李桂田*

> **内容摘要**：全国检察机关引入律师接访试点工作已近两年有余，试点成效如何是中央涉法涉诉信访改革普遍关注的焦点。本文通过对 A 市检察机关引入律师接访试点工作情况予以回顾，梳理检察机关引入律师接访工作中遇到的问题，以类比分析的方法，深入剖析影响检察机关引入律师接访试点工作运行的主要因素，并务实提出对广西检察机关完善引入律师接访试点工作的现实启示。
>
> **关键词**：检察机关；律师接访；试点工作

党的十八届四中全会提出"对不服司法机关生效裁判、决定的申诉，逐步实现由律师代理制度"。2015 年 6 月，中央政法委出台《关于建立律师参与化解和代理涉法涉诉信访案件制度的意见（试行）》，要求各地力争 2015 年年底前，以地市为重点全面推开实施。四川、湖南、山东、广东、吉林、河南等地检察机关率先试点。2016 年 6 月，广西检察院与自治区司法厅达成了律师参与化解和代理涉法涉诉信访案件的实施意见，引入律师接访试点工作在全区各地检察机关得到广泛实践运用。2016 年 10 月，A 市检察机关开始探索引入律师接访工作。如今，引入律师接访试点工作已近一年有余，为全面了解掌握检察机关引入律师接访格局，有必要通过实地调研、召开座谈会、问卷调查等方式，对 A 市检察机关试点工作进行较为系统全面的调查。本文结合类比方法对调查内容予以分析，对广西检察机关引入律师接访试点工作拟提出良益启示。

---

* 广西壮族自治区陆川县人民检察院办公室检察官助理。

一、检察机关引入律师接访工作的基本现状

2016年10月,A市检察机关为加强律师接访试点工作,按照"敢于接访、善于接访、规范接访"的法治原则,初步探索律师接访工作机制,完善"检察官+律师"接访和化解矛盾模式。本文以A市检察机关引入律师接访试点工作为研究样本,反映检察环节引入律师接访试点工作运行概况。

(一)检察机关引入律师接访工作的回顾

2016年至今,A市检察机关引入律师接访共161件[①],其中刑事裁判信访41件、民事裁判信访70件、行政裁判信访15件、其他信访35件;现场接访73件、电话接访35件、书面接访23件、网上接访21件、委托其他律师接访9件;接访所涉内容以群体性矛盾、进京进邕和有损司法公信信访案件为主,分别为48件、63件和50件;律师接访意见获采纳分为四个期间段,30天内的12件、30~60天的26件、60~90天的40件、90天以上的54件,采纳意见类型主要以监督程序、司法救助和提供法律帮助为主。具体情况如表1至表5所示:

表1:2016年10月至2017年10月A市检察机关引入律师接访数据统计表

项目 单位	引入律师参与接访种类(单位:件)				合计	当事人采纳接访律师意见(单位:件)
	认为刑事裁判不公	认为民事裁判不公	认为行政裁判不公	其他方面		
市院	5	7	1	8	21	15
C县院	3	7	0	3	13	9
D县院	6	9	0	2	17	12
E县院	2	10	1	6	19	17
F区院	7	9	3	4	23	21
G市院	4	12	3	2	21	18
H区院	8	11	3	5	27	24
I县院	6	5	4	5	20	16
合计	41	70	15	35	161	132

---

① A市检察机关引入律师参与接访,主要有现场律师参与接访、当事人电话征询律师意见、律师书面解答当事人疑虑等方式。该报告所统计的数据包括现场接访、电话接访、书面接访、网络接访等方面的案件数。

表2：A市检察机关引入律师接访方式统计表

序号	律师参与接访的形式	接访数量（单位：件）	所占比例（单位：%）
1	现场接访	73	45.35
2	电话接访	35	21.73
3	书面接访	23	14.28
4	网上接访	21	13.04
5	委托其他律师接访	9	5.60
	合计	161	100

表3：A市检察机关引入律师接访内容情况表

序号	类型内容	接访数量（单位：件）	所占比例（单位：%）
1	涉及群体性矛盾的信访案件	48	29.81
2	可能引发进邕进京的信访案件	63	39.13
3	可能有损司法公信力的信访案件	50	31.06
	合计	161	100

表4：A市检察机关引入律师接访获信访人采纳期限表

序号	采纳律师意见时间（时间：天）	采纳律师意见数量（单位：件）	所占比例（单位：%）
1	≤30	12	9.09
2	30~60	26	19.70
3	60~90	40	30.30
4	≥90	54	40.91
	合计	132	100

表5：A市检察机关引入律师接访获采纳类型表

序号	处理结果获采纳种类	数量（单位：件）	所占比例（单位:%）
1	通过诉讼监督程序寻求救济，并提供相应法律帮助	31	23.48
2	通过提供国家司法救助缓解困难，并提供法律帮助	49	37.12
3	通过其他方式为当事人寻求解决办法，并提供帮助	52	39.40
	合计	132	100

（二）检察机关引入律师接访工作的启动方式

2016年10月至今，A市检察机关在结合广西检察院乃至全国各地检察机关实践的基础上，探索了检察环节引入律师接访试点工作运行的启动方式，具体分为依信访人申请、依职权告知信访人申请和其他指派方式启动三种。具体情况如图1、表6所示：

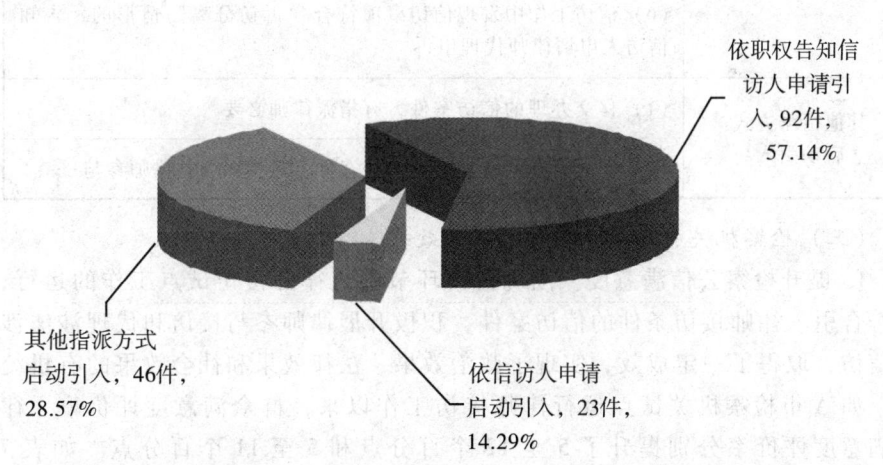

图1：A市检察机关引入律师接访启动方式分布图

表6：A市检察机关引入律师接访启动方式细化表

一级指标	二级指标
依信访人申请引入	（1）当事人提出涉法涉诉信访代理申请的，经审查核实后引入律师接访
	（2）依信访人申诉要求援助律师介入，直接引入律师接访
依职权告知信访人申请引入	（1）信访工作中发现信访案件处置结果、程序违法或不当的，告知信访人可以申请律师库中的律师参与信访接待
	（2）信访工作中发现信访所反映事项符合法律法规，但信访人仍心存疑惑的，告知信访人申请律师参与信访接待
	（3）信访工作中发现信访事项涉及群体性矛盾的，且危害大，告知信访人申请律师参与信访事项处理
	（4）信访工作中发现信访人因客观原因不能通过司法方式寻求救济的，告知信访人申请律师参与信访事项处理
	（5）信访工作中发现信访人缠访、闹访的，告知信访人申请律师参与信访事项的代理和处理
	（6）信访工作中发现信访事项符合"诉访分离"情形的，告知信访人申请律师代理申诉
其他指派方式启动引入	（1）移交办理的信访案件，有指派律师必要
	（2）上级交办的重大复杂信访案件，需指派公益律师参与

（三）检察机关引入律师接访工作的效果

1. 提升检察公信满意度。围绕检察环节引入律师接访试点工作的运行，对符合引入律师接访条件的信访案件，积极开展律师参与接访和代理涉法涉诉信访，取得了一定成效，实现了政治效果、法律效果和社会效果的有机统一。如A市检察机关试点运行律师接访工作以来，群众满意度评价率、律师满意度评价率分别提升了5至12个百分点和5至11个百分点。如表7所示：

表7：A市检察机关引入律师接访前后检察公信满意度对比表①

项目\单位	试点前满意度评价率（%）		试点后满意度评价率（%）	
	群众满意率	律师满意率	群众满意率	律师满意率
市院	87.41	74.80	94.93	81.26
C县院	71.27	69.52	77.61	74.59
D县院	74.14	70.11	79.29	78.31
E县院	69.82	70.86	79.84	81.19
F区院	78.25	74.33	87.20	85.74
G市院	70.09	72.81	81.28	83.55
H区院	78.67	71.89	89.26	81.65
I县院	73.83	70.09	85.17	81.24

2. 深度融合社会治理创新。2016年10月，A市检察机关与司法部门共同出台了《关于建立律师参与接访工作的实施办法（试行）》《关于建立律师参与化解矛盾的共同意见》《关于建立律师代理涉法涉诉信访案件实施方案》，并成立了检察环节引入律师接访试点工作领导小组，充分发挥律师接访、参与化解矛盾、代理涉法涉诉案件制度运行优势，与律师事务所建立起"引入互动"机制，尝试全面推行律师参与接访。如表8所示：

表8：A市检察机关落实律师接访工作进度表

项目\单位	是否转发中政委（2015）16号文件	是否结合本地制定或出台相关实施意见	是否成立工作领导小组	是否建立协调工作机制
市院	是	是，制定《关于建立律师参与接访工作实施办法（试行）》	是	与政法委、司法局建立推进律师接访工作协调机制

---

① 笔者结合问卷调查和自治区综治委电话抽查满意度的情况梳理出来的数据对比，旨在分析检察机关引入律师接访工作的潜藏效果，以供思考。

续表

项目\单位	是否转发中政委（2015）16号文件	是否结合本地制定或出台相关实施意见	是否成立工作领导小组	是否建立协调工作机制
C县院	是	是，制定《关于建立律师参与化解矛盾的共同意见实施方案》	是	与司法局建立问题处置解决办法实施方案
D县院	是	是，制定《关于D县院建立律师代理涉法涉诉信访案件实施方案》	是	与律协、律所建立援助律师沟通联系机制
E县院	—	—	是	与司法局建立共同协商意见实施办法
F区院	是	是，制定《关于建立律师接访工作推进跟踪实施办法》	—	与政法委、律协建立联合推进工作机制
G市院	—	—	是	与司法局、公安局、法院建立协调配合机制
H区院	—	是，制定《关于建立律师化解群体性矛盾和代理涉众型信访实行措施》	是	—
I县院	是	—	是	与公检法司建立常态化联系机制

3. 有效化解群体性矛盾案件。2016年10月以来，A市检察机关通过及时介入律师队伍力量，构建"检察官＋律师"化解矛盾模式，引入律师参与群体性矛盾化解，主动回应当地群众切身关注，通过律师的专业、中立、服务等

法律素养优势,全市检察机关共化解了 39 件涉法涉诉群体性矛盾纠纷信访案件,其中市级院 7 件、所辖县区市级院 2 至 9 件不等。具体情况如图 2 所示:

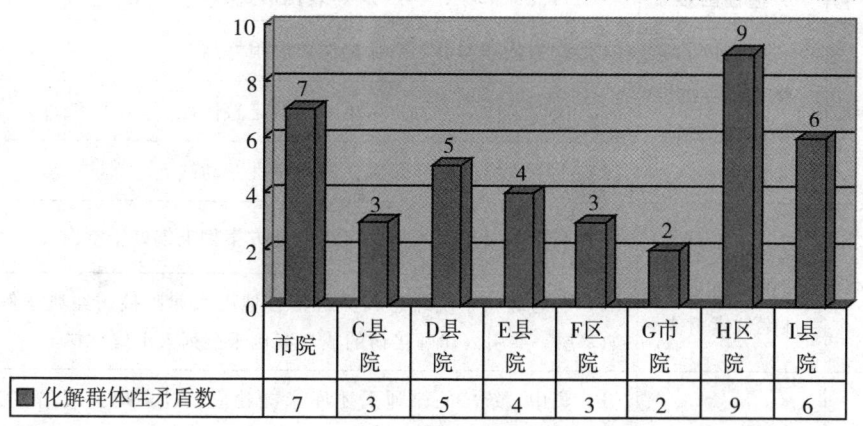

图 2:A 市检察机关引入律师参与化解群体性矛盾案件情况图

(四) 检察机关引入律师接访所遇到的困难

经对 A 市检察机关引入律师接访试点工作进行调研,结合全国各地省级检察院引入律师接访试点工作情况,各地区检察院在试点引入律师接访工作时会因地区和政策差异有着各自的困难和障碍,但经详细对比分析,各地区检察院试点引入律师接访工作仍然具有共性,实践中所遇到的困难和障碍也具有普遍性特征。具体情况如表 9 所示:

表 9:检察机关引入律师接访遇到的普遍困难清单表

序号	普遍性困难	具体表现形式
1	领导重视不够	(1) 未将试点工作作为全院重点工作抓好抓实
		(2) 对引入律师接访探索不够,相应人员配备不足
		(3) 以文件落实工作情况居多,不愿花费太多精力推进开展
2	工作推进力度弱	(1) 律师接访未能正常运作,形式主义较为突出
		(2) 控申部门人员素质能力不足,难以适应工作要求
		(3) 未入额检察人员工作积极性不高

续表

序号	普遍性困难	具体表现形式
3	试点工作的系统性不强	（1）检务公开与引入律师接访未能很好结合
		（2）试点工作的合力架构单一，缺乏整体性
		（3）上下级纵向指导断层，横向良性互动缺乏
4	检察环节引入律师接访指导性案例素材少	（1）高检院关于引入律师接访的地方案例汇编处于空白
		（2）各省级检察院疏忽收集所辖各地引入律师接访经典案例，如基层一些引入律师接访的成功案例未能列入汇编材料
5	司法行政部门协调配合力度不够	（1）集中、统一的律师人才库未能建立，过多地呈现出零散现象
		（2）对引入律师接访如何开展的理解存在分歧，如律师接谈、律师代理、律师评析等问题
		（3）过于强调速快速决，引入律师接访受阻等
6	保障制度不完善	（1）引入律师接访所需经费难以到位
		（2）引入律师接访机制、代理申诉制度、营造发展环境、考核评价等方面不具体，得不到切实的认可

二、检察机关引入律师接访工作的分析思考

（一）检察机关引入律师接访工作态势分析

1. 试点初期平稳，后期加速。2016 年 10 月至 2017 年 7 月，A 市检察机关引入律师接访试点工作增速都比较平稳，但在 2017 年 8 月至 10 月，则呈现突然加速增幅的发展趋势；2016 年 10 月至 2017 年 6 月，湖南、四川、山东、广东、吉林、河南五个省检察机关引入律师接访试点工作总量也接近呈现"平稳+加速"的发展趋势。综上，可以预见检察机关引入律师接访试点工作，在未来较长一段时期内仍将呈现上升的态势。具体情况如图 3、图 4 所示：

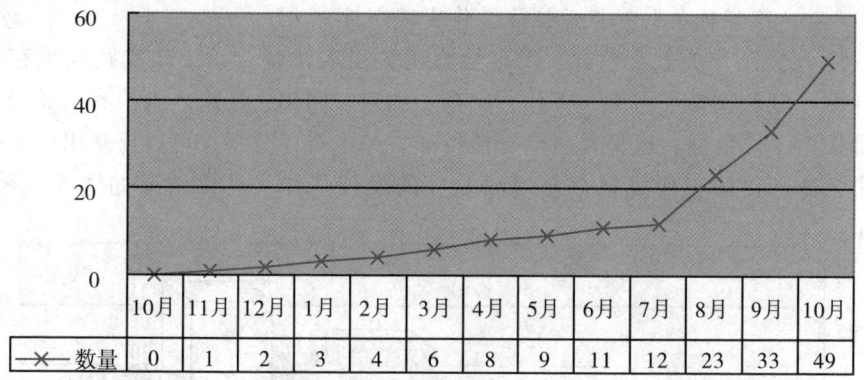

图3：A市检察机关引入律师接访试点工作增速情况图

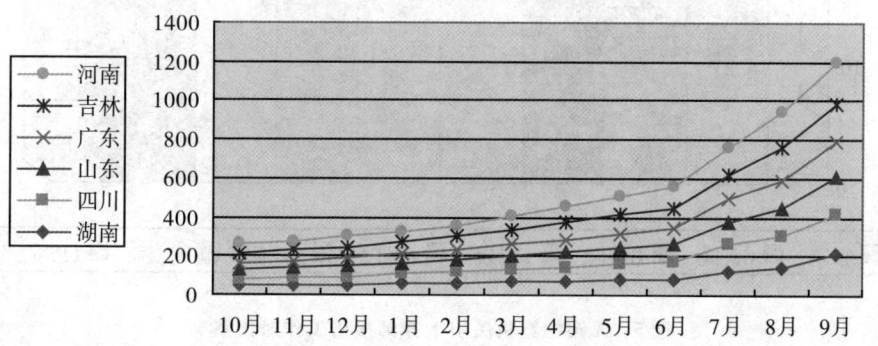

图4：全国六省检察机关引入律师接访试点工作增速情况图

2. 影响试点工作发展态势的因素。第一，上级重视是推进律师接访工作试点的直接原因。中央政法委下发《关于建立律师参与化解和代理涉法涉诉信访案件制度的意见（试行）》，并将律师参与接访作为所辖公、检、法、司系统的重要工作，以督查、整顿的方式，层层压实责任，极大推动了此项工作的快速发展。第二，各地政法委的督查确保了试点工作的全面开展。2017年6月，为确保党的十九大胜利召开，各地政法委专门组成督察组深入检察机关实地调研，指导引入律师接访工作，强调律师参与化解和代理涉法涉诉信访案件的重要意义。第三，试点工作典型经验成果的转化也促进了工作的发展。高检院专门对四川、湖南、山东、广东、吉林、河南六省检察机关引入律师接访试点工作典型经验，以通知的形式向全国各级检察机关转发学习。实践成果的转化，有助于检察机关引入律师接访试点工作的推开，提高试点工作能力。

（二）检察机关引入律师接访工作地域分析

1. 实践工作成效有差异。A 市检察机关引入律师接访工作实践成果存在差异性，笔者收集了河南、吉林、广东、山东、四川、湖南六省检察机关引入律师接访工作数据，也呈现出差异性特征。综上对比分析，可以反映出检察机关引入律师接访工作成果存在地域差异的发展规律。具体情况如图 5、图 6 所示：

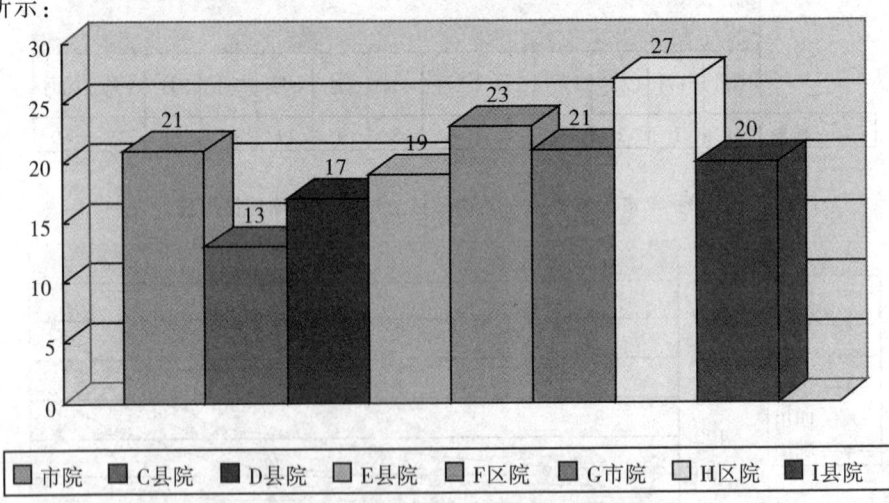

图 5：A 市检察机关引入律师接访工作对比图

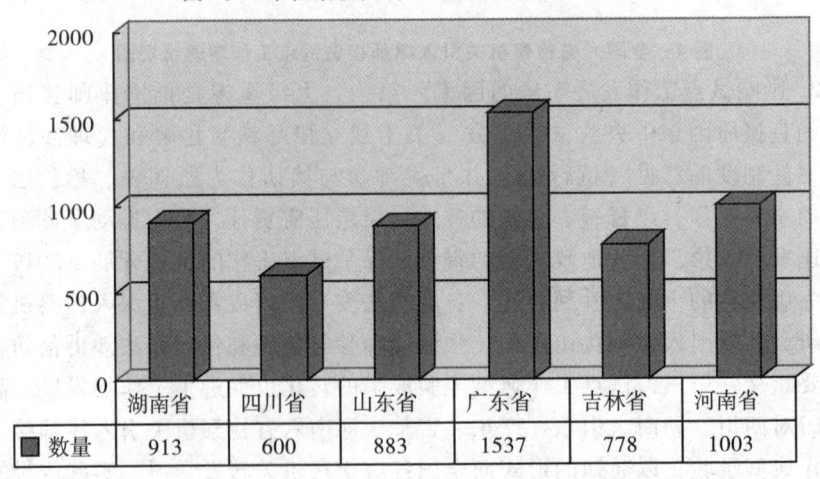

图 6：全国六省检察机关引入律师接访工作对比图

2. 影响工作存在地域差异的因素。第一，与领导组织保障力度不同有关。如一些地区检察机关领导重视引入律师接访工作的开展，切实制定措施保障工作运行，则该项工作推进成果较好；反之则不理想甚至适得其反。第二，与工作合力的形成有关。检察机关引入律师接访工作需要协调各方公权力量，方能结出此项工作的硕果。如工作合力难以形成或不够坚实，检察机关开展律师接访工作终将难有作为。第三，与队伍素质能力有关。如控申部门检察人员力量充足、素质能力强的检察院，开展此项工作更得心应手，取得的成果也较为显著；反之则不显著。第四，与该项工作制度的完善有关。试点地区如对引入律师接访工作制度进一步建立健全，其所取得的成果或社会成效也较之其他地区更好。如广东省建立了具体的律师代理申诉制度；A市检察机关拟制了律师接访工作考核方案，在实践中取得的效果较为明显。

（三）检察机关引入律师接访种类对比分析

1. 类型数量对比差距大。对A市检察机关引入律师接访类型数据统计可知，涉及民事裁判信访的案件最多，涉及行政裁判信访案件最少。结合河南、吉林、广东、山东、四川、湖南六省检察机关引入律师接访类型数据，涉及民事裁判信访案件最多，涉及其他方面最少。检察机关引入律师接访类型仍以民事裁判信访案件为主。具体情况如图7、图8所示：

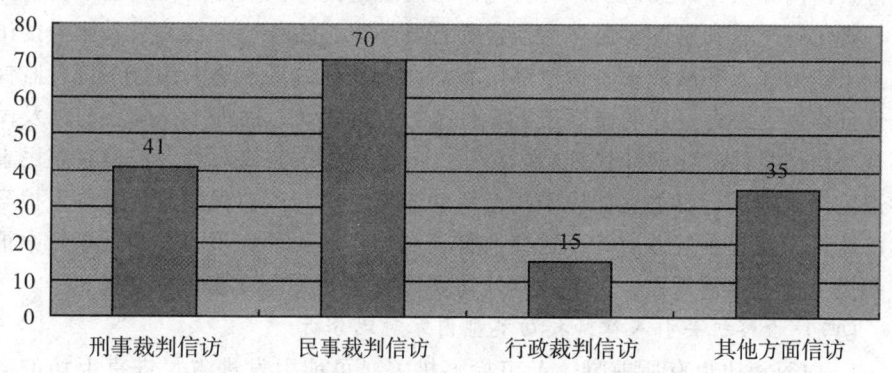

图7：A市检察机关引入律师接访类型数据对比图

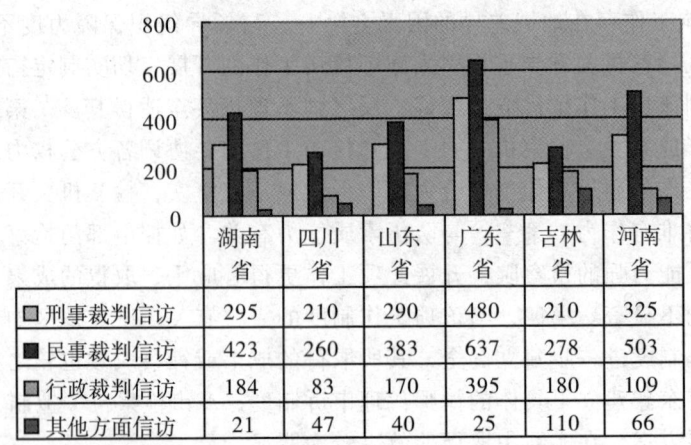

图8：全国六省检察机关引入律师接访类型数量对比图

2. 影响律师接访工作类型差距的因素。第一，与大众创业、万众创新的政策有关。中央提出"两创"，直接带动了创业的发展，经济利益交叉日益频繁，涉及双方之间的利益纠葛呈现稳步上升态势，民事纠纷案件日益增多。又因审判质量得不到切实保障，涉及民事裁判信访的案件逐年递增。第二，与民事检察部门介入律师接访工作有关。高检院规定民事检察部门在受理申诉案件时，将化解矛盾和息诉罢访作为监督的首要环节，随着检察机关引入律师接访试点工作的深入开展，民事检察部门必然介入律师力量，对大部分不符合监督条件且申诉人心存疑惑的民事申诉案件进行息诉罢访，助推了律师参与涉及民事裁判信访案件的化解和代理数。第三，与民事诉讼法修改、人民检察院民事诉讼监督规则试行有关。如民事执行活动监督、审判活动程序监督、再审检察建议监督、提起公益诉讼等，这些监督福利无疑加大了陈年旧案和近年新案被重新提上检察监督日程，民事裁判信访案件数量庞大也日趋凸显。

（四）检察机关引入律师接访类型内容对比分析

1. 内容相比也有所差异。A市检察机关对可能引发进省、进京上访的案件，引入律师参与化解和代理涉法涉诉信访案件的数量居多，而其他则也有不同程度的差异。河南、吉林、广东、山东、四川、湖南六省检察机关引入律师接访类型内容同样以律师参与化解和代理进省、进京信访案件为最高。具体情况如图9、图10所示：

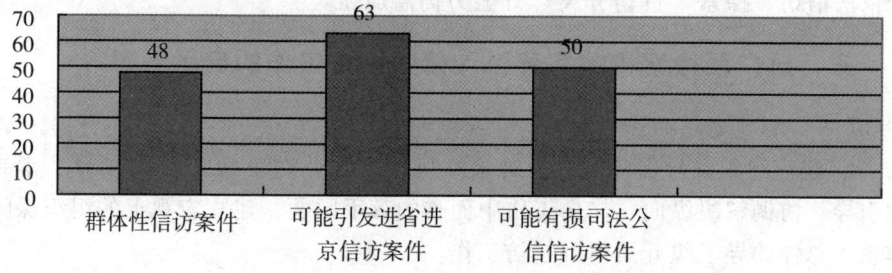

图9：A市检察机关引入律师接访类型内容分布图

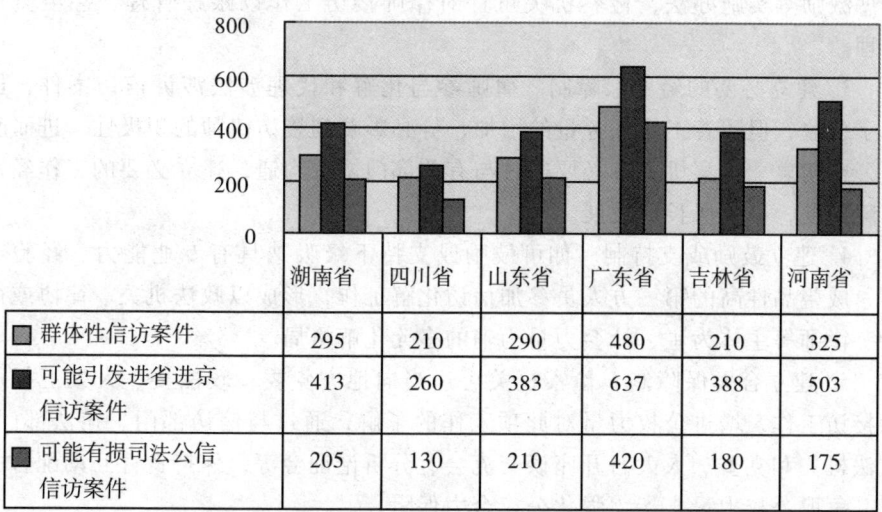

图10：全国六省检察机关引入律师接访类型内容分布图

2. 影响类型内容不均衡的因素。第一，与维稳和风险预测性有关。全国各地都以维稳作为首要工作，检察机关理当将涉及进省、进京信访案件作为维稳处置任务，引入律师接访工作也必将以处理可能进省进京信访案件作为重点。另外，检察机关对信访案件的非法性多以可能进省进京信访作为风险预测对象，加速了该类型内容介入律师接访的可能。第二，与历史积案有关。由于历史原因，各地的涉法涉诉信访历史积案得不到彻底解决，加之群众法律意识逐步增强，必然引发越级上访以寻求彻底解决。检察机关介入律师接访处理进省进京信访案件便成为一种常态。第三，与畅通信访渠道有关。检察机关引导信访群众以法治方式解决信访问题的能力，还不能适应形势需求，引导信访群众依法信访、探索"诉访分离"等能力仍需加强。

三、对广西检察机关完善引入律师接访工作的启示

（一）构建完善的保障体系

1. 建立组织领导保障制。上级检察机关要强化对下级工作的领导、指导和引导，协调解决纵向、横向工作中面临的棘手问题，建立宏观上的组织保障体系，总体领导下级开展律师接访工作。

2. 建立完善执行制。建立完善人员选拔任用、学习培训、日常管理以及奖惩激励等实施办法，检察机关可针对律师接访工作以跟踪管理，甚至监督管理。

3. 建立必要的经费保障制。律师参与化解和代理涉法涉诉信访案件，虽出于公益，但随着工作任务量的增加，势必影响到接访律师的积极性，进而改变公益初衷。检察机关有必要通过与有关部门协调沟通，建立必要的工作经费保障制度，以确保长远发展。

4. 建立鼓励或支持制。如可鼓励或支持下级吸纳具有专业能力、经验丰富、威望品性高的第三方人员参加信访化解工作，形成以政法机关、律协或律所、律师等主体为主，社会力量为辅的多元化解格局。

5. 建立合力保障制。检察机关可适当向地方党委、政法委、人大汇报律师接访工作，增进公权力量对此项工作的了解，通过与信访部门、司法部门、政法机关和党委、人大召开座谈交流会、分析论证会等，保持良性互动配合关系，争取公权力量支持，强化公权合力保障。

（二）构建灵活多样的律师接访机制

1. 建立接访值班制。省市县三级检察院应设立律师接访值班室，为律师参与接访配备办公设施，提供生活和工作便利；与政法委、司法局建立常态化沟通协作机制，选派律师到接待场所值班，为信访人提供现场咨询等服务。①

2. 建立接访预约制。对处于偏远地区或信访量相对较少的检察院，应建立常态化、长效化联系制度，广泛推行律师接访预约制，向社会公告律师值班接访的时间、信息等，引导信访人有序、有针对性地来访，必要时检察机关应施以援手帮助信访群众预约律师接访。

---

① 如湖南省检察院自2016年3月16日起律师正式值班到2016年8月25日，共有132名律师值班，接待案件154件200人。

3. 建立良性互动制。要与同级的律协、律所召开试点工作联席会议，反馈律师值班接访情况，为对值班律师的业绩考核提供殷实依据；反馈试点工作中发现的问题，共商解决良策，如接访律师人才库完善、权利保障等问题，以行之有效的方式实现良性互动。

（三）构建精准的律师代理申诉制度

1. 建立律师代理申诉告知制度。对属于人民检察院管辖、可能导入司法申诉程序的信访案件，应告知申诉人委托律师代理申诉案件，包括初次受理可能导入司法程序的信访案件和办理中却未聘请律师的申诉案件。要按司法告知程序要求，在告知申诉人的同时送达律师代理申诉案件告知书，引导申诉人通过委托律师来保障自身合法权益。

2. 建立律师法律援助制度。检察机关发现申诉人因家庭贫困未能委托律师的，应通过书面建议函及时为申诉人联系援助机构提供法律帮助，援助律师应对援助对象优先办理、提供法律便利。①

3. 建立律师代理接访的强制制度。对申诉人有能力委托律师代理，又无正当理由不委托且拒绝检察机关为其委派律师代理申诉的，可实行强制代理制度。如申诉人不接受强制代理且检察机关已驳回其申诉请求，又再次重复申诉或越级申诉的，应实行不再受理申诉制度；如申诉人因信任问题②不愿委托律师或不采纳委派意见，又难以与其沟通，且申诉案件久拖不决，检察机关可因案制宜，为申诉人委派律师代理。

4. 建立代理律师意见评析制度。办理信访申诉案件，应当充分听取代理

---

① 最高人民检察院控告申诉厅发布的《全国检察机关10起律师参与化解和代理涉法涉诉信访案件典型案例》中的申诉人唐林不服湖南醴陵市检察院对殷某故意伤害不起诉决定一案，醴陵市检察院鉴于申诉人家庭经济困难，且该案既案情复杂又涉及专业问题，确实需要律师代理提供援助才能解除申诉人的疑惑，便为申诉人唐林联系当地司法局，在司法局的大力支持下，为其确定一名法律援助律师帮助代理申诉。该代理律师尽职尽责对案件中证据采信、法律适用等问题反复论证并与检察机关多次沟通，最终代理律师认可了检察机关的决定。代理律师通过耐心细致地跟唐林释法说理，并告知唐林提起民事诉讼维权的救济途径，得到申诉人唐林的充分认可和肯定。此案律师代理既维护了申诉人唐林的合法权益，又促使其息诉罢访，增强了司法公信力。

② 实践中常常存在因申诉人基于不信任律师等原因不愿意委托律师，也存在不信任检察机关导致沟通存在障碍之情形，缺乏律师介入容易导致申诉人合法权益难以得到切实有效的保障。

律师意见，并在书面报告中予以评析，提出采纳与否的意见和理由。如处理意见与代理律师意见相一致的，则应及时依法作出处置决定；如处理意见与代理律师或申诉人意见存在争议的，则在作出处理决定前，依据代理律师申请予以公开评析听证，将公开评析听证意见作为办案机关拟制决定的重要参考依据，并在相应法律文书中予以详细载明。

（四）构建律师接访参与平台

1. 建立律师参与处理信访的制度。实践中如遇到群体访、长期闹访与缠访的信访案件，基于部门协作合力，应及时选派人才库中的律师参与化解工作，为信访群众提供有关法律咨询，对争议焦点解答疑惑、释法说理，帮助信访群众正确理解法律法规、相关政策和司法机关处理决定，发挥律师独特优势。

2. 建立律师参与信访案件包案化解制度。以"一村一律""三官一律"进村工作等活动为载体，实行包片信访案件包案化解和代理制度，有针对性地对一些重大、疑难、复杂、社会关注度高的信访案件，灵活引入律师包片参与接访、化解矛盾和代理申诉制度。

3. 建立律师参与司法救助申请制度。结合全国各地检察机关试点工作，将引入律师接访试点工作延伸至国家司法救助领域，对家庭生活确有困难，又符合国家司法救助标准的信访群众，代理律师可帮助其向政法机关申请国家司法救助。如信访群众不符合国家司法救助标准或在享受国家司法救助金后，仍有经济困难的，代理律师可帮助或引导其向政府相关部门申请其他社会救助方式，以缓和矛盾，营造和谐。

（五）构建律师接访考核评价制度

1. 建立检察系统纵向统一的考核评价机制。按检察一体化和双重领导原则，从上至下，省级检察院应制定全省统一的律师参与接访工作衡量评价制度，设立一至三级考核指标，将此项工作列入全省控告申诉业务范畴，完善市县检察院考核评价制度，实时进行数据通报和实地调研督察，督导所辖各市县检察院开展律师接访工作。

2. 建立横向整体考核评价制度。引入律师接访工作是党中央决定和中央政法委重点要求，省市县三级检察院要在地方党委和政法委统一领导下，密切与地方党委、政法委加强沟通，协调配合完善此项试点工作的横向考核评价制度，共同督促所辖检察院全面推进律师接访工作。

3. 建立工作推进通报制度。省市两级检察院要从工作数据、管理、制度、质量、配合等方面，逐级建立此项工作通报制度。对完成好的检察院实行全省或全市通报表扬，反之，则全省通报或全市通报批评，形成工作推进的良好格局。

（六）构建试点工作调查研究格局

1. 建立注重律师接访工作调查的格局。三级检察院要以大调查为整体格局，系统地调查律师接访试点工作各个领域，以便为律师接访工作提供丰富翔实的借鉴和参考依据。

2. 建立注重律师接访工作典型案例研究的格局。对检察机关试点律师接访工作中形成的典型案例，及时组织人员负责收集、研究，并结合本地实际有所取舍地开展律师接访工作；对本地区典型案例及时收集研究，必要时进行实地调研，综合思考研究，形成具有本地特色的案例研究库，提供参考素材。

3. 建立逐层通报学习格局。对一些处于偏远地区、研究材料少、信息来源渠道窄的基层检察院，省、市两级检察院应将有借鉴价值的典型报告、案例以通报形式向下转发学习，以作为基层研究对象，适时推进律师接访工作向纵深发展。

（七）构建队伍建设长远规划

1. 适当扩大控申部门人员数量。司法体制改革和检察改革要求办案力量向一线业务部门倾斜，借助检察内设机构改革之机，应借机调整充实优秀检察人员到控告申诉部门，充实引入律师接访试点工作的整体推进力量。

2. 制定职业化、专业化发展规划。遵循检察改革发展方向，结合国家监察委改革，倾斜力量支持控告申诉业务发展，着力培养控申部门检察人员职业化、专业化素质能力，成立专门的律师接访检察工作监督部，全力培养接访工作人才队伍，专门对接律师接访工作。

3. 制定检察系统律师接访工作培训规划。依托未来检察改革趋势，及时制定此项工作培训规划与纲要，组织控申部门检察人员进行整体性、系统性和综合性轮训，必要时鼓励部分人员到先进地区学习经验，并进行实地培训，为全面深入推进律师接访工作储备知识和实践经验。

（八）构建立体化的宣传模式

1. 建立宣传推广实践基地。应结合举报宣传周、信访宣传等，选信访量大的地区，建立宣传基地，定期进行律师代理申诉相关方面的宣传，以点带面辐射周边地区，扩大宣传覆盖面。

2. 建立传统纸媒宣传阵地。应尽快适应律师接访工作的复杂局面，策划、选择一批经典素材予以专题宣传,与《法制日报》《检察日报》《公诉人》等报刊建立宣传阵地,宣传律师接访工作,以引起社会各界共鸣,形成律师接访共同体。

3. 建立新媒体宣传模式。可乘势而上拟制新媒体宣传规划,通过检察门户网站、检察微信平台等网络平台加强宣传,营造检察机关引入律师接访工作舆论氛围,推动试点工作,加强此项工作立法完善,提高全社会对律师接访工作的认识度。

检察机关引入律师接访工作还处于试点实践阶段,实践中仍有许多问题未能得到彻底解决,制度的完善还永远在路上。但试点引入律师接访工作是国家治理体系和治理能力现代化的重要部分,是检察机关参与社会治理创新实践的重要方式,更是提升人民群众对司法公信满意和认可的重要途径。此项工作迎合了涉法涉诉信访改革的步伐,不断推动中国特色社会主义法治道路自信、理论自信、制度自信和文化自信。

W市检察机关关于开展国家司法救助情况的调查报告

◎ 曾 城[*]

> **内容摘要**：2014年以来，W市检察机关积极开展国家司法救助工作，取得了一定成效，并逐步形成了"重在解困、突出救急、刑民并举、多级救助、多元帮扶、注重实效"的W市检察救助经验。但也存在着救助数量偏少、救助金额偏低、救助时间跨度过长、救助经费保障不足、联合救助和综合救助力度不大等问题，需要进一步从立法层面完善相关制度，不断提高救助数量和金额，缩短救助时间，简化救助程序，大力推进联合救助和多元帮扶等。
>
> **关键词**：检察机关；司法救助；效果最大化

建立和完善国家司法救助制度是党的十八届三中全会部署的重大司法改革任务，其关系到司法公正、社会公平正义的实现，也关系到人权保障能否落到实处。2014年以来，W市两级检察机关大力开展国家司法救助工作，国家司法救助工作逐渐实行常态化、规范化，并取得了一定的成效。本文通过对W市两级检察机关2014年以来开展国家司法救助的基本情况、主要特点、主要做法进行总结和提炼，深入分析存在的问题，并有针对性地提出完善国家司法救助工作的意见和建议。

一、W市检察机关开展国家司法救助的基本情况、主要特点以及主要做法

（一）基本情况

2014年以来，W市检察机关坚持把依法办案与化解矛盾相结合，彰显司法为民情怀，把国家司法救助工作列入重要议事日程，以"应救尽救，多元

---

[*] 广西壮族自治区梧州市人民检察院控告申诉检察科干部。

救助"为工作目标，先后办理了66件国家司法救助案件，共发放救助金89.9万余元，逐步扩大救助范围，逐步探索多级联合救助和多元化救助，尽最大可能在子女入学、就业、民政低保、精准扶贫等方面为救助对象提供便利和帮助，并逐步形成了"重在解困、突出救急、刑民并举、多级救助、多元帮扶、注重实效"的W市检察救助经验，有效地维护了弱势群体的合法权益，促进了社会和谐稳定，取得了良好的法律效果和社会效果。

（二）主要特点

1. 单件救助金额逐年提高。司法救助重在解困，但是由于绩效考评等因素，W市检察机关在2014年之前只重视救助的数量，而没有重视救助的质量，各基层检察院救助的案件金额大部分在5000元以下，基本上只有市检察院救助的案件金额在1万元以上。救助金额偏低，很难实现为被害方解困的目的，在一定程度上影响了救助的效果。2015年以来，W市检察机关进一步转变理念，更加突出重视救助的质量和效果，单件救助金额逐年提高。

表1：W市检察机关2014年以来司法救助情况

年份	救助件数（件）	救助金额（万元）	单件救助金额（万元）
2014年	23	8.45	0.37
2015年	16	19.15	1.13
2016年	17	30.3	1.78
2017年1—8月	10	32	3.2

三年多来，W市检察机关国家司法救助力度不断加大，已有超过一半的案件救助金额超过1万元，其中：救助金额在1万元以上的有35件，救助金额在2万元以上的有20件，救助金额在5万元以上的有5件，救助金额超过10万元的有1件。救助金额的不断提高，使救助的质量和效果也得到明显提升。

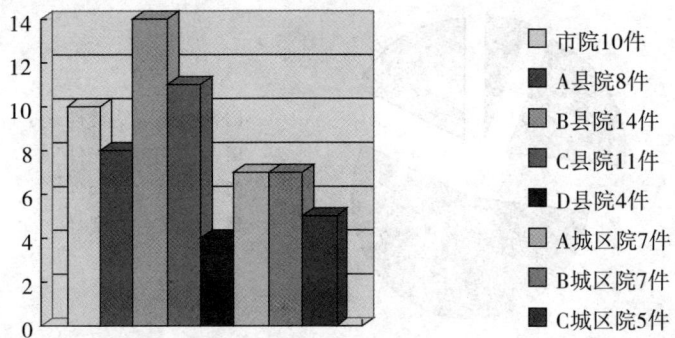

图1：W 市两级院 2014 年以来司法救助办理件数

2. 依职权进行救助的比例较高。由于国家司法救助工作刚启动几年，加之宣传力度不够，群众知晓度不高，主动向检察机关申请救助的情况较少。为此，W 市检察机关积极转变观念，将救助程序的启动由"一个主动"向"两个主动"转变，即过去基本都是申请人主动申请，现在着力构建起"申请人主动申请+检察机关主动救助"的模式，尽量做到"应救尽救"。2014 年来，W 市检察机关主动依职权对 52 件案件提起了司法救助，超过检察机关救助总数的 3/4。

3. 老人、妇女及未成年人救助案件占较大比例。老人、妇女、儿童均是社会的弱势群体，需要全社会的共同关怀和呵护。W 市检察机关在办理国家司法救助案件过程中，注重对被害人为妇女、儿童的案件或者被害家庭仅剩下老人、妇女、儿童的案件进行重点救助。W 市检察机关 2014 年以来救助的 66 件案件中，被害人系妇女、儿童的案件达 18 件，被害家庭仅剩下老人、妇女、儿童的案件达 27 件，两类案件的数量超过了救助总数的 2/3。

4. 涉案罪名相对集中。W 市检察机关 2014 年以来救助的 66 件案件中，有 12 件系故意杀人案件，有 26 件系故意伤害致人重伤或死亡案件，有 10 件系故意伤害致人轻伤案件，有 14 件系交通肇事案件（其中有 7 件属民事案件），其他案件 4 件。总体来说，以人身权利受到损害的案件为主，也有涉及财产损失的案件；以刑事案件为主，也有部分民事案件，救助范围逐步扩大。

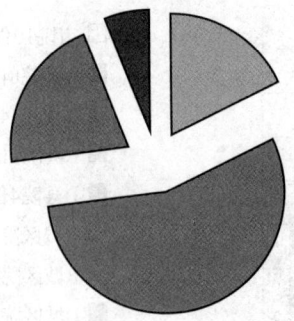

图2：W市检察机关救助案件罪名情况图

5. 综合救助力度逐年加大。中央六部委《关于印发〈关于建立完善国家司法救助制度的意见（试行）〉的通知》规定了国家司法救助以支付救助金为主要方式，同时，与思想疏导、宣传教育相结合，与法律援助、诉讼救济相配套，与其他社会救助相衔接。因此，W市检察机关近年来积极探索对救助对象进行多元化救助，2014年以来共有20件案件，除向被救助人发放救助金外，还根据实际情况，探索对救助对象的就业、子女教育、住房、低保、精准扶贫等多种救助方式，取得了良好的社会效果。

（三）主要做法

1. 积极探索适应司法救助特点的科学评价机制。为加强组织领导，W市两级检察院于2014年年初就成立了国家司法救助工作领导小组，领导小组一般由检察长任组长，副检察长任副组长，市院各部门主要领导担任小组成员，办公室设在控申科，负责具体工作的开展。同时，根据中央、自治区、W市的规定，并结合本市检察机关实际情况，制定了《W市检察机关国家司法救助工作实施细则（试行）》，对救助原则、对象、方式和标准、资金的筹集和管理机构、审批程序、监督和法律责任做了明确规定，其中综合评价刑事被害人的实际损失、过错程度、家庭经济状况、维持当地最低生活水平标准等因素，以此确定救助等级和金额。通过成立领导小组并建立科学评价机制，努力使符合条件的及时得到救助，同时避免不符合条件的滥竽充数。

2. 健全完善办案与救助两个环节衔接机制。目前，W市检察机关已建立其他业务部门与控申部门案件信息共享和救助线索移送机制，要求其他业务部门对被害人重伤、残疾或者死亡的案件作出处理决定前或者案件判决后，及时将相关材料报送控申部门，控申部门也经常主动到各业务部门了解有无适合进行司法救助的案件，使控申部门及时全面掌握刑事、民事被害人等的信息，做到司法办案和司法救助两个环节衔接顺畅,确保司法救助做到"应救尽救"。W市检察机关2014年以来有52件案件系根据该机制发现并主动提起的,超过所办理案件的3/4。检察机关主动依职权提起救助,得到了被救助人的充分肯定。如2015年W市检察院公诉科在办理的一起故意杀人案件判决后,发现被害人的父母蔡某夫妇自女儿去世后生活无依无靠,仅靠两个人的养老金度日,两人均患病需长期治疗,家庭生活比较困难,而被告人林某松至今没有赔偿意愿,蔡某夫妇可能符合国家司法救助条件,遂及时向控申部门移送有关材料,经审查并经市政法委审批,决定对蔡某夫妇救助2万元。为及时将救助金发放给蔡某夫妇,彰显检察人文关怀,W市检察院决定先行垫付救助金,在第二天就将救助金发放到蔡某夫妇手中。同时,在了解到蔡某夫妇现在租住的房屋系某单位宿舍,该单位准备回收该宿舍,蔡某夫妇面临需要另觅住处的情况后,W市检察院积极与该单位协调,使该单位同意让其多住一段时间,待其安置房落实后再搬走。蔡某夫妇送上了锦旗和感谢信表示感谢。

3. 先行垫付救助金及时救助。司法救助应突出救急。对于申请人家庭经济特别困难,迫切需要进行紧急救助的,W市检察机关除尽最快速度办理救助外,还经常采取从自身经费中先行垫付救助金的方式,及时解决申请人的燃眉之急。2014年以来,W市检察机关共有16件案件采取了先行垫付救助金的方式。如W市检察院2016年办理的陈某夫妇司法救助案,陈某夫妇因其儿子被人杀害导致家庭经济困难,在市委政法委作出救助其31000元的决定后,该院决定先行垫付救助金,第二天就将救助金发放到陈某夫妇手中。此外,检察官还多次对陈某夫妇进行心理辅导,帮助他们解开"心结",还为其协调解决农村低保、精准扶贫、家庭就业等问题,使其家庭尽早脱贫。

4. 由刑事救助向民事救助拓展。2014年之前,W市检察机关的司法救助对象主要是刑事案件的被害人。2014年以来,W市检察机关逐渐扩大救助范围,积极探索对8件民事侵权案件(以交通事故损害赔偿纠纷案件为主)进行了救助。如2015年9月,W市检察院原检察长潘检通过视频接访了D县农民黄某,得知黄某因其女儿在交通事故中被撞成重伤得不到经济赔偿导致家庭困难的情况后,潘检批示D县检察院迅速调查核实,如符合司法救助条件要尽快办理。D县检察院经调查后,确认黄某确属因案返贫的情形,及时对其进行了司法救助,仅用了13天时间就将4000元救助金送到了黄某手中。

5. 多方联动开展多元化救助。2014年之前,W市检察机关办理的司法救助案件中,除发放救助金外,很少有其他救助形式。2014年以来,W市检察机关积极探索多元化救助形式，积极建立信息共享机制，与公安、法院等部门实现救助信息的互通，主动把刑事案件受害人纳入检察机关的视野，依职权启动救助程序；坚持依靠党委、政府支持，积极寻求相关部门和社会各界的帮助，依托各自的职能特点，推动司法救助与其他救助方式相衔接，共同形成救助合力，实现救助效果最大化。如2017年自治区检察院和W市检察院联合开展的江某救助案和范某救助案，江某的祖母和叔叔以及范某的母亲均被吸食毒品后出现幻觉的张某持刀杀害，两级院除分别救助两户家庭7万元和5万元救助金外，还帮助解决两户家庭的低保、危房改造、精准扶贫等问题，使两户家庭尽快地从贫困中走出来。又如2017年自治区检察院和W市B城区院联合开展的钟某救助案，钟某因被其父亲长期强奸导致出现精神病并产下一名女婴，家庭非常贫困，两级院除对其救助人民币7.8万元外，还协调公安、民政、社区等部门解决其女儿的户籍问题以及全家人的低保问题等，还邀请了一名心理医生对被害人钟某及其母亲进行心理辅导，使她们从案件的阴影中走了出来，逐渐过上了幸福的生活。

6. 着力建立健全三级检察机关一体化救助机制。俗话说"一人拾柴火不旺，众人拾柴火焰高"。2015年以来，W市检察机关以构建自治区、市、县三级检察机关一体化救助机制为目标，根据救助案件的复杂疑难程度、评价等级高低、审定金额大小以及救助人的生理、心理等特点，由下级检察院具体承办，上级检察院予以协调、指导、督办，对于特别困难的被害人积极探索全区两级检察院或三级检察院联合救助，保证救助的针对性和实效性，以实现救助金额和救助效果的最大化。2015年以来，W市共有5件案件进行了全区两级或三级检察机关联合救助，救助金额达35.8万元。如2016年6月，自治区、W市、C县三级检察院联合对C县的黄某进行了救助，黄某5岁的儿子被同村患有精神病的莫某持刀杀害，其也被莫某砍伤，因得不到任何经济赔偿，且家中尚有85岁且二级残疾的老母，家庭非常贫困。自治区检察院和C县检察院联合对其救助人民币5万元。W市检察院主动和村委会、镇政府联系，解决其全家人的农村低保金问题。又如2016年自治区、W市、A县三级检察院联合对林某进行了司法救助，2008年2月，林某因感情问题与男友陈某发生争执，被陈某用水果刀捅伤面部，导致双目失明，伤情构成重伤并二级伤残。陈某虽然被判了刑，但无经济赔偿能力。现林某家中有两个孩子，全家仅靠其丈夫耕种少量水田和领取低保金艰难度日，家中的房屋已成为危房，生活十分艰难。A县检察院得知该情况后，及时向W市检察院和自治区检察院汇报。

经深入调查了解林某的家庭经济情况后,三级检察院决定对林某联合进行国家司法救助,共救助其11万元,还帮助协调解决了林某的婚姻登记、户口迁移、农村低保、残疾补助、危房改造、心理辅导等问题。如今,林某已逐渐从被伤害的阴影中走了出来,其旧房子已推倒重建,很快将住进新房子,生活也将越来越美好。

二、W市检察机关开展国家司法救助工作中存在的问题和困难

（一）检察环节司法救助的对象、范围不明确

现行规定对检察环节司法救助的范围没有明确规定,如检察机关正在办理中的案件能否进行救助、法院判决后的案件检察机关能否进行救助等,均没有明确规定,司法实践中认识也不统一,因此当地党委政法委和检察机关就曾出现理解分歧,如某基层检察院曾报送过2件法院判决后的刑事被害人救助案件给当地党委政法委审批,但当地党委政法委认为案件已经法院判决,应由法院进行救助,因此不予审批；又如某基层检察院在审查起诉案件时,认为被告人是流浪汉,家中已无亲人,被害人无得到民事赔偿的可能,遂决定启动司法救助,但党委政法委以案件程序尚未终结为由不予审批,这在一定程度上影响了司法救助工作的开展。

（二）救助的数量和金额整体偏少

一是W市检察机关救助的案件数量与南宁、桂林、贵港、河池、来宾等每年救助一两百件的先进市院相比总体偏低,W市检察机关2014年以来每年仅救助十几、二十几件,差距巨大。且与W市每年2000~3000件刑事案件的数量不相匹配。每年救助数量太少,没有真正做到"应救尽救"。二是虽然近年来W市检察机关单件平均救助金额逐年上升,但仍然存在个别基层检察院的部分案件救助金额仅有三四千元的情况,救助金额过低,不能从根本上缓解被害家庭的经济困难。

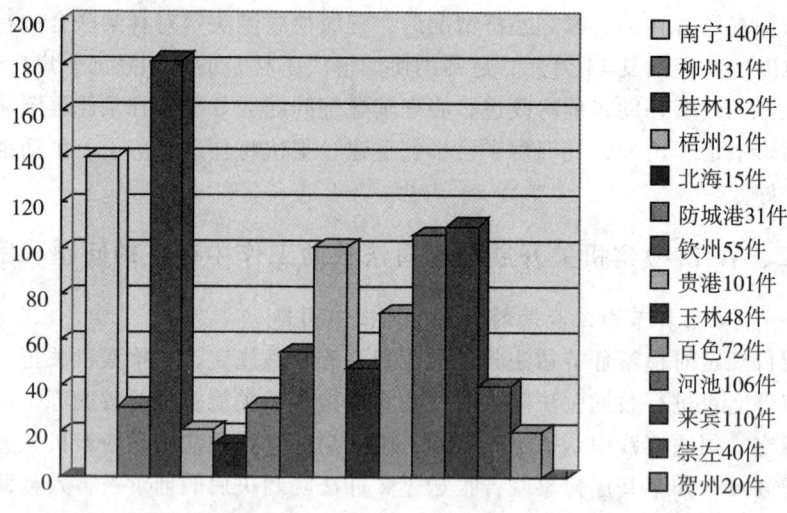

图3：2016年全区各分市院司法救助案件数量图

（三）资金来源单一，部分地方经费保障不足

目前，W市检察机关的国家司法救助经费均为当地党委政法委管理的由财政拨款的司法救助专项资金和中央、自治区的财政转移支付资金，暂时没有社会、个人捐助的情况。

国家司法救助制度规定救助资金由地方各地财政保障，但由于各地财政状况不平衡，以及对于司法救助工作重视程度不同，导致地方司法救助资金不能及时到位，进而影响到国家司法救助工作的发展平衡，制约国家司法救助工作全面推进。如W市本级财政配套100万元专项救助经费，个别经济较好的县也配套30万元救助专项经费，但大部分县（区）由于经济水平等因素仅配套2万元、5万元、10万元不等。由于救助经费不足，在一定程度上影响了救助工作的开展，也导致单件救助金额整体偏低。如D县由于财政配套救助经费仅有5万元，因此当地党委政法委每件案件均一律只同意审批救助4000元，对于个别家庭非常困难的，4000元根本不能有效缓解其家庭困难。又如C城区检察院报送了3件案件给城区党委政法委审批，但城区党委政法委以没有经费为由一直不予审批。

（四）救助资金审批烦琐，拨付时间长

目前，救助的程序主要包括告知、当事人申请（或办案部门依职权提起）、办案部门调查并作出是否救助的意见、党委政法委审批、财政部门核拨、发放等环节，程序较为复杂。虽然中央、自治区的有关救助文件没有规定党委政法委审批环节，但当地党委政法委仍然规定需要经其审批，使救助程序变得更加烦琐，同时也会出现党委政法委因与办案部门理解不一致而不予审批的情况。

中央六部委《关于印发〈关于建立完善国家司法救助制度的意见（试行）〉的通知》对各政法部门作出是否救助和救助金额的审批意见以及收到财政拨款后发放救助金的时间有明确规定，但对党委政法委审批、财政部门核拨期限没有明确的规定。据统计，W市检察机关办理的国家司法救助案件，一般党委政法委审批用时半个月左右，甚至部分地方的党委政法委搞集中审批，每个季度审批一次，而财政部门审核拨款用时一般也要一个月左右。因此，从检察机关开始受理到发放救助金的期限一般为1个月至3个月，最长的甚至半年。救助时间过长，在一定程度上也与司法救助应"坚持及时救助"的原则相违背，救助效果受到一定影响。

（五）联合救助的开展受限制

中央六部委《关于印发〈关于建立完善国家司法救助制度的意见（试行）〉的通知》规定了国家司法救助的辅助性原则，对同一案件的同一当事人只进行一次性救助。因此，近两年来W市检察机关探索的多级联合救助受到当地党委政法委和财政部门的抵制，他们认为多级救助违反了"一次性救助"原则，不予同意。因此，W市检察机关仅有1件案件成功办理了三级联合救助，其他4件仅系市检察院或基层检察院和自治区检察院进行两级联合救助，联合救助的案件数量总体偏少。随着全区涉法涉诉信访系统和财政管理系统的应用，联合救助的难度将越来越大。

（六）综合救助的数量和力度不大

2014年之前，W市检察机关办理的国家司法救助案件，很少有进行其他方面救助。2014年之后，这一情况有了一定程度的好转，但综合救助的数量仅仅占救助案件总数的1/3，力度仍然不够大。出现这一现象，主要是由于部分院办案人员不重视进行综合救助，认为发放救助金较为简单，而进行其他方面的救助需要协调有关部门，怕麻烦不愿开展导致的。

（七）司法救助与息诉罢访关系无法界定明确

有些地方党委政法委将国家司法救助作为息诉罢访的一个手段，在办理国家救助案件时，要求与申请人达成息诉罢访协议，才肯审批和支付国家司法救助金。如个别基层检察院就出现过由于申请人不愿意签订息诉罢访承诺书，党委政法委不同意审批，从而导致案件无法办理的情况。这种将息诉罢访作为获取国家司法救助前提的做法有违国家司法救助初衷，也不利于树立司法公信力，不利于国家司法救助工作健康、持续开展。

三、W市检察机关国家司法救助工作完善路径

（一）从立法上建立司法救助制度

国家司法救助既然是一项制度，为保障此项工作的顺利开展，就应当尽快进行立法，制定一部完善的《国家司法救助法》。需要通过立法进一步明确救助的范围、对象、条件、金额、程序、经费保障等。对于检察机关而言，应当进一步明确检察机关救助的范围，如是否能对正在办理的案件提起救助？能否对法院判决后的案件进行救助？对于一级救助仍不能缓解救助对象困难的，是否可以进行多级救助？对于进行司法救助是否应当以息诉罢访为前提？等等，从而为检察机关如何更好地开展国家司法救助工作指明方向。

（二）不断提高救助的数量和金额

检察机关各部门之间要进一步加强沟通和联系，发挥好案件信息共享和救助线索移送机制，积极依职权进行司法救助。同时要通过多种方式宣传司法救助的理念与政策，如W市检察机关"文化宣传周"和"基层文化行"活动中融入了司法救助的内容，就是一种比较好的宣传方法，进一步扩大了检察机关司法救助的影响力和群众对司法救助的知晓度，从而可以拓宽司法救助的案源。W市检察机关要进一步加大司法救助案件的办理力度，不断提高救助的数量，确保真正做到"不少救一件，不漏救一人"，并进一步缩小与区内先进市的差距；此外，还要积极和当地政法委联系，争取他们的大力支持，提高单件救助金额，以提高案件救助的效果。

（三）拓宽救助经费来源，提高经费保障力度

首先应当从立法上进一步明确救助经费的来源、地方财政保障标准等，地方财政应当足额予以保障，对于财政困难的地区，中央和自治区要加大转移支付的力度，确保财政救助经费足额保障。同时，随着救助案件不断增多和救助范围不断扩大，还要加大对司法救助资金的投入，增加司法救助资金的财政预算，建立司法救助资金稳定增长机制，保证救助工作正常有序进行，使司法救助工作向稳定化、规范化发展。除此之外，检察机关可以建立司法救助社会捐赠账户，加大与社会爱心基金组织、爱心企业、爱心人士的联系，增强社会对司法救助的关注度，实现集全社会之力开展救助的大机制。

（四）缩短案件办理期限，简化审批程序

司法救助应坚持及时救助的原则，如果救助时间过长，救助效果就会大打

折扣。因此，检察机关应在规范开展国家司法救助的前提下，尽量缩短办理时间，并加强与当地党委政法委、财政部门的沟通联系，尽量缩短救助金的审批拨付时间。建议立法予以明确取消党委政法委审批环节，同时明确司法救助不应以申请人息诉罢访为前提，并规定财政部门核拨期限，或者可以探索每年年初由财政部门将救助资金划拨到各政法部门财务账户，由各政法部门审批并直接发放救助金，政法部门在发放救助金时仅需将有关材料报送党委政法委和财政部门备案即可，以便尽快在第一时间将救助金发放到被救助人手中，提高救助的效果。当然，要实现这一做法的前提是要建立起政法各部门的信息共享机制，避免出现不同部门对同一案件重复救助的情况。

（五）加大联合救助力度，为联合救助的开展创造有利条件

建议从立法层面规定"对于案件影响较大、经济遭受重大损失、家境特别困难的救助申请人，如一级救助不足以缓解被救助人家庭经济困难的，可以进行多级联合救助"，作为"一次性"救助的例外规定，从而为特殊案件的多级救助提供法律依据。目前，W市检察机关办理联合救助的案件仅有5件，数量比较少，要继续充分利用好三级检察机关一体化救助机制，对于案件影响较大、经济遭受重大损失、家境特别困难的救助申请人，如当地救助金额较低，不能缓解申请人家庭经济困难的，要积极向上级院汇报，如符合条件的，可以进行两级院或三级院司法救助，从而真正达到缓解申请人家庭经济困难的目的，实现司法救助效果最大化。

（六）努力实现与社会化救助相衔接

对于司法救助后仍然存在实际困难的，应当纳入社会救助制度，实行多元化救助，确保救助对象的基本生活需要。W市检察机关在办理司法救助案件中，要加大与社会救助相衔接，加大多元化救助力度，除发放司法救助金外，还要根据救助对象的实际情况，综合帮助解决其子女上学、就业、民政低保、住房等各种实际困难，切实让救助对象求助有门、受助及时。

（七）积极引入第三方介入司法救助机制

引入第三方介入国家司法救助工作，有利于促进救助工作的公开、公平、公正。W市检察机关今后在开展司法救助工作中，要积极吸收人大代表、政协委员、人民监督员、律师等各界力量，参与并监督做好司法救助工作。检察机关在开展司法救助时，要主动接受有关部门和人民群众的监督，还要加强对救助对象回访考察，确保救助对象把救助金用在实处，真正实现脱贫目标。

[案例研究]

行贿犯罪"为谋取不正当利益"构件的刑法适用

——以某集团公司董事局主席甲某行贿案为例

◎李桂华* 李华文** 曾晓东***

> **内容摘要**："为谋取不正当利益",在刑法适用上是行贿犯罪认定的难点,认定分歧主要在于对其概念理解、性质类似行为的罪与非罪、利益没有实现能否定罪等具体问题。"谋取不正当利益"中的"利益",主要是违反规定获取的利益、应行贿人请求所提供或给予的利益和获取不具有正当性的利益等。对"为谋取不正当利益"的认定,应当考虑要求谋取的不正当利益与行贿的财物应具有对应关系,以及"为谋取不正当利益"是否具有严重社会危害性和是否出于主观故意,同时应区分普通行贿与经济行贿的界限,以及明晰以钱财进行"感情投资"的行贿情形。
>
> **关键词**：行贿犯罪；为谋取不正当利益；刑法；适用

近年来,随着反腐败斗争的深入推进,司法实践中也加大了对行贿犯罪惩罚力度,而有效惩治行贿犯罪有利于预防受贿犯罪的发生和反腐效果的实现。"为谋取不正当利益"作为行贿犯罪必要构成要件,最高人民法院、最高人民检察院的司法解释对其做了刑法适用上的扩大解释。然而,司法实践中对于如何认定"为谋取不正当利益"在认识上仍存在很大差异。

2014年1月,广西某集团公司董事局主席甲某向某银行申请贷款,时任某银行董事长乙某以存在风险为由拒绝了甲某的贷款要求。2014年4月初,甲某约见乙某沟通银行贷款相关事宜,两人一起就餐。为了使公司能够在某银

---

* 广西壮族自治区柳州市人民检察院党组书记、检察长。
** 广西壮族自治区柳州市人民检察院办公室副主任。
*** 广西壮族自治区柳州市人民检察院公诉科负责人。

行继续获得贷款,甲某在乙某车里将一个装有100万元港币现金的文件袋交给乙某,乙某当时认为是小礼品就收下了。回家之后乙某打开文件袋发现是港币100万元,次日乙某当即向时任某银行纪委书记丙某告知此事,经过二人商量决定退还给甲某,之后将装有100万元港币的文件袋交给某银行董事会秘书丁某放于保险柜内保管,待下次见面归还甲某。2014年4月19日,甲某约见乙某,当天晚上在一茶庄见面。丁某按照乙某的指示将装有100万元港币现金的文件袋拿到茶庄。待乙某离开茶庄后,丁某按照乙某吩咐将该100万元港币交还给甲某,事后并告知了乙某。后事发并移送审查起诉,某市人民检察院认为甲某为继续获得贷款属于谋取正当利益,甲某主观上具有"为谋取正当利益",认定甲某的行为不构成犯罪,最终某市人民检察院对甲某的行为作出绝对不起诉的处理。

本案最终作不起诉处理,在认定主观方面是有争议的。主要争议在于,甲某为了公司能够在某银行继续获得贷款是否属于为公司谋取不正当利益;乙某在不知情的情况下收下100万元港币,知情后托人退回这100万元港币,这时候甲某的行贿行为已完成,但乙某并没有为甲某谋取任何利益,即受贿罪不成立的情况下,受贿罪的主客观要素是否会影响甲某"为公司谋取不正当利益"的行贿犯罪的主观要件。

本文结合司法办案实践,探寻"为谋取不正当利益"构罪条件存在分歧的原因,对"为谋取不正当利益"性质和司法认定作具体分析,进而从理论上厘清该要件的刑法适用,为促进对行贿犯罪的刑事司法实践提供参考。

一、"为谋取不正当利益"认定分歧原因

在司法实践中,检察机关办理涉嫌行贿犯罪案件,在"为谋取不正当利益"构件认定上存在分歧,其主要原因是当前我国法律和相关司法解释规定不够完善,司法实务部门对"为谋取不正当利益"认识角度上存在差异,并在认定行贿人是否存在"为谋取不正当利益"的问题上存在扩大或者缩小的不同理解。

(一)"为谋取不正当利益"定罪适用困难

根据目前的刑法和司法解释,证明犯罪嫌疑人构成行贿罪,要从犯罪嫌疑人有行贿的行为、事实及其具有为谋取不正当利益之目的等方面进行证实,为此检察机关等需要投入大量的人力物力。"为谋取不正当利益"是行贿罪成立

的主观要素。① 对于行为人的行贿行为和事实相对容易证实,但在查证行为人是否有"为谋取不正当利益"的构件上,获取及认定这方面的证据往往相当困难。在司法实践中,主要依赖于行贿人的口供,一旦行贿人否认"为谋取不正当利益",证实不了这一主观要素,行贿罪就无法成立,从而也只有无奈地放弃对行贿人的追诉。即使办案人员有口供证据证实行为人具有为谋取不正当利益的构成要件,但是在定罪上容易造成依赖"口供"定罪的现象,通常犯罪嫌疑人、被告人及其辩护人会极力反驳和辩解,最终结果也是很难定罪的。

(二)对"谋取不正当利益"概念理解不准确

要正确对行贿犯罪进行定罪,首先应当厘清行贿犯罪当中的"谋取不正当利益"与"正当利益"的关系问题,否则难以对行贿人进行定罪科刑。"谋取不正当利益"是指行贿人获取的不正当利益或者非法利益违反了法律、法规、国家政策和国务院各部门规章的规定;以及行贿人为了获取竞争优势,请求受贿人提供违反法律、法规、国家政策和国务院各部门规章规定的帮助或者便利条件,并获取不正当利益。"不正当利益"包括非法利益和其他不应当得到的利益。这是由其性质决定的。非法利益是指行为人获取的利益不符合国家法律、法规和政策规定。显然,这说明行为人谋取利益所采取的手段具有非法性、不正当性。非法利益侵害的对象是国家利益和国家法律秩序。其他不应当得到的利益是指行为人虽然没有违反国家法律、法规和政策,但谋取的利益是通过非法或不正当手段获得。强调的是为谋取利益所采取手段的不正当性。因而,司法实践中,行为人谋取不正当利益通常是指谋取了非法利益和其他不应当得到的利益。合法利益是指通过合法手段取得的利益。其强调的是获取利益手段的合法性,并且获取的利益本身也是合法的,是受国家法律保护的。因此,尽管行为人实施了行贿行为,只要其谋取的是合法利益,且没有采取不正当手段或是被受贿人索取的情况下给予受贿人财物的行为就不应当认定行为人主观上具有"为谋取不正当利益"。

(三)性质类似行为往往难以明晰罪与非罪的边界

我国刑法规定,行为人在经济往来中,违反国家规定,给予国家工作人员较大数额财物的,或者给予国家工作人员各种名义的回扣、手续费的,按行贿

---

① 孙国祥:《行贿罪中的"为谋取不正当利益"辨析》,载《人民检察》2016年第11期。

论处。诚然，在经济往来中，只要行为人违反国家规定，对行为人的行贿行为排除"为谋取不正当利益"构件的要求。在司法实践中，这个规定极易混淆某些性质基本相同的行为的罪与非罪界限，从而也造成不同的处理结果。例如，陈某为某国有单位负责人，张某为某私营施工队老板。陈某所在单位有一项工程需要建设，经合法招投标程序，张某中标承建该项工程，并经双方合同约定，陈某所在单位委托张某完成该项工程，约定工程验收合格后两个月内付完全部款项 50 万元。张某在完成工程并通过验收工程合格后 3 个多月尚未收到工程款，在付款期间张某多次找到该国有单位负责人陈某要求付清工程款，陈某总以种种理由拒绝付款。最后，张某为了追回工程款，在陈某办公室给予陈某 3 万元"辛苦费"，陈某事后通过签批，让该国有单位全部付完张某工程款共计 50 万元。就本案而言，某国有单位与张某经济往来当中，张某所给的"辛苦费"显然不属于法定的回扣、手续费。因此，张某属于为了谋取自身正当利益，采取了违反国家规定的手段获取正当的利益，对于张某向某国有单位负责人陈某采取的"行贿"手段为达到谋取自身正当利益的行为，司法实践中不宜认定是行贿行为。

(四)"为谋取不正当利益"要件实践适用中产生争议

从行贿的构罪要件来分析，行贿客体是侵犯了国家工作人员以及国家机关、事业单位及国有性质单位的廉洁性。国家法律将"谋取不正当利益"作为行贿人的主观要件，并不能全面反映行贿侵害的客体特征。尽管行贿人谋取的可能是正当利益或者不正当利益，都是侵害了国家工作人员和国家机关、事业单位、国有单位的廉洁性，以及违反了国家工作人员职务的权钱交易性和不可收买性的禁止性规定。另外，在司法实践中，贿赂犯罪的特征之一就是存在一对一的对应关系，同时行受贿之间又不完全是对合犯罪，两者之间存在内在的逻辑结构和本质联系。事实上，"为谋取不正当利益"被我国刑法界定为行贿罪的主观构成要件，但在受贿犯罪当中，规定受贿人的受贿所得应当包括"正当利益"。

(五) 不正当利益未能实现时认定上存在分歧

在行贿犯罪过程中，行贿人谋取的不正当利益大部分得以实现，但也存在少数情况下行贿人的不正当利益没有实现。由于行贿人在行贿之前就知晓谋取的利益是不正当利益，但为了达到获取利益的目的向国家工作人员或者国家机关、事业单位、国有单位给予财物的，一般情况下，尽管行贿人所谋取的不正当利益未能实现，也会认定为受贿罪成立。但是，在行为人谋取的不正当利益目的未能实现的情况下，国家工作人员或单位并没有为行为人谋取利益的就可能出现受贿罪不成立，这也是困扰司法办案人员对此类行为如何认定的难题。

二、"为谋取不正当利益"的性质

行贿罪的本质属性是为谋取不正当利益，具体行为上是行贿人给予国家工作人员或单位财物的行为。针对"为谋取不正当利益"，2013年1月，最高人民法院、最高人民检察院做了扩大解释，即谋取不正当利益规定有两种情形：一是所获取的利益即非法利益在主客观上均违反国家法律、法规、国家政策和国务院各部门规章规定；二是行贿对象所提供的帮助或者给予的方便条件即利益，是在行贿人的请托下行贿对象违反法律、法规、国家政策和国务院各部门规章规定来提供或给予的。

（一）利益的获得违反法律法规规定

这些利益在性质上违反法律、法规、政策，包含违法取得利益和违规取得利益，因而该利益在任何情况下都应定性为非法取得利益。非法取得利益通常表现为违反国家政策获取利益；通过违法犯罪获得的利益；应当履行义务的特定主体，通过非法行为获得减免；不是特定主体，在不符合条件情况下获取的非法利益，等等。

（二）应行贿人请求所提供或给予的利益

也就是说，受贿人是违反规定提供帮助或者给予方便条件。程序合法是利益正当的重要保证。[①] 这里强调的是行贿人获取利益的手段是违反法律程序的。行贿人为了获取不正当利益，通过行贿方式，要求国家工作人员违反规定提供帮助或方便条件，使其实现获利目的，此时行贿人获取的利益应属于不正当利益。

（三）获取的利益不具有公平性和公正性

这种不正当利益的取得多数发生在商业活动之中，但往往也出现在特定领域当中。例如，行为人为了达到获取利益的目的，谋取竞争上的优势，在招投标过程或者经济、组织人事活动当中，使用向受贿人给予财物的非法手段。显然，其他竞争对手因此会丧失竞争优势，自然也就失去了有可能得到的利益。诸如此类行为，行贿人所获取的不确定利益，其本质就是受贿人违规提供帮助

---

① 孙国祥：《行贿罪中的"为谋取不正当利益"辨析》，载《人民检察》2016年第11期。

或便利条件造成的。由于行贿人获取利益手段的不正当性，其所获取的利益在性质上应被认定为不正当利益。

（四）"谋取不正当利益"的排除性规定

根据我国刑法规定，行为人被勒索后，被迫给予国家工作人员或单位财物的，不以行贿罪论。即在行为人被索贿的情况下，"为谋取不正当利益"不作为行贿成立与否的构罪要件，其"行贿"行为不构成行贿罪。

三、"为谋取不正当利益"构件的司法认定

行贿罪的成立必须符合"为谋取不正当利益"的主观要件，在司法实践中，应当以我国刑法和最高人民法院、最高人民检察院2013年司法解释为依据，切不可主观地扩大和缩小对这一要件的理解和适用。行为人是否具有"为谋取不正当利益"这一构罪要件，本文认为必须结合案件事实，综合考虑案件的主客观条件、行为人的行为特点以及依据现有法律和司法解释的规定来进行合理认定。

（一）谋取的不正当利益与行贿的财物应具有对应关系

司法实践中，行受贿通常具有对应关系。行贿人想方设法给予受贿人财物，其目的就是为了谋取不正当利益，而受贿人"拿别人手短，吃别人嘴软"，在行贿人请求下，受贿人必定会提供帮助或便利条件为行贿人实现目的。所以，一般情况下，行贿人谋取的不正当利益与受贿所得财物构成对应关系。但是，办案当中也会发现谋取的不正当利益与行贿的财物有时不具有对应关系的情形。在此情形下，认定行为人是否具有"为谋取不正当利益"这一构罪要件，就要具体问题具体分析。当行贿人向受贿人给予财物，如果受贿人不接受，将受贿财物主动退回行贿人。这种情形下，是否认定行贿人构成行贿犯罪，主要看行贿人是否具有"为谋取不正当利益"的主观故意，其向国家工作人员或单位给予财物的行为是否实施完毕。笔者认为，只要行贿人具有"为谋取不正当利益"的主观故意，受贿人实际控制了财物的，则行贿人的行贿行为就已经完成，至于过后受贿人主动退回财物，则不影响行贿罪的成立。另外，当行贿人向"受贿人"给予财物，"受贿人"一开始以为是一般的价值较小的礼品，而过后打开发现是财物的，只要"受贿人"作出不接受行贿人给予财物的明示，例如上缴单位或者是交代下属退回等，此时"受贿人"的行为不构成受贿犯罪。但是，如果行贿人具有"为谋取不正当利益"的故意，且此时行贿行为已经完成的情形下，只要行贿数额达到刑

法要求的标准，就应当认定行贿罪成立。

(二)"谋取不正当利益"必须具有严重社会危害性

我国刑法明确"谋取不正当利益"是行贿罪的构罪前提条件。这是从我国国情出发，全面、充分打击行贿犯罪，有效避免冤假错案的具体体现。那么，行贿人通过采取非法手段谋取不正当利益是否具有社会危害性，答案是肯定的。由于行贿人"为谋取不正当利益"，对行贿人行贿的行为侵害了国家工作人员或国家机关、事业单位或国有公司公务活动的廉洁性，也侵害了国家廉政建设的秩序。因此，行贿人"为谋取不正当利益"而给与受贿人财物的行为，不管最终谋取的是不正当利益还是正当利益，都具有严重的社会危害性。所以，行贿人为"谋取不正当利益"的行贿行为是职务犯罪行为。在司法实践中，认定行贿人构成犯罪应充分考虑"谋取不正当利益"的严重社会危害性，只有对行贿行为进行相应处罚方可从根本上预防此类犯罪发生。另外，还要特别注意的是，在行贿人谋取的是正当利益的情况下的行贿行为的司法认定，要充分考虑行为人谋取"正当利益"所采取的手段是否违法违规甚至是采用犯罪的手段去谋取"正当利益"，如果行为人通过采取违法违规甚至犯罪手段而获取"正当利益"的情形，就应认定行为人构成犯罪。

(三) 当充分考虑行贿人谋取的"不正当利益"是否出于主观故意

如果要认定行贿人所谋取的利益是"不正当利益"，那么行贿人的主观故意就必须查明。① 行贿罪的主观要件要求行贿人是主观故意，"为谋取不正当利益"是主观故意的具体内容。司法实践中，行贿人"为谋取不正当利益"，通过行贿手段，促使受贿人利用职务之便，通过违反国家法律、法规和政策为其谋取不正当利益或者请求受贿人利用职务之便，违反国家法律、法规和政策为其创造便利条件或提供帮助。针对这两种情形，只要行贿人主观上对受贿人为其提供帮助和谋利违反了国家法律、法规和政策是明知的，就应当认定行贿人具有"为谋取不正当利益"的直接故意。但是，在实践办案中，也会出现行贿人采用给予国家工作人员或单位财物的手段，至于受贿人是否利用职务之便，还是受贿人利用合法手段或违法手段其并不知情，但最终使其"谋取不正当利益"目的得以实现的情形。由于行贿人对受贿人为其谋取不正当利益是否违反法律、法规和规章并不知情，在这种情况下，只要行贿人谋取不正

---

① 赵益民、陈小龙：《浅析行贿罪中"不正当利益"的认定》，载正义网 2017 年 12 月 11 日。

利益的目的得以实现，就可以认定行贿人具有"为谋取不正当利益"的间接故意。因此，在认定行贿人是否符合"为谋取不正当利益"的主观要件时，要综观整个案件行受贿双方的主观目的、贿赂行为中采用的手段以及客观上是否多次出现行贿行为等因素充分考虑，切不可被行贿人以"为了搞好关系""没有什么目的""只是朋友之间的来往"等托词所迷惑，否则要证实行贿人"为谋取不正当利益"的主观故意就会无所适从。

（四）严格区分普通行贿与经济行贿的界限

经济行贿，一般是指在经济往来中，行为人违反国家规定，给予国家工作人员财物数额较大的，或者给予国家工作人员以各种名义的回扣、手续费的行为。经济行贿构罪不以"为谋取不正当利益"为前提条件。我们知道，我国的经济活动包含经济贸易和经济管理两个方面，而经济往来主要是指在社会主义市场经济当中，平等主体之间的经济交易、提供服务的活动，其强调的是双方之间的对价关系。即经济往来因双方之间具有一定的劳务关系，因而会产生一定的劳务费、回扣、辛苦费、好处费等。经济活动包含平等主体之间的经济往来和上下级之间纵向关系的经济管理活动。我国刑法规定的经济行贿情形是指在经济往来当中产生的回扣、辛苦费、好处费等。而在经济管理活动中产生的回扣、辛苦费、好处费等则属于普通行贿范畴，在刑法认定上适用"为谋取不正当利益"的构罪条件。在实践中，一定要严格区分经济行贿与普通行贿的界限，即经济行贿强调的是经济往来当中行贿人给予受贿人各种名义的回扣、好处费、辛苦费等。而除此特殊形式以外的行贿都应归属到普通行贿的范畴，要以"为谋取不正当利益"为构罪前提。但是，在实践中，还要特别注意有几种情形不属于经济往来，包含银行信贷、发包工程及工程验收、决算当中出现的"回扣""手续费"涉及的行贿行为，因其具有经济管理的内容与特征，只能属于一般行贿范畴。①

（五）明晰以钱财进行"感情投资"的行贿情形

"感情投资"的行贿行为是司法实践中常出现的一种行为方式。这种长期投资的"感情投资"型行贿，是"温水煮青蛙"的过程。② 通常情况下，行贿人给予受贿人财物，但没有向受贿人提出帮助请求，一旦到了行贿人有需求时就向行贿人提出要求，以获取不正当利益。要证实"感情投资"型的行贿

---

① 载360百度百科 http://baike.baidu.com/item/.
② 金奎军：《论我国行贿中"不正当利益"》，吉林大学2016年硕士学位论文。

行为是否有"为谋取不正当利益"的主观故意,关键是看行为人在何时提出请托请求。当行为人在给予国家工作人员或单位财物之前或者送予财物的同时提出请托请求的,则行为人的"感情投资"行为就构成行贿,应当按照行贿罪追究其刑事责任。而对于行为人给予国家工作人员或单位各种名义的财物,但从来都没有提出请托请求的情形,则由于行为人不具备"为谋取不正当利益"的主观要件,不应当认定其行为构成行贿犯罪。

由混沌迈向有序：
非诉行政强制执行规范化之路研究

——以行政执法领域"强制拆除"为例

◎ 韦仁伟*

> **内容摘要：** 非诉行政强制执行对于维护行政决定的权威性，保障公共利益具有积极意义，但目前我国非诉行政强制执行还存在实施主体的不确定性、司法处理上的矛盾性、立法形式上的分散性以及执行模式探索上的无序性等问题，使其在实践运行过程中遭受诸多诟病。非诉行政强制执行规范化之路任重道远。首先在立法上，要梳理各类制定法，确保强制执行设定权的真正回归；其次在探索时，要基于授权之下进行，为改革完善执行模式积累经验；最后在法律适用上，要公布指导性案例，促进非诉行政强制执行司法裁判尺度的统一。
>
> **关键词：** 非诉；行政决定；强制执行；规范化

非诉行政强制执行的直接根据是《行政诉讼法》第97条[①]的规定，是指行政机关作出行政处理决定后，行政相对人在法定期限内既不提起行政诉讼又不履行行政行为确定的义务，行政机关据此申请人民法院强制执行或者依法自主强制执行的行为。它与一般行政诉讼中行政相对人不服行政行为先提起行政诉讼，判决生效后由人民法院直接强制执行是相对的。非诉行政强制执行本质上是对行政机关作出的生效行政决定的执行，而诉讼类案件的执行仍是对人民

---

* 广西壮族自治区来宾市人民检察院法律政策研究室主任。

① 《行政诉讼法》第97条规定："公民、法人或者其他组织对行政行为在法定期限内不提起诉讼又不履行的，行政机关可以申请人民法院强制执行，或者依法强制执行。"

法院生效判决的执行。根据《行政强制法》第 12 条规定①，目前我国法律规定的行政强制执行方式主要有排除妨碍、恢复原状等六种方式。而强制拆除是排除妨碍、恢复原状的执行方式在行政执法领域的具体运用。作为确保土地有效供给，惩处违法用地的重要举措，强制拆除在维护我国土地市场交易秩序，推进城市化建设过程中发挥着重要作用。但强制拆除作为公权力行使的具体措施之一，在实践中又屡屡因为出现暴力执法、强力拆迁等负面形象而为人们所诟病。本文从司法实践中的相关案例入手，探讨非诉行政强制执行的规范化问题。

一、案例引入——非诉行政强制执行典型案件回溯

（一）基本案情

2016 年 1 月，广西 X 县国土资源局通过卫片检查发现，韦某占用该县一村委的集体土地 1077.70 平方米建设加工厂，X 县国土局认为该行为属非法占地，遂依据《土地管理法》第 76 条和《土地管理法实施条例》第 42 条的规定，责令韦某退还非法占用的集体土地，限期拆除地上违法建筑，并处罚款 5388.50 元。

在规定期限内，韦某没有申请行政复议和提起行政诉讼，也没有履行行政决定确定的义务。同年 3 月 23 日，该县国土资源局向韦某送达催告书，催告韦某履行行政处罚决定。同年 5 月 17 日韦某缴纳了罚款，但未履行拆除义务。2016 年 6 月 28 日，X 县国土资源局作为非诉执行申请人向该县人民法院申请强制执行。

X 县人民法院随后对本案作出第一次行政裁定。裁定认为，X 县国土资源局行政决定合法，符合法定的强制执行条件。根据最高人民法院《关于执行〈中华人民共和国行政诉讼法〉若干问题的解释》第 86 条、第 93 条，参照最高人民法院《关于办理申请人民法院强制执行国有土地上房屋征收补偿决定若干问题的规定》，裁定：准许强制执行 X 县国土资源局《行政处罚决定书》确定的内容，由 X 县人民政府组织实施。

X 县国土资源局对人民法院作出的裁定持有异议，认为裁定由"X 县人民

---

① 《行政强制法》第 12 条规定，行政强制执行的方式有以下六种："（一）加处罚款或者滞纳金；（二）划拨存款、汇款；（三）拍卖或者依法处理查封、扣押的场所、设施或者财物；（四）排除妨碍、恢复原状；（五）代履行；（六）其他强制执行方式。"

政府组织实施"于法无据并申请检察机关监督，该县人民检察院遂启动监督程序。X县人民法院启动再审程序后裁定撤销第一次行政裁定，将"由X县人民政府组织实施"变更为"由X县国土资源局组织实施"。

（二）观点分歧

第二次裁定作出后，本案关联各方对案件的处理存在较大分歧，焦点仍然是行政机关对集体土地上的违法建筑是否具有强制执行权的问题。

1. 行政机关的主张。X县国土资源局认为：《土地管理法》第83条①和国土资源部制定实施的《国土资源行政处罚办法》第36条②已经明确规定，对于在法定期限内不申请行政复议或者提起行政诉讼，又不履行行政处罚决定的当事人，国土资源主管部门并无强制拆除权，需要向人民法院申请强制执行并由人民法院实施的方式拆除违法建筑。本案中人民法院裁定"X县人民政府组织实施"和"由X县国土资源局组织实施"，均属于法无据。

2. 检察机关的意见。检察机关认为：X县人民法院关于《行政处罚决定书》合法的裁定是正确的，但裁定由行政机关组织实施与法律规定不符，主要理由如下：首先，裁定书裁定由行政机关实施该案的行政强制执行与法律规定不符。《行政强制法》第44条规定"行政机关可以依法强制拆除"；其中的"依法"不是普遍授权而是特别授权，即行政机关是否具有对违法建筑的非诉强制执行权要看单行法是否有具体授权。相对于《行政强制法》而言，《土地管理法》和国土资源部制定的《国土资源行政处罚办法》是特别法，根据特别法优于普通法的原则，本案中韦某对国土行政部门作出的行政决定既不提起复议又不提起诉讼，其非法占地形成违法建筑物，应由行政机关申请人民法院组织实施强制执行。其次，本案也不能参照最高人民法院《关于办理申请人

---

① 《土地管理法》第83条规定："依照本法规定，责令限期拆除在非法占用的土地上新建的建筑物和其他设施的，建设单位或者个人必须立即停止施工，自行拆除；对继续施工的，作出处罚决定的机关有权制止。建设单位或者个人对责令限期拆除的行政处罚决定不服的，可以在接到责令限期拆除决定之日起十五日内，向人民法院起诉；期满不起诉又不自行拆除的，由作出处罚决定的机关依法申请人民法院强制执行，费用由违法者承担。"

② 《国土资源行政处罚办法》第36条规定："国土资源主管部门申请人民法院强制执行前，应当催告当事人履行义务。当事人在法定期限内不申请行政复议或者提起行政诉讼，又不履行的，国土资源主管部门可以自期限届满之日起三个月内，向土地、矿产资源所在地有管辖权的人民法院申请强制执行。"

民法院强制执行国有土地上房屋征收补偿决定案件若干问题的规定》执行。从适用领域来看,该规定适用的对象是行政相对人不服国家征收决定同时拒不搬出其具有合法产权的房屋,行政机关在此基础上予以强制拆除。本案强制执行的对象是集体土地上的违法建筑物。两者土地性质(国有土地/集体土地)不同、产权性质(合法房产/违法建筑)不一,虽均涉及强制拆除,但适用领域不同,本案裁定适用法律上张冠李戴,不符合法律的精神实质。

3. 人民法院的观点。X县人民法院在解释本案作出的裁判理由时指出,"裁执分离"已为人民法院普遍采取的执行模式,在行政非诉执行案件中,人民法院对行政决定的合法性作出审查,如果认为行政决定合法,就作出准许执行的裁定并由行政机关实施,这体现了审查主体与执行主体相分离的原则,这有利于执法的规范化,有利于平等保护各方利益。本案涉案土地虽然为集体土地而非国有土地,但从"裁执分离"的角度,可以参照最高人民法院《关于办理申请人民法院强制执行国有土地上房屋征收补偿决定案件若干问题的规定》第9条①的规定执行。故第一次裁定"X县人民政府"组织实施是符合上述执行模式的价值取向。但同时,人民政府及其相关职能部门毕竟是具有不同行政权能的行政主体,因本案行政处罚决定由"X县国土资源局"作出,检察机关监督后,人民法院第二次裁定将"X县人民政府组织实施"变更为"X县国土资源局组织实施"更符合权责一致的原则。检察机关提出的其他监督理由,X县人民法院不予认可。

二、案件延伸——当前我国非诉行政强制执行问题透视

本文所援引的上述案例,是人民法院对行政机关申请非诉行政强制执行时比较典型的案例。案例较为集中地反映了我国目前非诉行政强制执行中存在的突出问题,主要表现在:

(一)非诉强制执行实施主体的不确定性

应该说,上述案件对非诉强制执行具体实施主体的分歧并非孤例,在探讨分析本案的过程中,笔者通过最高人民法院裁判文书网,按照管辖法院所处地域,检索出山东、河北、河南、湖北、广东、甘肃等东、中、西部地区十余个

---

① 最高人民法院《关于办理申请人民法院强制执行国有土地上房屋征收补偿决定案件若干问题的规定》第9条规定:"人民法院裁定准予执行的,一般由作出征收补偿决定的市、县级人民政府组织实施,也可以由人民法院执行。"

省份的基层人民法院判决发现,人民法院对非诉行政强制执行的具体实施主体作出的裁定竟然多达 7 种(见表 1)。具体包括:(1)作出裁定的人民法院;(2)作为申请执行人的国土行政执法部门;(3)国土行政执法部门所属同级人民政府;(4)国土行政执法部门下一级人民政府;(5)多部门组成的联合执行主体;(6)乡、镇人民政府;(7)街道办事处;等等。

表 1:非诉行政强制执行具体实施主体案例①

序号	案件案由	申请执行人	具体强制执行部门	裁定法院
1	甘肃省宁县国土资源局与陈某某行政非诉强制执行案	宁县国土资源局	人民法院强制拆除	甘肃省宁县人民法院
2	金华市国土资源局与董某某非诉执行审查案	金华市国土资源局	金华市婺城区白龙桥镇人民政府组织实施	浙江金华市婺城区人民法院
3	鄂州市国土资源局鄂城分局、鄂州市沙窝乡胡桥村民委员会非诉执行审查案	鄂州市国土资源局鄂城分局	由鄂州市国土资源局鄂城分局组织实施	湖北省鄂城区人民法院
4	高青县国土资源局、郑某某非诉执行审查案	高青县国土资源局	由高青县黑里寨镇人民政府组织实施	山东省高青县人民法院
5	淮阳县国土资源局、张某非诉执行审查案	淮阳县国土资源局	由淮阳县国土资源局联合相关部门或向其主管部门汇报并组织实施	河南省淮阳县人民法院
6	廊坊市国土资源局、窦某非诉执行审查案	廊坊市国土资源局	由廊坊市广阳区人民政府组织实施	河北省廊坊市广阳区人民法院
7	山东省五莲县国土资源局、迟某某非诉执行审查案	山东省五莲县国土资源局	由五莲县洪凝街道办事处组织实施	山东省五莲县人民法院

① 本文所引述案例均援引自最高人民法院裁判文书网,载 http://wenshu.court.gov.cn,访问日期:2017 年 10 月 29 日。

根据权力性质来划分，上述强制执行主体主要分为两大类：一类是根据司法权实施，具体由法院执行局执行；另一类是根据行政权实施。在纵向上，它既包括作出行政处罚决定机关的下一级行政机关，也包括行政权能相对较低的政府派出机关——乡镇街道办事处；在横向上，它同时可以由国土行政执法部门联合其他相关部门跨部门联动实施。

由此可见，用"九龙治水"描述国土执法领域实践中非诉强制执行具体实施主体问题并不为过。

（二）非诉强制执行申请司法处理上的矛盾性

根据《行政强制法》第44条规定，当事人在法定期限内不申请行政复议或者提起行政诉讼，又不拆除（违法的建筑物、构筑物、设施等）的，行政机关可以依法强制拆除。对于上述规定中的"依法"做何理解，实践中仍然存在较大争议。对上述文义理解并非纯粹是咬文嚼字，而是涉及强制拆除是一般授权还是特别授权的问题。如果将"依法"理解为依据《行政强制法》，则意味着行政机关的强制拆除获得了《行政强制法》的统一授权，一旦当事人不履行行政决定确定的义务即可由行政机关主动实施；而如果理解为《行政强制法》以外的其他法律，则意味着行政机关没有强制执行权，需要另行申请法院强制执行。

《行政强制法》实行后，为解决上述争议，最高人民法院作出了《关于违法的建筑物、构筑物、设施等强制拆除问题的批复》，最高人民法院相关负责人在解读上述司法解释立法原意时指出："《批复》之所以强调'对涉及违反城乡规划法的违法建筑物、构筑物、设施等的强制拆除'，主要是因为'违法的建筑物、构筑物、设施等'涉及城乡建设、土地管理、环境保护等多个领域，不同法律有不同规定，行政机关并非在所有情形下都有强制执行权。而城乡规划法的上述条文对此作出明确规定①，故该《批复》重在解决城乡建设规

---

① 《城乡规划法》第65条规定："在乡、村庄规划区内未依法取得乡村建设规划许可证或者未按照乡村建设规划许可证的规定进行建设的，由乡、镇人民政府责令停止建设、限期改正；逾期不改正的，可以拆除。"第68条规定："城乡规划主管部门作出责令停止建设或者限期拆除的决定后，当事人不停止建设或者逾期不拆除的，建设工程所在地县级以上地方人民政府可以责成有关部门采取查封施工现场、强制拆除等措施。"

划领域的相关问题。"①

最高人民法院的上述解读实际上是澄清了城市建设、土地管理等领域的强制执行问题因为法律规定不同,不同的行政机关是否具有强制拆除权也具有差异。故而一些基层法院将上述司法解释断章取义、大而化之,认为行政机关对所有的违法建筑物都具备强制执行权实际上是不正确的。

实际上,作为非诉行政强制执行领域的问题,其复杂性远非《行政强制法》所能调整涵盖,而是涉及大量单行法,并且不同的法律对非诉强制执行的主体有不同规定。在基本类别上,有的规定行政机关享有非诉强制执行权,如《水法》《城乡规划法》《防洪法》;有的需要申请人民法院强制执行,如《土地管理法》《环境保护法》等;有的同时授权行政机关和人民法院强制执行,如《关于办理申请人民法院强制执行国有土地上房屋征收补偿决定案件若干问题的规定》,等等。

实践中,涉及多种非诉行政强制拆除对象:一是对国有和集体土地上合法房屋的强制征收拆除;二是对城市规划区内城镇国有土地违法建筑的强制拆除;三是对城市规划区范围外土地上违法建筑物的强制拆除,等等。实践中,对违法建筑物的拆除可能出现执法竞合的情况,如同样对于城市违法违规建筑物的拆除问题,国土资源行政执法部门可能根据《土地管理法》着重审查用地人用地手续的合法性,而建设规划管理执法部门则可能根据《城乡规划法》审查建筑物是否符合建设规划。行政机关执法依据不同,是否具有强制执行权也不一样。

因此,如果不加细分行政机关及其作出行政决定的根据,势必会对行政机关的非诉强制执行申请得出截然相反的结论,司法实践中人民法院对是否受理国土行政部门非诉强制执行申请出现的大量"同案不同判"案例即是明证(见表2)。

---

① 张先明:《厘清权属界限 规范拆违行为——最高人民法院行政审判庭答记者问》,载《人民法院报》2013年4月2日,第3版。

表2：对国土行政执法部门强制执行申请裁定是否受理案例

序号	案件案由	执行申请人	裁定结果	裁定根据	裁定法院
1	金华市国土资源局与董某某非诉执行审查案	金华市国土资源局	受理申请并准予执行，由金华市婺城区白龙桥镇人民政府组织实施	《行政诉讼法》、最高人民法院《关于执行〈中华人民共和国行政诉讼法〉若干问题的解释》	浙江省金华市婺城区人民法院
2	鄂州市国土资源局鄂城分局、鄂州市沙窝乡胡桥村民委员会非诉执行审查案	鄂州市国土资源局鄂城分局	受理申请并准予执行，由鄂州市国土资源局鄂城分局组织实施	《行政诉讼法》《行政强制法》	湖北省鄂城区人民法院
3	夷陵区国土资源局与宜昌鸿翔机动车培训公司非诉执行裁定案	夷陵区国土资源局	不受理	根据最高人民法院《关于违法的建筑物、构筑物、设施等强制拆除问题的批复》的规定，认为行政机关已有强制执行权，人民法院不应受理	湖北省宜昌市夷陵区人民法院
4	郑州市国土资源局、薛双玉非诉执行审查案	郑州市国土资源局			河南省郑州高新技术产业开发区人民法院

（三）非诉强制执行立法形式上的分散性

除了《行政诉讼法》对行政非诉强制执行有较为原则的程序性规定外，行政非诉强制执行的规定还散见在各单项实体部门法之中。笔者经过对涉及强制拆除违法、违规建筑物的规范进行梳理，发现有多达十余部法律、法规、司法解释及相关政策（详见表3）。

表3：行政机关具有强制执行权法律规范①

序号	法律名称	法律条文	法律位阶	制定部门
1	《行政强制法》	第44条规定，行政机关"依法"强制拆除。	法律	全国人大常委会
2	《水法》	第65条规定，水利部门可强行拆除。		
3	《土地管理法》	第83条规定，国土执法部门要申请人民法院强制执行。		
4	《城乡规划法》	第65条规定，乡、镇人民政府可以拆除。第68条规定，城乡规划主管部门可强制拆除。		
5	《防洪法》	第57条规定，水利部门可以强行拆除。		
6	《关于环保部门就环境行政处罚决定申请人民法院强制执行的期限有关问题的答复》	由环保部门申请人民法院强制执行。	部委答复	全国人大法工委
7	《国有土地上房屋征收与补偿条例》	第28条规定，人民政府依法申请法院强制执行。	行政法规	国务院
8	《城市市容和环境卫生管理条例》	第37条规定，卫生行政部门可以组织强制拆除。		
9	《关于办理申请人民法院强制执行国有土地上房屋征收补偿决定案件若干问题的规定》	第9条规定，一般可由市、县级人民政府组织实施，也可由人民法院执行。	司法解释	最高人民法院
10	《关于违法的建筑物、构筑物、设施等强制拆除问题的批复》	《批复》规定，人民法院不受理行政机关提出的行政规划领域的非诉行政执行申请。		
11	《关于加强监督检查进一步规范征地拆迁行为的通知》	要参照《国有土地上房屋征收与补偿条例》的精神执行。	政策	中央纪委和监察部办公厅

① 受文章篇幅所限，表中只列及相关法律条文。如读者感兴趣，可自行对照原条款进行研究。

从立法形式来看，上述涉及强制执行权的规范涉及法律、行政法规、部委答复、司法解释、政策规定，其中涉及非法律层面的规范性文件占比达54%，现存大量非法律层面的规范性文件对行政强制执行权进行设定，反映出非诉强制执行立法仍存在散、乱、杂的一面，由此增加了执法上的模糊与不确定性。

（四）非诉强制执行法律位阶上的低层次性

从本质上来说，非诉强制执行立法形式上的分散性与非诉强制执行法律位阶上的低层次性是一枚硬币的两面，因为分散往往意味着法律统一性的缺乏，无法构筑法律位阶应有的高度。在《行政强制法》制定通过前，行政强制执行立法设定权尚无法律作出专门规定。为了弥补立法上的空白，最高人民法院于2000年3月10日在《关于执行〈中华人民共和国行政诉讼法〉若干问题的解释》第87条中规定①法律和法规均可对行政强制执行作出规定。

《行政强制法》制定后，对行政强制措施和行政强制执行的设定权采用不不同标准。其中，《行政强制法》第10条②规定行政强制措施可由法律设定，同时授权法规在法律没有规定的情况下对某些行政强制措施进行设定。对于行政强制执行的设定权，《行政强制法》第13条③明确将其限缩为"行政强制执行由法律设定"。从法律规定来看，行政强制执行的设定权要比行政强制措施严格得多。胡建淼教授认为，"关于行政强制执行权本身的方式和手段以及关于执行主体只能由法律作直接的设定。'由法律作直接的设定'本身有两个含义：一是只能由法律来设定执行手段和执行主体，行政法规、地方性法规、规章和其他规范性文件不得设定这两项内容；二是法律对这两项要素只能用直接

---

① 最高人民法院《关于执行〈中华人民共和国行政诉讼法〉若干问题的解释》第87条第2款规定："法律、法规规定既可以由行政机关依法强制执行，也可以申请人民法院强制执行，行政机关申请人民法院强制执行的，人民法院可以依法受理。"已失效。

② 关于行政强制措施的设定权，《行政强制法》第10条规定，"行政强制措施由法律设定。尚未制定法律，且属于国务院行政管理职权事项的，行政法规可以设定除本法第九条第一项、第四项和应当由法律规定的行政强制措施以外的其他行政强制措施。尚未制定法律、行政法规，且属于地方性事务的，地方性法规可以设定本法第九条第二项、第三项的行政强制措施。法律、法规以外的其他规范性文件不得设定行政强制措施"。

③ 关于行政强制执行的设定权，《行政强制法》第13条规定，"行政强制执行由法律设定。法律没有规定行政机关强制执行的，作出行政决定的行政机关应当申请人民法院强制执行"。

设定，不得作间接设定（即不得授权法规另作规定）"。①

前述所列《城市市容和环境卫生管理条例》等涉及行政强制执行设定权的多部规范均属法律层面以下的规范性文件，这显然违背了《行政强制法》制定的初衷，有违反法治原则之疑。而且，由于部门立法受立法技术、立法能力，特别是部门本位主义的影响，通过非法律层面的规范文件对行政强制执行权的设定势必会带有先天性缺陷。正如有的学者在评价最高人民法院制定的《关于办理申请人民法院强制执行国有土地上房屋征收补偿决定案件若干问题的规定》指出："裁执分离作为一种司法诉讼制度，本该属于法律保留的事项，现在不是通过一项法律，而是通过一项司法解释进行创设实在是一种遗憾。"②

（五）非诉强制执行模式探索上的无序性

非诉行政强制执行实际上涉及三项权能——行政决定权、司法审查权、执行实施权的配置问题。现行对非诉行政决定的审查即"司法审查权"是由人民法院内设的行政庭行使的，而"执行实施权"则由法院的执行局行使，虽然两者存在一定分离，但这种分离毕竟同属法院内设机构之间的分离，本质上仍属"裁执一体"。而如果将"司法审查权"由人民法院行使，法院审查后裁定由行政机关实施，亦即将"执行实施权"转授给行政机关，因两种权力分别属于人民法院和行政机关，属于外部分离，故这种执行模式被称为"裁执分离"模式。

近年来，行政部门和人民法院对非诉行政强制执行的模式一直在不停探索。以国有土地上房屋行政征收强制执行为例，2001年11月1日起施行的《城市房屋拆迁管理条例》第17条③确立了行政机关自主行使强制拆迁或者申请法院强制拆迁的"双轨制"原则；2011年1月19日国务院通过《国有土地上房屋征收与补偿条例》后，《城市房屋拆迁管理条例》被废止，同时取消了行政强制拆迁的规定，确立申请司法强制执行的"单轨制"；2011年10月19日，最高人民法院在其所制定的《关于执行权合理配置和科学运行的若干意

---

① 胡建淼：《行政强制法》，法律出版社2014年版，第388—389页。
② 胡建淼：《行政强制法》，法律出版社2014年版，第543—544页。
③ 《城市房屋拆迁管理条例（2001）》第17条第1款规定："被拆迁人或者房屋承租人在裁决规定的搬迁期限内未搬迁的，由房屋所在地的市、县人民政府责成有关部门强制拆迁，或者由房屋拆迁管理部门依法申请人民法院强制拆迁。"已失效。

见》第 13 条还规定，"行政非诉案件、行政诉讼案件的执行申请，由立案机构登记后转行政审判机构进行合法性审查；裁定准予强制执行的，再由立案机构办理执行立案登记后移交执行局执行"。

从立法本意上看，国务院是试图将执行实施权从行政机关剥离，转而申请法院实施。而最高人民法院上述司法解释则规定由法院行政审判机构审查，由法院执行局执行，故上述司法解释是将"司法审查权"和"执行实施权"统一由人民法院行使，属于"裁执一体"模式。由此也可看出，最初，国务院制定的上述行政法规与最高人民法院上述解释之间在内在旨意上是基本一致的。

但是，上述司法解释颁布不久，最高人民法院于 2012 年 4 月 5 日在《关于办理申请人民法院强制执行国有土地上房屋征收补偿决定案件若干问题的规定》①第 9 条旋即又确立了"法院裁定、政府实施"的"裁执分离"模式，这种近乎朝令夕改的做法，不得不说最高人民法院是对《国有土地上房屋征收与补偿条例》确立的执行模式与自己在先制定的司法解释是相悖离的。

由此可见，行政部门与人民法院之间，人民法院内部之间对执行模式不乏冲突相悖之处。尽管如此，最高人民法院确立上述执行模式之后，地方法院和政府部门积极跟进，把本来只是适用于国有土地征收领域的非诉强制执行问题扩大到其他领域，呈现出无序扩张趋势。例如，浙江省高级人民法院 2014 年 1 月 16 日通过的《关于推进和规范全省非诉行政执行案件"裁执分离"工作的纪要（试行）》②中规定，对"人民法院与行政机关协商一致后的非诉行政执行案件"均可适用裁执分离模式予以执行。2017 年 3 月 20 日，国土资源部在《关于进一步加强和改进执法监察工作的意见》中要求"探索实施裁执分离，发挥乡镇人民政府在依法拆除违法建筑方面的作用，有效解决案件移送难、执行难等问题"。一些基层法院甚至与当地人民政府出台非诉行政执行案

---

① 最高人民法院《关于办理申请人民法院强制执行国有土地上房屋征收补偿决定案件若干问题的规定》第 9 条规定："人民法院裁定准予执行的，一般由作出征收补偿决定的市、县级人民政府组织实施，也可以由人民法院执行。"

② 浙江省高级人民法院《关于推进和规范全省非诉行政执行案件"裁执分离"工作的纪要（试行）》第 3 条规定："'裁执分离'可以适用于以下非诉行政执行案件：（一）国有土地上房屋征收补偿案件及拆迁裁决案件；（二）集体土地征收中责令交出土地及房屋拆迁裁决案件；（三）根据《土地管理法》作出的责令限期拆除违法建筑、恢复原状等行为罚案件；（四）人民法院与相关行政机关协商一致后同意实施'裁执分离'的案件。"

件"裁执分离"工作的实施意见。①

上述情况反映了对执行模式的探索出现了无序抢跑的情况,由于《行政强制法》规定"行政强制执行由法律设定",在没有全国人大相关法律授权的情况下,这种探索屡屡突破现行法律规定,严重损害了法律的权威性和统一性。

三、路径选择——非诉强制执行由混沌迈向有序之路

(一)梳理各类制定法,确保强制执行设定权的真正回归

为了更好服务于人权保障和法治国家这一目标,现代法治国家规定某些事项只能由立法机构通过法律确定,此即公法领域中的法律保留原则。我国《立法法》第8条②规定,属于"诉讼和仲裁制度"的事项只能制定法律。非诉行政强制执行涉及行政权和司法权的配置,显然属于法律保留的范围。

在《行政强制法》正式通过前,全国人大法律委员会曾特别建议国务院和各地方抓紧对"本法(《行政强制法》)公布前制定的法规、规章和其他规范性文件中已经设定的行政强制进行专项清理,对不符合本法规定的,抓紧修改或者废止。"③ 为此,各部委、各地区普遍开展了对涉及行政强制执行的规章、规范性文件的清理活动。例如,国家工商行政管理总局删除了原《广告

---

① 《容县积极推进土地违法非诉行政案件裁执分离》,载广西国土资源厅网站,http://www.gxdlr.gov.cn/Newdcentre/Newdid=41168&pd=67357。访问日期:2017年10月29日。该文指出,广西容县率先在土地违法执行案件中实施"裁执分离"的执行模式。容县人民政府与容县人民法院联合出台《关于推进和规范国土资源非诉行政执行案件"裁执分离"工作的实施意见》。

② 《立法法》第8条规定:"下列事项只能制定法律:(一)国家主权的事项;(二)各级人民代表大会、人民政府、人民法院和人民检察院的产生、组织和职权;(三)民族区域自治制度、特别行政区制度、基层群众自治制度;(四)犯罪和刑罚;(五)对公民政治权利的剥夺、限制人身自由的强制措施和处罚;(六)税种的设立、税率的确定和税收征收管理等税收基本制度;(七)对非国有财产的征收、征用;(八)民事基本制度;(九)基本经济制度以及财政、海关、金融和外贸的基本制度;(十)诉讼和仲裁制度;(十一)必须由全国人民代表大会及其常务委员会制定法律的其他事项。"

③ 参见《全国人民代表大会法律委员会关于〈中华人民共和国行政强制法〉(草案)修改情况的汇报》。转引自胡建淼:《行政强制法》,法律出版社2014年版,第996页。

管理条例施行细则》对行政强制执行的相关规定。①

由于现存我国立法体系的复杂性以及实践中立法上的空白，又出于对最低限度的有法可依的需求，一些法规、规章、政策的清理并不是很彻底。如《行政强制法》制定通过前，国务院于2011年1月19日制定通过的《国有土地上房屋征收与补偿条例》（现行有效，未废止）实际上属行政法规，不少专家学者认为该《条例》对行政强制执行权的设定属"越界"规定。如最高人民法院副院长江必新就认为《条例》"由行政法规规定专属于法律保留事项的司法强制执行权，既不符合《立法法》的规定，也很不严肃。"② 又如，目前我国对集体土地上的房屋征收拆迁没有明确法律规定，但为了防止暴力无序拆迁，中央纪委办公厅和监察部办公厅于2011年3月17日发出通知要求对集体土地的征收拆迁"要参照新颁布的《国有土地上房屋征收与补偿条例》的精神执行"。

不仅旧的法规清理不彻底，一些新创设的规定也存在突破《行政强制法》规定的情形。如《行政强制法》制定通过后，国务院于2017年3月1日修改通过的《城市市容和环境卫生管理条例》（属行政法规）第37条就直接规定市容环境卫生行政主管部门或者城市规划行政主管部门可以对违法违规建筑设施强制拆除。

上述规定虽有迫于现实无法可依需要确保最低限度的"有法可依"的情形，但对于贯彻法治原则而言，不能不说是一种遗憾。笔者认为，除了要继续加强清理旧的规范性文件外，加强对涉及行政强制执行的其他新的规范性文件进行备案审查，这样才能确保相关规范的精神统一于《行政强制法》的规定。

（二）改革基于授权之下，为完善强制执行模式积累经验

之所以强调非诉行政强制执行模式的探索改革要基于法律授权，主要是基于以下两个原因：

1. 缺少法律授权的改革探索获得立法机构认受性偏低。最高人民法院曾希望在立法中确立"法院裁定、政府实施"的执行模式，但并未获得最高权

---

① 原《广告管理条例施行细则》第26条规定，"逾期不拆除的，强制拆除，其费用由设置、张贴者承担。"该细则于2005年1月1日起施行，后经2011年修正时对第26条作了修改，现均已失效。

② 江必新主编：《行政诉讼法理解适用与实务指南》，中国法制出版社2015年版，第435页。

力机关的认可。这可从《行政诉讼法》和《行政强制法》的立法变迁中看出。

1989年，《行政诉讼法》制定时，该法第66条①确立了行政非诉强制"由法院审查裁定并执行或者行政机关依法自主强制执行"的双轨执行模式。

2011年，全国人大常委会开始对行政强制进行立法，在进行立法审议时，《行政强制法（四次审议稿）》实际上已经增加了"行政机关向人民法院申请强制执行的案件，裁定执行的，由人民法院执行"的规定，即拟将所有非诉行政强制执行案件由法院审查裁定并实施的单轨制。但最高人民法院对此予以反对②，立法机关遂在《行政强制法（五次审议稿）》中删除了上述规定。时至《行政强制法》最终制定公布，没有采用第四次审议稿中的规定。

2014年，全国人大常委会重新启动对《行政诉讼法》修改，最高人民法院希望"将非诉强制执行案件全部由行政机关组织实施"的立法思路纳入重新修订的《行政诉讼法》中，但立法机关对此不予采纳。立法机关的立法内容完全沿用1989年《行政诉讼法》制定确立的双轨制模式。立法机关的理由是，"2011年通过的《行政强制法》已经对执行体制作出了制度安排，司法实践如果确需建立裁执分离制度，也应该通过修改《行政强制法》来进行"③。

2017年，全国人大常委会再次启动对《行政诉讼法》立法修改，但非诉强制执行立法模式仍然沿用1989年《行政诉讼法》中的规定。

从上述立法博弈过程来看，最高人民法院是想把非诉行政强制执行中难度最大的节点即实施强制执行交由行政机关，而把相对容易的书面审查裁定保留，但立法机关对最高人民法院的上述思路暂未赞同，所谓"法院审查裁定、行政组织实施"的执行模式在立法层面尚未得到最高权力机关的认可。

2. 授权式探索有利于处理法律稳定性和鼓励探索创新的关系。党的十八大以来，在国家治理的过程中，党中央提出了"重大改革必须于法有据"的改革法治观。对于突破现行法律规定的改革，基本上通过人大授权进行探索。

---

① 1989年《行政诉讼法》第66条规定："公民、法人或者其他组织对行政行为在法定期限内不提起诉讼又不履行的，行政机关可以申请人民法院强制执行，或者依法强制执行。"

② 参见《全国人民代表大会法律委员会关于〈中华人民共和国行政强制法〉（草案）修改情况的汇报》，最高人民法院指出，"实践中向人民法院申请强制执行的案件，除依照现行体制由法院审查裁定并执行的外，还正在探索对有的案件原来由行政机关强制执行或者申请人民法院强制执行的双轨制，改为均需由行政机关组织实施，建议行政强制法对此予以体现"。转引自胡建淼：《行政强制法》，法律出版社2014年版，第996页。

③ 沈福俊：《非诉行政执行裁执分离模式的法律规制》，载《法学》2015年第5期。

例如，全国人大常委会对公益诉讼和国家监察体制改革的授权试点均属于此类。① 在国家监察体制改革过程中，因涉及职能转隶和法律适用上的变化，全国人大常委会决定在相关省市暂时调整或者停止《行政监察法》《刑事诉讼法》《人民检察院组织法》《检察官法》《地方各级人民代表大会和地方各级人民政府组织法》等相关条文的适用，这就较好地解决了法律稳定性与改革探索内在张力的关系。

同理，行政非诉强制执行模式涉及基本的司法诉讼制度，对其相关探索应有最高立法机关相关法律的授权，以缓解维护法律权威稳定性与改革探索的紧张关系。

（三）公布指导性案例，促进司法裁判尺度的有序统一

案例集案件事实、程序适用、法律援引和裁判取向于一体，是法律适用的鲜活教材。它对于规范法院的自由裁量权、促进法律的统一具有积极的作用。据统计，作为全球最大的裁判文书公开平台，最高人民法院裁判文书网自使用以来，"（截至 2017 年 9 月）已累计公开裁判文书超过 3311 万篇，（4 年间）总访问量突破 100 亿次，日均访问量达 1729 万人次"②。

由此可见，在网络大数据时代，通过检索相似案例以推测判决结果、引导审判实践、促进法律研习已成为很多当事人和专家学者的做法。而此前根据笔者从最高人民法院裁判文书网检索出现的大量非诉行政强制执行案例特别是强制拆除案例来看，各地对相关类似案件裁定结果自相矛盾，无疑会对司法判决的统一性产生消极影响。

因此，在司法实践中应根据行政非诉强制执行所处领域不同，从行政机关是否具有非诉强制执行权、非诉强制执行的法律依据等内容入手，筛选出对社会有积极导向意义的案例予以公布，这对于减少非诉行政强制执行在司法实践中因同案不同判引发的争议，引领人们的行为预期，促进法律的统一适用和维护法律的权威性无疑具有积极的意义。

---

① 2015 年 7 月 1 日通过《关于授权最高人民检察院在部分地区开展公益诉讼试点工作的决定》，授权最高人民检察院在北京等 13 个省市开展公益诉讼试点工作；为确保国家监察体制的改革，全国人大常委会于 2016 年 12 月 25 日通过了《关于在北京市、山西省、浙江省开展国家监察体制改革试点工作的决定》，决定在北京市、山西省、浙江省开展国家监察体制改革试点工作。

② 靳昊：《公开裁判文书 透视司法正义——最高人民法院中国裁判文书网上线 4 年访问量突破 100 亿次》，载《光明日报》，http：//www.sohu.com/a/190280826_ 162758，访问日期：2017 年 9 月 7 日。

诈骗罪抑或盗窃罪：
偷换二维码谋财行为属性之辨析
——以犯罪嫌疑人李某某盗窃案为分析样本

◎蒋 旗*

> **内容摘要**：随着我国经济社会的巨大进步和信息技术的飞速发展，二维码支付已越来越为世人所接受，并深深融入民众的日常生活当中。然而，二维码支付自身存在的安全隐患亦随之显露出来，行为人偷换二维码谋财的事件也不断曝光。但当下对于偷换二维码谋财的犯罪行为应当定性为诈骗罪还是盗窃罪却存在着诸多的论争，不利于对此类犯罪行为的定罪与量刑。事实上，遵循以犯罪的本质为出发点、以行为为中心的逻辑思维，即会得出偷换二维码谋财的犯罪行为实为诈骗罪的结论。
>
> **关键词**：二维码支付；网络安全；诈骗罪；盗窃罪；罪名辨析

一、案情回顾

2017年7月23日上午，在甲市某市场经营猪肉生意的王女士售出50元的货物。当顾客通过微信付款后，王女士却发现货款并未像平时一样即时到账。当王女士意识到应收的货款进入别人腰包的猫腻后，随即明白有人调换了她的二维码，于是立即报警。

公安机关通过调查查明：2017年7月22日，犯罪嫌疑人李某来到甲市，趁夜窜至某市场，利用自己所掌握的计算机技术，将事先制好的微信支付二维码与王女士及该市场内多家商铺的微信支付二维码予以调换，并据此获利人民币6380元。2017年7月26日，犯罪嫌疑人李某被公安机关抓获。审讯中，犯罪嫌疑人李某对其偷换商家支付二维码非法谋利的行为供认不讳，该案遂即告破。

---

* 广西壮族自治区贵港市人民检察院法律政策研究室主任。

2017年8月，公安机关以诈骗罪将犯罪嫌疑人李某移送检察机关审查起诉。2017年9月，甲市某区人民检察院审查后认为，李某的行为构成盗窃罪，遂以李某犯盗窃罪向人民法院提起公诉。

二、相关论争

本案中李某虽然获利不多，但其以偷换二维码的方式非法谋财行为的定性问题引起了人们的关注和热议。有人认为，以偷换二维码方式非法谋财行为如果构成犯罪，应当构成诈骗罪；有人则认为，以上述方法实施犯罪应当属于盗窃罪。那么，以偷换二维码方式非法谋取他人财物的行为究竟构成诈骗罪还是盗窃罪？在司法上应当如何对其加以认定？

三、法理评析

（一）问题缘起：二维码支付的迅猛发展与风险隐患

当下，二维码支付俨然已成为社会上的一个热门话题，扫码支付亦被视为购物一族的时髦之举。只要"一机在手"，逛街、购物、就餐、打车等支付事项只是动动手指头的事，分分钟搞定。二维码支付在金融结算方面所体现出来的独有优势，使其越来越为世人所接受，并深深地融入民众的日常生活。近年来二维码支付方式在我国的广泛应用即是明证。

追根溯源，二维码支付的兴起和发展，是在信息技术的飞速发展趋势下，移动互联网平台与银行支付结算方式的不断融合和深化的必然结果。随着智能手机的普遍应用，人们通过运用手机识别二维码，不断创新金融支付和结算手段，二维码支付方式便应运而生。从本质上讲，二维码支付乃系电子商务企业将业务从线上至线下的一种支付模式创新，亦是基于银行账户体系搭建起来的新一代无线支付方案。① 在这种方案下，账户、商品价格等交易信息汇编成二维码，作为货币替代品进行交易。

经济社会的巨大进步推动了二维码支付的快速发展，且由于二维码支付作为一种聚合性支付手段，其自身具有操作简单、便捷易行、成本低廉、应用广泛的特性，天然地拥有广阔的市场前景，故一经推出，便获得市场的热烈反响。此外，二维码支付每一笔交易都可以沉淀下来，累积为信用，能够让商业更智能，让金融更普惠，让社会更高效，因而备受消费者推崇。如今的中国，

---

① 杨潇枫：《浅谈二维码支付的风险与对策》，载新浪财经2017年7月28日。

便捷高效的二维码支付方式已广为民众接受，从街头小贩售货到大型超市购物，从公交卡充值到医院挂号，到处都能使用二维码支付进行结算。据统计，2014年中国第三方移动支付交易额规模为人民币5.99万亿元，同比上升391.3%；2016年第四季度，中国第三方移动支付交易规模为人民币18.5万亿元；2017年第一季度中国第三方移动支付交易规模则达到了人民币20万亿元。① 由此可见二维码支付发展势头和速度之迅猛。

然而，事物总是一分为二的。二维码支付固然有其优点，但其身后所隐藏的风险亦不容忽视。这就宛若一柄双刃剑，运用得当，自然于己有利；反之，则会伤及自身。具体而言，二维码支付作为一个新生事物，在当前的科技水平下，还存在诸多技术漏洞和网络安全问题，一旦运用不当或者被他人找到安全漏洞，就会造成用户金融信息泄露，极易引发网络欺诈以及其他侵害资金安全的问题，给用户带来极大危害。有数据表明，随着二维码支付业务的迅速发展，其本身已成为金融领域犯罪的高发部位。② 同时，以偷换商家支付二维码等方式谋取他人钱财的案件，近年来在全国各地亦时有发生。如2016年11月广东省佛山市发生的吴某、张某通过粘贴覆盖店家二维码非法获利案，2017年7月发生在广西柳州市的三名犯罪嫌疑人以偷换他人支付二维码方式非法谋利案，等等。

(二) 前提考察：诈骗罪与盗窃罪的理论界分

在我国的刑事司法实践中，诈骗罪与盗窃罪是较为常见的两大类型犯罪。一般而言，两者的差别还是较为明显的，对其加以区分亦非难事。但在先骗后窃或先窃后骗等既骗又窃、骗窃交织的情形下，则须先行厘清两者的异同之处，这是区别和认定诈骗罪与盗窃罪的逻辑起点和理论前提。

诈骗罪一般是指以非法占有为目的，通过采用虚构事实、隐瞒真相等方式，骗取数额较大的公私财物的行为。③ 其基本特征为：主体乃是一般性主体，法律对其未作特别的规定；客体则为公私财产所有权；主观方面表现为直接故意非法占有公私财物之目的；客观方面则表面为通过采取虚构事实、隐瞒真相的方法，骗取数额较大的公私财物的行为。而盗窃罪则是指以非法占有为

---

① 杜鑫：《移动支付兴起背后的商机与挑战》，载中工网2017年8月11日。
② 周国涛、袁舟舟：《浅谈二维码支付的风险与防范措施》，载《中国信用卡》2015年第1期。
③ 苏惠渔主编：《刑法学》，中国政法大学出版社1997年版，第663页。

目的，秘密窃取数额较大的公私财物的行为。① 其基本特征是：主体亦是一般性主体；客体乃是公私财产所有权；主观方面表现为明知自己窃取的乃系公私财物而抱有非法占有的目的；客观方面则表现为采取秘密方式窃取数额较大的公私财物。

从诈骗罪与盗窃罪的概念与特征来看，虽然两者在主体与客体上有一致性，但在客观方面则有着本质的区别。也正因此，才使其成为两种不同的犯罪类型。而根据我国刑法理论的通行观点，诈骗罪与盗窃罪的根本区别在于两者行为方式的不同。具体而言，诈骗罪与盗窃罪的界限主要表现在两个方面：一是行为人在客观方面所表现出来的非法谋取财产的手段；二是被害人在事发时所表现出来的是否处分其财产的意思及其行为方式。

就前者而言，诈骗罪中的行为人通过采用欺诈等骗术来谋取被害人的财物；而盗窃罪中的行为人则是采取秘密的方法来窃取被害人的财物。是采取骗术手段还是采取秘密手法谋取财物，无疑是区别诈骗罪与盗窃罪的重要标准。就后者而论，诈骗罪是以虚构事实、隐瞒真相的方式占有他人财物，而盗窃罪则是以秘密窃取的方式占有他人财物，两者区别在于被害人是否自愿交付财物。被害人自愿交付从而使行为人占有他人财物的行为构成诈骗罪；而违背被害人意愿而占有他人财物的行为则构成盗窃罪。由此也不难发现，诈骗罪在客观上表现出其特定的行为发展过程：行为人实施欺骗行为—对方产生或者继续维持认识错误—对方基于认识错误处分或交付财物—行为人获得财物—被害人遭受财物损失。② 同理，盗窃罪在客观上亦会表现出特定的行为发展过程：行为人实施盗窃行为—对方不知情或处于无意识状态—行为人获得财物—被害人遭受财物损失。

以此观之，诈骗罪与盗窃罪的界分标准应当是明确而严格的。但在纷繁复杂的刑事司法领域中，并非只要行为人使用了欺骗手段导致对方将财物"转移"给自己就构成诈骗罪，因为盗窃犯也有可能实施欺诈手段；同样，并非只要行为人实施秘密窃取手法取得了财物就构成盗窃罪，因为盗窃犯也可能实施欺骗行为。对于骗与窃并存的犯罪行为，必须从两罪的本质特征出发进行研究，才能去伪存真，作出理性的判断。

---

① 苏惠渔主编：《刑法学》，中国政法大学出版社1997年版，第657页。
② 张明楷：《如何区分盗窃罪与诈骗罪》，载公诉实训官方微信2014年6月24日。

（三）法理析解：偷换二维码谋财行为的本质属性

就目前的情况来看，关于以偷换支付二维码方式非法谋财行为的定性问题，理论界及司法实务界大致存在诈骗罪与盗窃罪两种观点。而从诈骗罪与盗窃罪的犯罪构成在客观方面和被害人在行为过程中的认识因素考察，将偷换支付二维码非法谋财行为界定为诈骗罪较为适当。

比较上述将偷换支付二维码方式谋财界定为诈骗罪与盗窃罪的两种观点，可以勾勒出这两种犯罪类型在客观方面的基本构造。即诈骗罪在客观方面的基本构造是：行为人实施调换二维码的欺骗行为—顾客和商家产生被调换的二维码仍为商家真实二维码的认识错误—顾客和商家基于认识错误下完成二维码支付交易和财物处分—行为人获得财物—被害人遭受财物损失。盗窃罪在客观方面的基本构造则是行为人实施偷换二维码行为—顾客和商家不知道商家的二维码已被行为人偷换—顾客和商家在无意识状态下完成二维码支付交易和财物处分—行为人获得财物—被害人商家遭受财物损失。从这里不难看出，认定行为人以偷换二维码方式非法谋利的行为属于诈骗罪与盗窃罪这两种不同类型犯罪的客观方面，行为人实施的行为是同一的，即以事先准备好的二维码调换商家的二维码，同时行为人非法所得亦是同一的，即顾客应当支付给商家的货款，不同之处只是在于行为人通过偷换支付二维码这一行为，是否让顾客和商家产生两者之间交易属于正常交易之错误认识，并基于这种错误认识，顾客经由被偷换的二维码向商家支付货款，而后商家将对应的货物交付给顾客，从而使行为人通过被偷换的二维码非法获利。这一点才是诈骗罪与盗窃罪在客观方面基本构造之间的根本差别，也是界分诈骗罪与盗窃罪的关键所在。

综观以偷换二维码方式非法谋利之行为，从行为人实施偷换二维码开始，其目的当然是非法谋取他人财物，且其最终获得非法利益，显然系其实施偷换二维码之行为所致，这也是刑法上对行为人之行为客观归责的基本依据。但问题的关键在于，在客观方面行为人实施偷换二维码的行为与行为人获得非法利益之间有着怎样的因果关系或者最直接的链接因素。其答案自然是顾客自愿将资金通过二维码支付到行为人账户上的处分行为而非行为人偷换二维码的行为。而顾客之所以将资金通过二维码支付出去，乃是因为基于其将被偷换的二维码当成了商家的二维码这一错误认识。这一错误认识正是因行为人偷换商家二维码的行为造成的。从这一逻辑思路进行考量，偷换二维码非法谋财的行为应当认定为诈骗罪而非盗窃罪。

事实上，将偷换二维码行为定性为诈骗罪的逻辑思路，是从"确定受到损失"作为研究的起点,其所关注的重点在于行为人的行为与其侵害法益的刑罚后果之关系问题上,符合刑事法律追求犯罪与刑罚的目的。① 相反,将偷换二维码行为定性为盗窃罪的逻辑思路,往往将"确定受损失的人"作为思维的起点,将关注的重点放在行为人的行为与行为侵害的具体对象的法益关系上,追求的是对受害人损失的赔偿,故而与刑法所追求的犯罪与刑罚的内容不相契合。

(四)理论回应:对有关诈骗罪的几种观点的简要评述

在偷换二维码行为的定性问题上有诈骗罪与盗窃罪两大犯罪类型的争论。而将偷换二维码谋财行为界定为诈骗罪后,根据构成诈骗罪的理由之不同,又出现了一般诈骗说、诈骗罪间接正犯说、三角诈骗说、双向诈骗说诸种不同的观点。

1. 一般诈骗说。诈骗罪是一种交付型的侵犯财产类型犯罪,构成这一犯罪的关键在于被害人是否产生错误认识,并基于此而实施处分行为。在偷换二维码谋财行为构成的诈骗罪中,依据被骗对象的不同,又可细分为顾客被害人说和商家被害人说。前者认为,诈骗行为发生在行为人与顾客之间,顾客既是被骗人,又是财产受损人;而后者则认为,商家才是被骗人和财产受损人。事实上,在此类诈骗罪中,被害人仅是顾客而非商家。因为顾客支付的对象是行为人而非商家。从客观上看,也是顾客而非商家交付了财物。可见,顾客被害人说更为可取。

2. 诈骗罪间接正犯说。该观点认为,行为人偷换二维码,并利用不知情的商家指示顾客付款,以此让顾客产生错误认识并处分了货款,行为人因顾客受损而获利;或者行为人偷换二维码,并利用不知情的顾客的扫码支付行为,使商家产生错误认识,进而指示顾客处分货款,而自己则处分了自己的货物,商家遭受财物损失。在这里,诈骗罪间接正犯说并无存在的必要。因为一般诈骗说即包含了顾客受损之内容。而以商家受损作为诈骗罪的构成要件,难以说明商家受损财物与行为人所得财物之间的不一致性。如此,这一观点无法自圆其说。

3. 双向诈骗说。该观点认为,在行为人偷换二维码谋财行为中,不仅顾客被骗,商家同样被骗。在这一过程中,顾客基于诚信原则并扫码支付了货

---

① 张庆立:《偷换二维码取财的行为宜认定为诈骗罪》,载《东方法学》2017年第2期。

款，故而其与商家之间的债权债务关系归于消亡。但商家因受骗向顾客交付货物却未得到货款，最终成为行为人诈骗行为的唯一受害者。事实上，双向诈骗说仅是对诈骗犯罪中行为方式的一种描述，并未在理论上对双向诈骗的概念加以论述，亦未形成完整的理论说学，其本质也只是诈骗间接正犯中的商家被骗之内容而已。

4. 三角诈骗说。该观点认为，在诈骗行为过程中，行为人偷换二维码让顾客误认为其扫码支付的二维码乃是商家的二维码。在此基础上，顾客扫码支付货款是顾客的一种处分行为。但该处分行为的对象并非顾客的财物，而是商家的财物。三角诈骗与一般诈骗的区别在于被骗人与受损人是否为同一人。在三角诈骗中，被骗人与受损人乃系不同之人，即被骗人是顾客，受损人则是商家。而在一般诈骗中，被骗人与受损人则为同一人。其实，三角诈骗作为诈骗罪中的一种特殊的诈骗行为类型，在行为人偷换二维码谋财行为被认定为一般诈骗行为的前提下，显然已经失去了实践意义。

[经验集萃]

广西检察机关坚持"五个强化"
有效破解公益诉讼改革"五大难题"*

2017年7月以来,广西检察机关强化措施、攻坚克难,全力推进公益诉讼改革深入开展,取得明显成效,在履职中发现公益诉讼案件线索679件,办理公益诉讼诉前程序案件183件,向法院提起诉讼2件(最高人民检察院共批复同意起诉5件,另3件正在办理起诉手续);通过公益诉讼督促恢复、收回被损毁、占用的国有林地、生态公益林地和耕地167余亩,督促治理恢复被污染水源地5.625亩,清理污染和非法占用的河道8.1845公里,督促关停和整治违法排放废气和其他空气污染物的企业2家,督促收回被欠缴的城镇国有土地使用权出让金1.1963亿元,督促保护、收回国有财产和权益3852.36万元。

一、强化配合衔接,破解线索少取证难难题

积极主动借力纪检监察机关,加强双向配合衔接,突破监察体制改革后公益诉讼案件线索少和调查强制力弱的双重困局。例如,钦州市钦北区纪委、监察委、检察院联合出台《关于建立案件线索双向移送反馈机制的意见》,建立案件线索双向移送反馈机制、日常联络工作机制及共同督办工作机制,明确纪检监察机关在查办职务违法和职务犯罪案件中移送公益诉讼案件线索,并大力支持检察机关依法取证,对负有提交资料或者负有作证义务而不予配合的机关组织或人员,依法予以党纪、政纪处罚;南宁市良庆区检察院也已与监察委会签此类文件。

二、强化沟通协调,破解检察建议落空难题

针对部分行政机关对检察建议不表态、不配合或虽有回复但并未进行实质性整改等问题,积极主动与行政机关加强沟通协调,建立健全相关工作机制。

---

* 本文系根据广西壮族自治区人民检察院民事行政检察处材料编写而成。

其中，自治区法制办公室、自治区高级法院、自治区检察院三家单位联合印发《关于建立推进依法行政联动机制的工作规则》《依法行政联席会议制度》，建立联席会议制度、落实行政机关负责人出庭应诉机制、司法建议和检察建议落实工作机制等，明确人民检察院向行政机关发送检察建议时，应当同时抄送当地政府法制部门，以便政府法制部门及时全面了解行政机关的执法情况，督促相关行政机关及时办理检察建议。

三、强化因地制宜，破解持续服务大局难题

为精准发力，广西检察机关本着"系统办、办系统""专班办专案"的创新思路，结合区情地情特点，通过抓专题专项增强公益诉讼工作的针对性和有效性，推动检察机关服务大局工作持续加强和不断完善。如玉林市检察机关深入贯彻自治区党委副书记、自治区主席陈武在南流江流域水环境综合整治工作推进会上"着力抓好禽畜养殖污染治理、污水处理设施建设与改造、工业污染防治、农业面源污染治理以及河道清理、非法采砂治理等工作，切实打赢南流江流域水环境综合整治攻坚战"的重要指示，召开全市检察机关服务南流江流域水污染综合治理工作座谈会，研究部署以公益诉讼专项行动助推南流江流域水污染综合治理，形成保护生态环境的规模效应，巩固发展广西山清水秀的自然生态。

四、强化队伍建设，破解办案力量薄弱难题

一是成立公益诉讼检察官办案组、组建跨部门的公益诉讼办案团队或成立公益诉讼专门机构。如钦州市钦北区检察院成立广西检察机关首家公益诉讼局，配备成员4人，组成两个公益诉讼办案小组，专门负责公益诉讼案件的办理。二是优化公益诉讼办案力量，打造公益诉讼精英团队。从公诉等部门调配具有调查取证经验、出庭应诉经验的优秀办案力量充实到民行部门，充分发挥检察一体化优势，顺利破解民行检察部门入额检察官数量少、人员素质参差不齐、专业人才缺乏以及从过去坐堂式审查办案向调查式复合型办案转变过程中的"本领恐慌"问题。

五、强化投入整合，破解办案保障不足难题

后勤保障部门主动作为，按照统一安排部署，形成"全条线提升服务意

识、全覆盖创新保障方式、全方位提升保障水平"的后勤保障体系，为公益诉讼改革工作的深入开展夯实严密的保障根基。如防城港市检察院根据公益诉讼改革工作配备办案设备、落实经费保障；将原自侦部门远程指挥中心转型升级，改造成为公益诉讼远程指挥中心，服务于远程案件的指挥、研讨与协调；设置公益诉讼检察官办公室、公开审查及宣告室、公益诉讼案件研究中心，确保公益诉讼办案场所固定化、专门化。

南宁市检察院采取有效举措推进案件承办确定机制改革[*]

南宁市检察院严格落实司法责任制，紧紧依托统一业务应用系统司改版，先行配置、主动测试，以问题为导向，制定契合本地实际的案件承办实施细则，经过精心筹备、认真组织，有效推进案件承办确定机制改革，进一步完善以随机分案为主、指定分案为辅的案件承办确定机制。

一、系统测试先行，夯实机制建设基础

一是以系统配置为抓手强化培训。多次组织业务部门负责人会议，对统一业务应用系统司改版的应用进行培训，对上级检察院文件精神和司改要求进行解释和说明，对制定案件承办分配方案进行指导。系统司改版上线前，组织业务部门召开会议，介绍系统升级后的新功能，分发系统配置表，加深业务部门的思想认识，引导业务部门制定案件承办分配初步方案；系统司改版上线后组织业务部门和院领导进行培训，通过操作演示和对系统配置表填写常见问题的分析，引导业务部门合理制定和完善案件承办确定方案，提高业务部门和院领导的系统应用能力。

二是以系统测试为指引加强指导。系统司改版正式上线前南宁市检察院和部分基层检察院案件管理部门协调技术部门根据业务部门提出的初步方案在系统司改版（测试版）上进行后台配置，并分别录入10余件公诉、侦监案件进行案件分配，从轮案组、轮案单元、轮案轮次、同一规则、互斥规则设定等多个方面进行反复测试，对易发的、复杂的后台配置问题和与实践有冲突的分案问题进行收集和研究，形成测试问题清单；系统司改版正式上线后，根据自治区检察院的指导和对系统的进一步测试，对问题清单进一步予以调整和完善，形成指导意见并下发基层检察院。

三是多次沟通奠定制度基础。南宁市检察院案件管理办公室指定专人对方案进行逐一审核，在掌握各业务部门案件类型和办案实践特点的基础上，反复

---

[*] 本文系根据广西壮族自治区南宁市人民检察院材料编写而成。

和业务部门就轮案规则设置进行商讨，指导业务部门对方案进行修改、完善。同时，深入各业务部门，就本院的案件承办确定工作的开展听取征求意见和建议，为本院案件承办确定工作制度的制定打下扎实的基础。

二、制定实施细则，提供制度依据和保障

在前期测试、充分调研的基础上，制定了《南宁市人民检察院案件承办确定工作实施细则（试行）》，建立健全了随机分案为主、指定分案为辅的案件承办确定机制。

一是三层梳理，明确案件分配类型。以统一业务应用系统设置的案件类型为标准，以上级检察院有关规定和司法实践为依据，对各业务条线的案件类型进行三层梳理。一层梳理，确定案件的受理和分配位置。即明确哪些案件属于办案部门、检察官自行受理、分配的案件，哪些案件属于案件管理部门受理、分配的案件。二层梳理，在办案部门受理和案件管理部门受理的案件类型中，分别确定哪些采用随机分案、哪些采用指定分案。三层梳理，根据有关规定以及部分案件的特殊性，厘清适用统一业务应用系统同一规则和特殊规则分配案件的案件类型和适用情形。经过三层梳理，明确22类案件由案件管理办公室统一受理后随机分案，52类案件由部门受理后随机或指定分案；6种情形采取指定分案；7种情形适用同一或互斥规则分案。

二是规范案件分配规则。首先，明确案件承办确定必须依托统一业务应用系统直接分配到独任检察官或者检察官办案组，取消内勤分案和部门负责人分案环节；其次，规定案件分配后不得随意对系统确定的办案单元进行变更，只有符合关联案件、系列案件需要由同一检察官办理等6种情形的，才能申请对办案单元进行变更；最后，对影响轮案的不在位登记、调整轮案轮次的申请，明确必须由承办人提出，经部门负责人、副检察长审批后，由案件管理部门或技术部门执行。

三是强化监督管理保障。《南宁市人民检察院案件承办确定工作实施细则（试行）》规定案件承办确定以各业务部门提交的案件承办确定方案为依据，如需修改，经主管检察长审批同意和案件管理部门审核后方能调整。业务部门和技术部门均需指定专人负责日常的联系沟通和问题收集。案件管理部门应当对本院案件承办确定工作进行监督检查，将本院执行案件承办确定工作的情况进行登记，通报案件承办确定工作情况。

三、加强管理监督，促进随机分案机制落实

一是加强技术支持。南宁市检察院检察技术处和案件管理办公室指定专人分别负责系统后台配置的运行操作和协调管理，做好统一业务应用系统后台的配置。案件管理办公室专人负责收集业务部门反映的需求和问题，与业务部门、检察技术处共同做好分析研究，及时督促指导技术人员对系统后台办案单元、轮案组以及轮案规则的配置进行更新、完善。检察技术处将系统运维工作外包，指派技术能力强、运维经验丰富且多次参与司法责任制改革中统一业务系统配置调整的运维人员负责配置工作，有效地加快了系统司改版的部署运行。

二是强化监督管理。案件管理办公室配齐系统相关权限，依托系统对案件承办确定工作进行监督管理。对于业务部门调整办案单元、不在位登记等申请不走系统审批流程的，及时予以提示。对于系统分案反映问题较多的业务类别如侦监业务，指定专人对案件的分案情况进行全程全面记录，弥补系统分案查询功能的不足；经过认真分析系统分案的规律和特点，及时就业务部门承办人对分案提出的问题和异议进行反馈。

三是加强参谋建议。定期对各业务部门的案件分配情况进行汇总整理并纳入《案件管理工作情况》，向院党组和部门负责人进行汇报和反映。根据中共中央办公厅《关于加强法官检察官正规化专业化职业化建设全面落实司法责任制的意见》以及上级检察机关关于院领导和部门负责人直接办理案件的指导意见，定期通报院领导和部门负责人办案数量，引导业务部门及时调整案件承办确定方案，确保院领导、部门负责人参与随机分案，办案数量达到规定要求，案件承办确定公平合理。

北海市检察机关落实司法责任制
改革取得"五个更加"的成效*

2017年以来,北海市检察机关认真学习党的十九大精神,积极贯彻落实中央和自治区关于深化司法改革的决策部署,主动对标新时代检察工作新要求,结合北海检察工作实际,紧紧围绕人员分类管理、检察官办案责任制、基层检察院内设机构优化整合以及相关配套机制完善等重点环节,全面深入推进司法责任制改革,各方面改革稳步推进,取得了"五个更加"的初步成效。

一、员额制改革落实,办案团队更加专业

科学确定员额比例、岗位。根据司法责任制改革相关文件精神,在首批员额检察官遴选工作中,北海市两级检察院严格执行上级检察院分配的员额比例方案,坚持统筹协调、整体推进、以案定额、择优选任、责权统一等原则,首批遴选97名员额检察官,包括检察长在内全部定岗在一线办案部门。同时按照司法责任制改革要求,对北海市两级检察院检察辅助人员和司法行政人员进行了归类定岗,严控司法行政人员实际占比,让更多的人力向一线办案倾斜。2018年5月,根据自治区检察院工作部署,北海全市两级检察院进行了第二批员额检察官遴选。经过组织报名、业绩展示、资格审查、考试考核、党组审议等程序,按1∶1.2的差额比例确定推荐14名同志为第二批进入检察官员额人选。目前,此项工作正在按程序有计划推进。实现让专业的人来做专业的事,落实办案质量终身负责制,奠定高效办案的基础。

二、司法责任明确到人,办案效果更加显著

北海市两级检察院根据中共中央办公厅《关于加强法官检察官正规化专业化职业化建设全面落实司法责任制的意见》《广西壮族自治区检察机关司法体制改革工作方案》等相关文件精神,领导入额后全部定岗在一线业务部门,检察长、副检察长带头办理重大疑难复杂案件,由案件管理部门对院领导、业

---

* 本文系根据广西壮族自治区北海市人民检察院材料编写而成。

务部门负责人的办案情况进行通报。从 2017 年 1 月司法责任制推行以来至 2018 年 5 月，北海市检察院王大春检察长按照司法责任制要求依法独立承办案件 5 件，韩健等 3 名副检察长承办案件 130 件，4 个基层检察院 14 名正副检察长共办理各类案件 579 件，均达到规定的办案比例，多办案、办大要案、办精品案蔚然成风。其他入额检察官的办案数也达到中共中央办公厅《关于加强法官检察官正规化专业化职业化建设全面落实司法责任制的意见》和《广西自治区检察机关院领导和部门负责人直接办理案件的指导意见》的要求，不存在入额检察官不办案、领导挂名办案等情形。经过一年多时间探讨总结，建立了以办案质量和效率为基础的员额检察、检察辅助人员绩效考评制度。通过了《北海市人民检察院检察官和检察辅助人员业绩考评实施细则》，根据员额检察官的办案数量和质量结合年度考核结果发放绩效奖金。

三、内设机构及人员优化整合，办案资源更加集中

按照突出业务部门、精简综合部门的原则，明确部门职责权限，科学配备人员结构，北海市检察院统一指导 4 个基层检察院将原有 56 个部门优化整合为 26 个大部。2018 年 2 月，适应国家监察体制改革新要求，北海市两级检察院 19 名员额检察官转隶监察委，5 名检察官因工作调整调动、退休等原因退出员额，1 名基层检察院检察长调整，目前全市共有 73 名员额检察官。各基层检察院根据人员转隶情况，结合本院实际进行了合理调整，中间审批环节大幅精简，实现了扁平化办案新要求。北海市两级检察院根据履职任务需要、案件类型及复杂难易程度，实行独任检察官和检察官办案组两种办案形式，配备相应的检察辅助人员。现有独任检察官团队 73 个、相对固定的检察官办案组 25 个，办案方式全部按司法责任制要求运行，所有办案流程全部通过统一业务应用系统流转登记录入，实现办案流程全程网上管理、办案活动全程网上监督。

四、建立运行新型管理监督机制，办案更加透明

根据司法责任制要求，结合北海市两级检察院实际，先后制定了《北海市检察机关完善司法责任制实施办法》《北海市检察院关于人员分类定岗的通知》等 7 项配套制度，依法规范检察权运行。北海市两级检察院所有案件均在网上录入、网上流转、网上审批、网上管理、网上监督，按照规定及时通报领导干部办案情况，不存在线下办案和未入额检察人员独立办案的情形。在独

任检察官、检察官办案组办案的基础上，建立完善了检察官联席会议制度，侧重在对案件证据认定、法律适用等方面进行监督把关，检察官联席会议制度运行良好，既实现了对员额检察官办案的合理监督，又依法保障员额检察官依法行使权力，依法独立办案，避免受到外界的非法干扰。

五、配套政策措施落实到位，办案更加有内动力

一是认真落实检察人员相关职务序列改革和工资制度改革。积极推进检察官单独职务序列和检察官助理、书记员序列改革，北海全市两级检察院员额检察官单独职务序列和检察官助理、书记员职务序列等级确定工作已全部完成。推动落实检察人员工资制度改革，北海全市两级检察院2017年度改革增资已全部落实到位，2017年司法绩效奖金根据检察官的办案情况、检察辅助人员和司法行政人员的考核结果，均已发放到个人，有力激发办案内生动力。二是严格落实防止领导干部和内部人员干预司法制度，北海市两级检察院检察官严格按照《领导干部干预司法活动、插手具体案件处理的记录、通报和责任追究规定》《司法机关内部人员过问案件的记录和责任追究规定》及其实施办法予以全面、如实记录，做到全程留痕，有据可查，严禁领导干部和内部人员干预司法，杜绝人情案。截至目前，未发现检察官违规办案情形。

六、统筹推进其他各项重点改革，检察权运行更加规范

目前，北海市两级检察院司法责任制改革推进顺利，各项制度探索运行良好。其中，检察委员会制度改革取得进展，充分发挥了检察委员会宏观指导和监督把关作用；检察官联席会议制度逐步落地生根，检察官联席会议成为了检察委员会讨论案件的前置程序，成为了为检察官办案提供法律参考意见和加强案件监督的有效抓手；北海市两级检察院检察长列席法院审判委员会工作机制已经建立并逐步规范运行。